GEORGES BATAILLE

A experiência interior

SEGUIDA DE
Método de meditação e
Postscriptum 1953

Suma ateológica – vol. I

OUTROS LIVROS DA FILŌ

FILŌ

A alma e as formas
Ensaios
Georg Lukács

A aventura da filosofia francesa no século XX
Alain Badiou

A ideologia e a utopia
Paul Ricœur

O primado da percepção e suas consequências filosóficas
Maurice Merleau-Ponty

A teoria dos incorporais no estoicismo antigo
Émile Bréhier

A sabedoria trágica
Sobre o bom uso de Nietzsche
Michel Onfray

Se Parmênides
O tratado anônimo De Melisso Xenophane Gorgia
Bárbara Cassin

A união da alma e do corpo em Malebranche, Biran e Bergson
Maurice Merleau-Ponty

FILŌAGAMBEN

Bartleby, ou da contingência
Giorgio Agamben
seguido de *Bartleby, o escrevente*
Herman Melville

A comunidade que vem
Giorgio Agamben

O homem sem conteúdo
Giorgio Agamben

Ideia da prosa
Giorgio Agamben

Introdução a Giorgio Agamben
Uma arqueologia da potência
Edgardo Castro

Meios sem fim
Notas sobre a política
Giorgio Agamben

Nudez
Giorgio Agamben

A potência do pensamento
Ensaios e conferências
Giorgio Agamben

O tempo que resta
Um comentário à *Carta aos Romanos*
Giorgio Agamben

FILŌBATAILLE

O erotismo
Georges Bataille

A literatura e o mal
Georges Bataille

A parte maldita
Precedida de *A noção de dispêndio*
Georges Bataille

Teoria da religião
Seguida de *Esquema de uma história das religiões*
Georges Bataille

FILŌBENJAMIN

O anjo da história
Walter Benjamin

Baudelaire e a modernidade
Walter Benjamin

Imagens de pensamento
Sobre o haxixe e outras drogas
Walter Benjamin

Origem do drama trágico alemão
Walter Benjamin

Rua de mão única
Infância berlinense: 1900
Walter Benjamin

FILŌESPINOSA

Breve tratado de Deus, do homem e do seu bem-estar
Espinosa

Princípios da filosofia cartesiana e Pensamentos metafísicos
Espinosa

A unidade do corpo e da mente
Afetos, ações e paixões em Espinosa
Chantal Jaquet

FILŌESTÉTICA

O belo autônomo
Textos clássicos de estética
Rodrigo Duarte (Org.)

O descredenciamento filosófico da arte
Arthur C. Danto

Do sublime ao trágico
Friedrich Schiller

Íon
Platão

Pensar a imagem
Emmanuel Alloa (Org.)

FILŌMARGENS

O amor impiedoso
(ou: Sobre a crença)
Slavoj Žižek

Estilo e verdade em Jacques Lacan
Gilson Iannini

Introdução a Foucault
Edgardo Castro

Kafka
Por uma literatura menor
Gilles Deleuze
Félix Guattari

Lacan, o escrito, a imagem
Jacques Aubert, François Cheng, Jean-Claude Milner, François Regnault, Gérard Wajcman

O sofrimento de Deus
Inversões do Apocalipse
Boris Gunjevic
Slavoj Žižek

ANTIFILŌ

A Razão
Pascal Quignard

FILŌBATAILLE   autêntica

GEORGES BATAILLE

A experiência interior

SEGUIDA DE
Método de meditação e
Postscriptum 1953

Suma ateológica – vol. I

1ª REIMPRESSÃO

TRADUÇÃO, APRESENTAÇÃO E ORGANIZAÇÃO Fernando Scheibe

Copyright © Éditions Gallimard, 1943
Copyright para "Método de meditação" e "Post-scriptum 1953", retirados de
Œuvres complètes, volume V © Éditions Gallimard, 1973
Copyright © 2016 Autêntica Editora

Títulos originais: *L'Expérience intérieure* | *Méthode de méditation* | *Post-scriptum 1953*

Todos os direitos reservados pela Autêntica Editora Ltda. Nenhuma parte desta publicação poderá ser reproduzida, seja por meios mecânicos, eletrônicos, seja via cópia xerográfica, sem a autorização prévia da Editora.

Cet ouvrage, publié dans le cadre du Programme d'Aide à la Publication 2016 Carlos Drummond de Andrade de l'Institut Français du Brésil, bénéficie du soutien du Ministère de l'Europe et des Affaires étrangères.
Este livro, publicado no âmbito do Programa de Apoio à Publicação 2016 Carlos Drummond de Andrade do Instituto Francês do Brasil, contou com o apoio do Ministério francês da Europa e das Relações Exteriores.

COORDENADOR DA COLEÇÃO FILÔ
Gilson Iannini

CONSELHO EDITORIAL
Gilson Iannini (UFOP); *Barbara Cassin* (Paris); *Carla Rodrigues* (UFJR); *Cláudio Oliveira* (UFF); *Danilo Marcondes* (PUC-Rio); *Ernani Chaves* (UFPA); *Guilherme Castelo Branco* (UFRJ); *João Carlos Salles* (UFBA); *Monique David-Ménard* (Paris); *Olímpio Pimenta* (UFOP); *Pedro Süssekind* (UFF); *Rogério Lopes* (UFMG); *Rodrigo Duarte* (UFMG); *Romero Alves Freitas* (UFOP); *Slavoj Žižek* (Liubliana); *Vladimir Safatle* (USP)

EDITORA RESPONSÁVEL
Rejane Dias

EDITORA ASSISTENTE
Cecília Martins

REVISÃO
Aline Sobreira

CAPA
Diogo Droschi
(sobre Aquarela 6, de Wassily Kandinsky, 1911)

DIAGRAMAÇÃO
Guilherme Fagundes

Dados Internacionais de Catalogação na Publicação (CIP)
(Câmara Brasileira do Livro, SP, Brasil)

Bataille, Georges, 1897-1962.
   A experiência interior : seguida de Método de Meditação e *Postscriptum* 1953 : Suma ateológica, vol. I / Georges Bataille ; tradução, apresentação e organização Fernando Scheibe. – 1. ed.; 1. reimp. – Belo Horizonte : Autêntica, 2020. (Filô/Bataille)

   Títulos originais: *L'Expérience intérieure* ; *Méthode de méditation* ; *Post-scriptum 1953*

   ISBN 978-85-8217-849-2

   1. Ensaios 2. Filosofia francesa I. Título.

16-00495   CDD-194

Índices para catálogo sistemático:
1. Ensaios : Filosofia francesa 194

Belo Horizonte
Rua Carlos Turner, 420
Silveira . 31140-520
Belo Horizonte . MG
Tel.: (55 31) 3465 4500

São Paulo
Av. Paulista, 2.073,
Conjunto Nacional, Horsa I
23º andar . Conj. 2310-2312
Cerqueira César . 01311-940
São Paulo . SP
Tel.: (55 11) 3034 4468

www.grupoautentica.com.br

7   Nascimento de Bataille
11   "Por trás do universo não há nada"
19   Sobre este volume da *Suma*

23   **A EXPERIÊNCIA INTERIOR**
27   Preâmbulo

31   **Primeira parte: Esboço de uma introdução à experiência interior**
    33   I. Crítica da servidão dogmática (e do misticismo)
    36   II. A experiência, única autoridade, único valor
    41   III. Princípios de um método e de uma comunidade

63   **Segunda parte: O suplício**

97   **Terceira parte: Antecedentes do suplício (ou a comédia)**
    100   Quero levar minha pessoa ao pináculo
    103   A morte é em certo sentido uma impostura
    112   O azul do céu
    117   O labirinto (ou a composição dos seres)
    130   A "comunicação"

137 **Quarta parte: *Postscriptum* ao suplício (ou a nova teologia mística)**
    140   I. Deus
    144   II. Descartes
    147   III. Hegel
    151   IV. O êxtase
    169   V. A fortuna
    171   VI. Nietzsche

203 **Quinta parte: *Manibus date lilia plenis***
    205   *Gloria in excelsis mihi*
    209   Deus

211 **MÉTODO DE MEDITAÇÃO**

215 Advertência

219. **Primeira parte: Contestação**
    222   Meditação I
    222   Meditação II
    222   Meditação III

233. **Segunda parte: Posição decisiva**
    235   Princípios
    240   A operação soberana

247. **Terceira parte: A nudez**

251 *POSTSCRIPTUM* **1953**

257 **Notas da edição francesa das obras completas de Georges Bataille**

Nascimento de Bataille

Michel Surya

Georges Bataille morreu em julho de 1962, aos 65 anos de idade. Poucos artigos na imprensa – e de pouca relevância. Não era decerto um escritor sem importância que tinha morrido. Mas também não era o escritor que conhecemos hoje. Não havia comparação com Camus, morto dois anos antes, em janeiro de 1960, aos 47 anos; nem mesmo com Merleau-Ponty, morto em 1961, aos 53.

Durante toda sua vida, Bataille foi um escritor secundário, sobre o qual, no final das contas, não se sabia quase nada. Um exemplo entre muitos outros, mas dos últimos: em 1961 é publicado um dicionário antológico e crítico da literatura francesa contemporânea sob o título *Écrivains d'aujourd'hui, 1940-1960*. Ao contrário de um grande número de obras similares, esta dá mostras de uma verdadeira acuidade crítica – para dizer de modo simples, de um excelente bom gosto. Prova disso é que figuram ali, ao lado dos nomes que evidentemente não podiam faltar (Sartre, Beauvoir, Camus e Merleau-Ponty, justamente), aqueles de Barthes, Blanchot, Beckett, Bonnefoy, Du Bouchet, Des Forêts, Cioran, Duras, Genet, etc. Ou seja, tudo o que havia de melhor na literatura francesa em 1961, inclusive entre os jovens. Tudo exceto Bataille! E isso a um ano de sua morte. Ou seja, quando sua obra já estava "completa"!

Há razões para isso: sua obra "romanesca" é exígua então, ou melhor, está longe de ser conhecida na íntegra. As narrativas eróticas estão todas assinadas por pseudônimos que só seus amigos sabem identificar (além disso, várias delas sequer chegaram a ser publicadas e só serão descobertas após sua morte, com o estabelecimento, justamente, de suas *Obras completas*). As únicas que existem "oficialmente" são *O azul do céu* e *O ABade C*. Quanto aos ensaios, eles desconcertam ou escandalizam. *O erotismo* e *As lágrimas de Eros* chegam cedo demais. *A parte maldita*, ensaio de economia geral, inicia um gênero ainda não inventariado (ou talvez já perdido: o gênero da "história universal"). E não teria restado nada de *A experiência interior*, *O culpado*, *Sobre Nietzsche*, *A aleluia*, etc., publicados menos de 20 anos antes, durante a guerra, os únicos que lhe valeram a modesta notoriedade que conheceu um dia? Nada, ao que tudo indica. O que esses livros tinham de tão singular fora engolido nesse meio-tempo, aquilo que, entretanto, não escapara àqueles que os leram então – para admirá-los (Blanchot, por exemplo) ou detestá-los (Sartre, entre outros). Seus amigos no ramo editorial (Pauvert, Queneau, etc.) não tinham bastado para que as coisas tomassem outro rumo. E não havia mesmo como tomarem: entravam em seus livros, seja lá quais fossem, de literatura ou de pensamento, liberdade e audácia demais, inteligência e escândalo demais, em suma, *literatura e pensamento demais* para que mais do que uma ínfima minoria de leitores intuísse sua importância, senão seu gênio. Foi preciso para que essa situação mudasse – o que logo aconteceu, e de maneira rápida – que uma juventude literária que buscava mestres inéditos (representada em parte pela revista *Tel Quel*) o elegesse entre todos os que tinham escrito naqueles últimos 30 anos, assim como elegeu Artaud também. Fizesse deles os deuses tutelares da modernidade como ela a entendia. Foi preciso ainda que a juventude filosófica fizesse a mesma coisa, com a mesma rapidez: Foucault e Derrida, por exemplo, que abalaram a filosofia – professoral, dizia Bataille – justamente por isso. Bataille, o Bataille que lemos hoje, deve-lhes, senão tudo, quase tudo, ou ao menos muito. Ao menos o fato de não ter desaparecido; o que também poderia ter acontecido.

Foi Foucault justamente quem soube fazer com que suas obras completas fossem editadas pela Gallimard (12 volumes: um continente, mesmo para seus amigos, que não imaginavam que ele tivesse escrito tanto assim). E foram essas obras completas que nos permitiram redescobrir essas centenas de textos, uns dos anos 1930, outros dos

1950, publicados em revistas, em que o pensamento é pensado como no fulgor e na potência do instante (ninguém como Bataille para se entregar ao fulgor e à potência do instante); e descobrir finalmente essas narrativas "secretas" ou "clandestinas", como quiserem, das quais o escândalo nasceu de repente, engendrando, também de repente, sua glória paradoxal (e enganadora: viu-se inicialmente apenas o escritor, e o escritor dessas narrativas, em detrimento daquele dos ensaios, sem os quais, no entanto, essas narrativas não têm todo seu sentido – e vice-versa). Em todo caso, que se formasse (as *Obras completas* permitiram) essa figura completa, literária em parte, filosófica em outra. Inaugural em tudo. Que jogou um jogo que, então, ninguém jogou com ele, tanto quanto ele – nem Sartre, nem Camus, nem Merleau-Ponty. Era tarde demais, ao mesmo tempo que tudo podia começar. A glória que não conheceu vivo dava-se a ele morto. Como um puro dispêndio, por certo, e que ele tinha pensado, mas ao avesso. Ao seu dispêndio, ilimitado, ninguém respondera, enquanto ele estava vivo, de uma maneira que o empobrecesse. Mas sua morte, dispêndio definitivo, que tanto o atraíra, responderia de uma maneira que nem ele esperava, e que o enriqueceria. É, para uma obra, uma sorte rara, a esse ponto. Nada era possível e, talvez, para ele, fosse indiferente. Foi o contrário que se deu. Essa obra que poderia muito bem ter desaparecido, que talvez mesmo o devesse (que o buscava), tornou-se uma das mais consideráveis e mais comentadas.

"Por trás do universo não há nada"

Fernando Scheibe

Não, Bataille se defende muito bem sozinho.
Georges Didi-Huberman

A *Suma ateológica** não existe. Bataille nunca concluiu seu projeto. Além dos livros que compõem estes três volumes, chegou a incluir em seus planos diversos outros, alguns já então escritos, como *Teoria da religião*, alguns apenas imaginados, como *História de uma sociedade secreta* e *Maurice Blanchot*. Mas também não estou querendo dizer que esta edição seja uma mistificação! Podemos afirmar, de fato, que *A experiência interior* seguida de *Método de meditação* e do *Postscriptum 1953*, *O culpado* seguido de *A aleluia* e *Sobre Nietzsche* seguido de *Memorandum* formavam o "núcleo duro" da *Suma*, e os dois primeiros chegaram a ser republicados, em 1954 e em 1961, como volume I e II desta.

O *a* privativo de *ateológica* deixa claro, a suma é um trabalho de luto, do luto de Deus. Mas não só. Há pelo menos dois outros grandes lutos sendo elaborados aí: o de Laure (Colette Peignot, a "santa do abismo", morta, em 7 de novembro de 1938, na casa onde morava

---

* Assim como o não-saber batailliano é a paródia e a transgressão – o *pas au-delà* – do saber absoluto hegeliano, é evidente que a *Suma ateológica* é a paródia da *Suma teológica* de São Tomás de Aquino, mas também sua transgressão, já que "A ausência de Deus não é mais o fechamento: é a abertura do infinito. A ausência de Deus é maior, é mais divina do que Deus" (BATAILLE, Georges. L'absence de mythe (1947). In: *Œuvres complètes*, t. XI. Paris: Gallimard, 1988, p. 236).

com Bataille); e o da "comunidade" *Acéphale*, cujo fim desencadeia a redação do estranho diário que se tornará O *culpado*:

> A data em que começo a escrever (5 de setembro de 1939) não é uma coincidência. Começo em razão dos acontecimentos, mas não é para falar deles.

Embora a data praticamente coincida com o início da Segunda Guerra, os acontecimentos a que Bataille alude são, também, outros: ele tinha acabado de romper "definitivamente" com seus companheiros de *Acéphale*; vale dizer, com o *projeto* (por mais acéfalo que fosse) de buscar o sagrado através de algum tipo de *ação*, no seio de uma comunidade de alguma maneira ainda *positiva*.

Como afirmará numa "Nota autobiográfica" escrita por volta de 1958:

> Da "sociedade secreta" propriamente dita é difícil falar, mas parece que ao menos alguns de seus membros guardaram uma impressão de "saída fora do mundo". Momentânea, decerto, evidentemente inviável: em setembro de 1939, todos os seus membros renunciaram. Sobreveio um desacordo entre Bataille e o conjunto dos membros, absorvidos mais do que ele pela preocupação imediata com a guerra. Bataille, de fato, dedicou-se desde 1938 a exercícios de *yoga*, na verdade sem seguir de perto os preceitos da disciplina tradicional, em grande desordem e num tumulto de espírito levado ao extremo. Uma morte o dilacerou em 1938. É num estado de solidão completa que começa a escrever, nos primeiros dias da guerra, O *culpado*, em que descreve, à medida que a descobre, ao mesmo tempo, uma experiência mística heterodoxa e algumas de suas reações diante dos acontecimentos. Encontra Maurice Blanchot no fim de 1940, a quem logo o ligam a admiração e o acordo. Antes de ter terminado O *culpado*, resolve, no fim de 1941, escrever *A experiência interior*, concluindo-a antes do final do ano seguinte.*

Até certo ponto, a *Suma* representa a entrada de Bataille na escrita, a passagem da ação à inoperância, da comunidade positiva à negativa, da comunhão à comunicação.** Mas isso tem de ser nuança-

---

* BATAILLE, Georges. Notice autobiographique. In: *Œuvres complètes*, t. VII. Paris: Gallimard, 1976, p. 461-462.
** Tanto – e de maneira tão paradoxal – quanto a de *experiência interior*, a noção de *comunicação* ocupa uma posição crucial na *Suma*. Vale citar o que Jean-Luc Nancy

do: seja porque Bataille já era então um escritor (por mais que se refira a *A experiência interior* como seu "primeiro livro", ele já tinha escrito então *A história do olho*, publicado sob pseudônimo, e *O azul do céu*, só publicado posteriormente, em 1957, além de inúmeros artigos); seja porque a negatividade já atravessava, decerto, suas tentativas/tentações comunitárias, e a inoperância, suas ações; seja ainda porque a *hantise* (a obsessão, a assombração, a frequentação...) de uma realização da comunidade nunca o abandonará:

Orléans, 28 de outubro de [19]60

Querido Michel,

Estou ficando tão desajeitado, tão vago, tão cansado, que fui incapaz de telefonar para você a tempo quando de minha última passagem por Paris. Contudo, queria muito ver você. Queria de qualquer jeito, mesmo que não tivesse esta razão especial: a volta da China de um de meus amigos (talvez tenha ouvido falar de Jacques Pimpaneau) me leva a considerar ao menos as consequências longínquas da absurda tentativa ligada ao nome de *Acéphale*; ora, você é uma das pessoas que me sinto *intimado* a manter a par, pelo menos no que tange ao essencial. Não cogito de modo algum recomeçar, mas sou obrigado a me aperceber de que, no fundo, havia nessa empreitada delirante algo que não pôde morrer, apesar do afastamento

---

diz a esse respeito: "Uso o termo 'comunicação' tal como Bataille o emprega, ou seja, segundo o regime de uma violência feita à significação da palavra, tanto na medida em que ela indica a subjetividade ou a intersubjetividade como na medida em que denota a transmissão de uma mensagem ou de um sentido. No limite, essa palavra é insustentável. Conservo-a porque ressoa com a 'comunidade'; mas superponho-lhe (o que às vezes significa substituí-la) a palavra 'partilha'. A violência que Bataille infligia ao conceito de 'comunicação' era consciente de sua insuficiência: '*Ser isolado, comunicação* têm uma única realidade. Em nenhuma parte há 'seres isolados' que não comuniquem, nem há 'comunicação' independente dos pontos de isolamento. Tenha-se a precaução de separar dois conceitos mal feitos, resíduos de crenças pueris; a esse preço o problema mais intrincado será cortado'" (VII, 553). Solicitava-se assim, em suma, a desconstrução desse conceito, tal como Derrida a empreendeu ('Signature événement contexte'. In: *Marges*. Paris: Minuit, 1972), e tal como, de outra maneira, ela se prolonga em Deleuze e Guattari ('Postulats de la linguistique'. In: *Mille Plateaux*. Paris: Minuit, 1980). Essas operações acarretam necessariamente uma reavaliação geral da comunicação na comunidade e *da* comunidade (da fala, da literatura, do intercâmbio, da imagem, etc.), em relação à qual o uso do termo 'comunicação' só pode ser preliminar e provisório" (*La communauté désœuvrée*. Paris: Christian Bourgois, 1983, p. 51, nota 11).

que eu mesmo senti. Esse longo afastamento permanece no sentimento de angústia e de horror diante da ideia de voltar ao que pude admitir de miserável, mas sem considerar nem por um instante a possibilidade de voltar ao passado, parece-me valer para outros além de mim e eu não poderia postulá-la sem falar disso com você.* Acho que minha angústia e meu horror significam isto: que nada poderia se apresentar – para ninguém – do que afastou você de mim outrora.

Não pense que estou desatinando, mas se estou tão longe de tomar uma verdadeira iniciação,** reconheça que também não posso me esquivar.

Aliás, trata-se apenas de falar. Por maior que seja a seriedade com que isso pode ser vislumbrado.

[...]

Sinto-me cansado, envelheço, mas o passado, se penso naquilo que nos une, o passado profundo não envelheceu em mim.

Georges***

*

Até onde sei, esta é a primeira edição "completa"**** da *Suma ateológica*. Salvo, é claro, a que consta dos tomos V e VI das *Œuvres complètes* de Georges Bataille, que serviram de base para esta tradução. Mas ali ela se dilui na massa dos 12 volumes gallimardescos...

---

* Período truncado no original: "*Ce long éloignement demeure dans le sentiment d'angoisse et d'horreur à l'idée de revenir à ce que j'ai pu admettre de misérable, mais sans envisager un instant d'en revenir au passé, me paraît valoir pour d'autres que moi et je ne pourrais la poser sans t'en parler.*"

** Assim como em português, seria de se esperar aqui a palavra *initiative* (iniciativa) e não *initiation* (iniciação). Mas, dado o assunto da carta, esse deslize, voluntário ou não, parece muito significativo.

*** Carta de Georges Bataille a Michel Leiris citada em *L'apprenti sorcier – textes, lettres et documents (1932-1939). Rassemblés, présentés et annotés par Marina Galletti*. Paris: Éditions de la Différence, 1999, p. 575-576.

**** Silvio Mattoni está envolvido na mesma empreitada: o volume I da *Suma* em castelhano (excelentemente traduzido, como tive a *chance* de constatar, e também com as notas e tudo mais) acaba de sair na Argentina pela editora El Cuenco de Plata. O espanhol Fernando Savater já havia traduzido os três livros nos anos 1970, mas sem as notas e, exceto no caso de *La experiencia interior*, sem os textos complementares. No Brasil, apenas *A experiência interior* havia sido traduzido (por Celso Libânio Coutinho, Magali Montagné e Antonio Ceschin. São Paulo: Ática, 1992.)

Além dos livros propriamente ditos, o leitor encontrará aqui as notas das *O.C.*, compostas em substância pelo que Bataille escreveu para os referidos livros porém decidiu não publicar: como sói acontecer, algumas de suas mais belas páginas. Além de desenvolverem, de maneira por vezes ainda meio borrada, mas sempre vigorosa, aspectos conceptuais e sensíveis (Bataille insistia nisto: "[...] minha filosofia não poderia de modo algum se expressar sob uma forma que não fosse sensível: não sobraria absolutamente nada."*), essas "notas" permitem mapear os périplos do bibliotecário na França ocupada. Falam também, naturalmente, de questões mais pessoais e de pessoas, o que não deixa de colocar uma questão ética: com que direito os editores das obras completas (e nós na esteira deles) expuseram aquilo que o autor achou por bem não publicar? O próprio Bataille, referindo-se à edição póstuma de *Jean Santeuil*, de Marcel Proust, pulveriza esses escrúpulos:

> Há na morte um abandono total, para além do qual uma espécie de acaso faz com que aquilo que subsiste do domínio privado passe ao domínio comum. [...] Aquilo de privado que um escritor – homem público – não soube ele próprio furtar à curiosidade da multidão pertence à multidão. A *humanidade* inteira reencontra na morte um direito de olhar que ela abandona durante a vida, mas provisoriamente, e sem jamais esquecer que tudo o que é humano, mesmo privado, é de sua alçada.**

*

A extensão temporal da *Suma* – o texto mais antigo retomado em *A experiência interior* data de 1926, a "Introdução" de *O culpado* foi redigida por volta de 1960 – parece confirmar a afirmação de Roland Barthes: "na verdade, Bataille escreveu textos, ou mesmo, talvez, sempre um só e mesmo texto".*** E é fascinante ver surgirem

---

* Excerto da fala de Bataille no programa de rádio *La vie des Lettres* transmitido em 17 de julho de 1954.
** BATAILLE, Georges. *A literatura e o mal*. Belo Horizonte: Autêntica, 2015, p. 137-138.
*** BARTHES, Roland. De l'œuvre au texte. In: *Le bruissement de la langue*. Paris: Seuil, 1984, p. 69-77 (publicado originalmente em 1971 na *Revue d'Esthétique*).

nela temas como o do *dispêndio* (já reivindicado no artigo "A noção de dispêndio", de 1933, e que se tornará o mote desta outra suma que deveria ser *A parte maldita**) ou o do *continuum* (mote de *O Erotismo*).

*

Ao longo de todo o processo de tradução, contei com a cumplicidade sagaz, meticulosa e generosa de meu "irmão francês" Dominique Nédellec. Também debati alguns pontos com Michel Surya, profundo conhecedor da obra de Bataille. Além disso, devo muito a essa excelente revisora que é Aline Sobreira.

Duas escolhas (de minha inteira responsabilidade) merecem ser justificadas. A de traduzir *chance* por "chance" (e *malchance* por "má-chance") e a de usar "Nada", com N maiúsculo, para a palavra *néant*. *Chance* normalmente se deixa traduzir por "sorte" (*Bonne chance!/*Boa sorte!). Mas, no texto de Bataille, *chance* é uma noção muito pregnante, ligada mais ao acaso (à "maneira como os dados caem") do que à sorte propriamente dita. A "vontade de chance", subtítulo de *Sobre Nietzsche*, precisamente na medida em que se contrapõe à "vontade de potência", é uma vontade de se colocar inteiramente em jogo, não de (ter sorte para) ganhá-lo. Quanto a "Nada": em francês, existem duas palavras para dizer "nada", *rien* e *néant*. *Grosso modo*, pode-se afirmar que a segunda, *néant*, tende a ter um uso mais "substantivo": *le néant*, o nada (pense-se em Sartre, por exemplo: *O ser e o nada/L'être et le néant*). Como Bataille faz um uso distintivo de ambas, decidi traduzir *rien* por "nada" e *néant* por "Nada". Nesta nota de *A soberania* Bataille deixa mais explícita essa distinção:

> Inútil dizer que esse RIEN tem pouca coisa a ver com o *néant*. A metafísica lida com o *néant*. O RIEN de que falo é dado de experiência, não é visado senão na medida em que a experiência o implica. Decerto, o metafísico pode dizer que esse RIEN é o que ele visa quando fala do *néant*. Mas todo o movimento de meu pensamento se opõe a sua pretensão e a reduz a RIEN. Esse mesmo

---

* Nos planos de Bataille, o livro publicado com esse nome seria apenas o primeiro tomo – "A consumação" – de uma trilogia que compreenderia também os inacabados *História do erotismo* e *A soberania*.

movimento exige que, no instante em que esse RIEN se torna seu objeto, ele pare, cesse de ser, deixando lugar ao incognoscível do instante. Claro, confesso que esse RIEN, eu o valorizo, mas, valorizando-o, não faço RIEN dele. É verdade que lhe confiro, com uma inegável solenidade (mas tão profundamente cômica), a prerrogativa *soberana*. Mas *soberano* seria aquilo que a massa imagina? *Soberano?* você e eu o somos. Com uma condição: esquecer, tudo esquecer... Falar de RIEN não é no fundo senão negar a subordinação, reduzi-la ao que ela é (ela é útil), não é, em definitivo, mais que negar o valor não prático do pensamento, reduzi-lo, para além do útil, à insignificância, à honesta simplicidade do que falha, do que morre e desfalece.*

---

* BATAILLE, Georges. La Souveraineté. In: *Œuvres complètes*. Paris: Gallimard, 1976. t. VIII. p. 259 [nota]. As maiúsculas são do original.

Sobre este volume da *Suma*

Fernando Scheibe

O estranho me toma: então abro o negro guarda-chuva e alvoroço-me em uma festa de baile onde brilham estrelas. O nervo raivoso dentro de mim e que me contorce. Até que a noite alta vem me encontrar exangue. Noite alta é grande e me come. A ventania me chama. Sigo-a e me estraçalho.

Clarice Lispector

[...] o que conta não é mais o enunciado do vento, é o vento.

Georges Bataille

Bataille sempre quis, como Vênus, agarrar a presa, e não sua sombra. Uma de suas principais críticas ao surrealismo era justamente esta: vocês estão tomando a nuvem por Juno, largando a presa pela sombra, *vous lâchez la proie pour l'ombre*. Ou seja, estão se preocupando com as obras – quadros, livros – e esquecendo o que realmente importa: a experiência – o vento, não o enunciado do vento.

Mas e se a presa for inapreensível? *Insaisissable*, como diria Ângela Pralini? Pois bem, ela é: vento. E Bataille se estraçalhou. Com tão paciente intensidade, com tão acéfala inteligência.

Seria inútil tentar designar um ponto culminante da obra de Bataille, mas talvez se possa dizer que *A experiência interior* – sobretudo como vem aqui publicada, seguida de *Método de meditação*, do *Postscriptum 1953* e das notas da edição francesa das *Œuvres complètes* de Georges Bataille – é o paradigma por excelência, vale dizer, excepcional, dessa intensa paciência, dessa inteligente acefalia.

Em primeiro lugar, por causa do tempo. O tempo em que foi publicada, e o tempo que se inscreveu no livro.

*

É no mínimo curioso que, em plena França ocupada, em 1943, a Gallimard tenha publicado dois livros tão colossais – cada um a seu modo: *O ser e o nada* e *A experiência interior*. Faz pensar na pergunta que o próprio Bataille formula a propósito de Sade:

> Por que o tempo de uma revolução seria um tempo de esplendor nas artes e nas letras? O desencadeamento da violência armada não combina com a preocupação de enriquecer um domínio cujo gozo só a paz assegura.*

O fato é que, para o *escritor* Georges Bataille podemos afirmar que esse foi mesmo um tempo de esplendor.

*

Quanto ao tempo que se inscreveu no livro, é importante salientar que *A experiência interior* é uma montagem e contém uma espécie de autoantologia. Na verdade, Bataille já tinha começado *O culpado* quando resolveu, em outubro de 1939, "oferecer de uma doutrina um aspecto tão pobre, tão reduzido à simplicidade quanto possível. Essa determinação terá uma consequência imediata: não consagrarei mais que uma parte do meu tempo a este livro".

Segundo indicações do autor, ele compõe o livro entre 1941 e 1942 a partir de um núcleo inicial, "O suplício", por sua vez redigido logo após *Madame Edwarda* (textos "estreitamente solidários", "não se pode compreender um sem o outro", diz Bataille).

"Com a louvável intenção de compor um livro", compila – reescrevendo – os "Antecedentes do suplício" (o texto mais antigo da seção data de 1926) e redige o "Esboço de uma introdução à experiência interior" e o "*Postscriptum* ao suplício".

---

* BATAILLE, Georges. *A literatura e o mal*. Belo horizonte: Autêntica, 2015, p. 99.

*

Foi o livro que rendeu maior notoriedade a Bataille durante sua vida. Embora sobretudo negativa. São famosas as críticas de Gabriel Marcel, "A recusa da salvação e a exaltação do homem absurdo", e, sobretudo, a de Jean-Paul Sartre, "Um novo místico".* Michel Foucault conta que foi ao ler a crítica de Sartre que começou a se interessar por Bataille (a "vítima" de tamanho monumento de incompreensão e truculência só podia ser interessante...). Ou seja, seguindo a hipótese de Michel Surya, talvez Bataille nunca tivesse "nascido" se não fosse Sartre.

*

"Método de meditação" foi publicado em 1947 e representa claramente um texto de transição entre a *Suma* e *A parte maldita* (ver a nota da p. 237). Sintético e ambicioso, é um dos melhores escritos de Bataille (não é à toa que a maior parte das citações de Jacques Derrida em "Da economia restrita à economia geral: um hegelianismo sem reserva"** provém dali). É nele que encontramos, por exemplo, esta pérola de deslizamento conceitual:

> Anteriormente, eu designava a operação soberana com os nomes de *experiência interior* ou *extremo do possível*. Designo-a agora também com o nome de: *meditação*. Mudar de palavra significa o aborrecimento de empregar qualquer palavra que seja (*operação soberana* é, de todos os nomes, o mais fastidioso: *operação cômica* em certo sentido seria menos enganador); prefiro *meditação*, mas parece coisa de crente.

---

* A crítica de Gabriel Marcel saiu na revista *Table Ronde* e foi retomada, no mesmo ano, em *Homo viator* (Paris: Aubier, 1945); já a de Sartre aparece ainda em 1943 nos *Cahiers du Sud* e foi incorporada ao primeiro volume das *Situations* (Paris: Gallimard, 1947). Sartre acusa Bataille, entre outras coisas, de incoerência, panteísmo negro, cientificismo tacanho, má fé... e conclui se oferecendo para tratá-lo: "O resto cabe à psicanálise resolver. Mas não se exaltem: não me refiro aos métodos grosseiros e suspeitos de Freud, de Adler ou de Jung; há outras psicanálises". A resposta de Bataille se encontra no apêndice de *Sobre Nietzsche*.

** DERRIDA, Jacques. De l'économie restreinte à l'économie générale: un hegelianisme sans réserve. In: *L'écriture et la différence*. Paris: Seuil, 1967.

★

"*Postscriptum* 1953", redigido para a reedição do livro (que saiu em 1954, já como primeiro volume da *Suma* e acompanhado de "Método de meditação"), é um texto denso e estranho. Misto de autocrítica e autojustificação em que nos deparamos com esta enigmática autocartografia:

> Se fosse preciso me dar um lugar na história do pensamento, seria, acredito, por ter discernido os efeitos, em nossa vida humana, do "desvanecimento do real discursivo", e por ter tirado da descrição desses efeitos uma luz evanescente.

★

Nas notas deste volume o leitor encontrará esboços e prolongamentos de grande interesse. Como aquele que explicita a relação do livro com a "efervescência" e o "profetismo" dos anos 1920/1930 ou este em que, após aludir mais uma vez aos limites de sua proximidade com Heidegger, Bataille lança um alerta que se aplica a muitos de nós:

> Dentro da comunidade: alertar aquele que formou sua inteligência na universidade. Ele não pode compreender: falta-lhe um elemento essencial.
> diferença entre estado doméstico e estado selvagem – montanha e planície.

A experiência interior

A noite é também um sol.

Zaratustra

Preâmbulo

Como adoraria dizer do meu livro a mesma coisa que Nietzsche *da* Gaia ciência*: "Quase nenhuma frase em que a profundidade e a jovialidade não se deem ternamente as mãos!".*

Nietzsche escreve em Ecce homo*: "Outro ideal[1] corre diante de nossos passos, prodigioso, sedutor e rico em perigos, ao qual não procuramos converter ninguém, porque não reconhecemos facilmente direitos sobre ele a alguém: o ideal de um espírito que brinca ingenuamente, ou seja, sem intenção, por excesso de força e fecundidade, com tudo aquilo que se chamou até agora sagrado, bom, intangível, divino; de um espírito para o qual os supremos valores justamente em curso entre o povo significariam já perigo, decrepitude, aviltamento ou pelo menos repouso, cegueira, esquecimento momentâneo de si; um ideal de bem-estar e benevolência humanamente sobre-humano que parecerá facilmente inumano, quando, por exemplo, tomando lugar ao lado de toda essa seriedade que se reverenciou aqui, ao lado de toda a solenidade que reinou até hoje no gesto, no verbo, no tom, no olhar, na moral e no dever, ele se revelar involuntariamente como sua paródia encarnada; ele a que, no entanto, talvez caiba inaugurar a era da grande seriedade, colocar pela primeira vez em seu lugar o grande ponto de interrogação, mudar o destino da alma, fazer avançar o ponteiro, suspender a cortina da tragédia...".*

Cito ainda algumas palavras (nota que data de 1882-1884): "Ver as naturezas trágicas caírem por terra e poder rir disso, apesar da profunda compreensão, da emoção e da simpatia que sentimos, isso é divino".

As únicas partes deste livro escritas por necessidade – que respondem à altura a minha vida – são a segunda, "O suplício", e a última. Escrevi as outras com a louvável intenção de compor um livro.

[2]Perguntar-se diante de outra pessoa: por que via ela apazigua em si mesma o desejo de ser tudo? sacrifício, conformismo, trapaça, poesia, moral, esnobismo, heroísmo, religião, revolta, vaidade, dinheiro? ou várias vias juntas? ou todas juntas? Uma piscadela em que brilha uma malícia, um sorriso melancólico, um esgar de fadiga revelam o sofrimento dissimulado que nos causa o espanto de não sermos tudo, de termos mesmo limites tacanhos. Um sofrimento tão pouco confessável leva à hipocrisia interior, a exigências longínquas, solenes (como a moral de Kant).

Ao contrário. Não mais se querer tudo é tudo pôr em causa. Qualquer um, dissimuladamente, querendo evitar sofrer, confunde-se com o todo do universo, julga cada coisa como se ele fosse esse todo, da mesma forma que imagina, lá no fundo, que jamais morrerá. Essas ilusões nebulosas, nós as recebemos com a vida como um narcótico necessário para suportá-la. Mas o que é de nós quando, desintoxicados, apreendemos aquilo que somos? perdidos entre faladores, numa noite em que não podemos senão odiar a aparência de luz que provém dos falatórios. O sofrimento que se confessa do desintoxicado é o objeto deste livro.

Não somos tudo. Aliás, só temos duas certezas neste mundo: esta e a de morrer. Se temos consciência de não ser tudo, como temos consciência de ser mortais, isso não é nada. Mas, se faltam narcóticos, revela-se um vazio irrespirável. Eu queria ser tudo: se, desfalecendo nesse vazio, mas tomando coragem, digo a mim mesmo: "Tenho vergonha de ter almejado sê-lo, pois, percebo agora, seria dormir", a partir daí começa uma experiência singular. O espírito se move num mundo estranho em que a angústia e o êxtase se combinam.

Tal experiência não é inefável, mas a comunico a quem a ignora: sua tradição é difícil (a escrita não é mais que a introdução à oral); exige de outrem angústia e desejo prévios.

O que caracteriza tal experiência, que não procede de uma revelação, em que nada tampouco se revela, senão o desconhecido, é que ela nunca traz nada de apaziguador. Terminado meu livro, vejo seus aspectos odiáveis, sua insuficiência e, pior, em mim, a vontade de suficiência que imiscuí nele, que imiscuo ainda, e de que odeio ao mesmo tempo a impotência e uma parte da intenção.

Este livro é o relato de um desespero. Este mundo é dado ao homem como um enigma a resolver. Toda minha vida – seus momentos bizarros, desregrados, tanto quanto minhas pesadas meditações – se passou a resolver o enigma. Cheguei, efetivamente, à resolução de problemas cujas novidade e extensão me exaltaram. Adentrando regiões insuspeitadas, vi o que olho nenhum jamais vira. Nada mais embriagante: o riso e a razão, o horror e a luz tornados penetráveis... nada havia que eu não soubesse, que não fosse acessível à minha febre. Como uma insensata maravilhosa, a morte abria incessantemente ou fechava as portas do possível. Nesse dédalo, podia me perder à vontade, entregar-me ao arrebatamento, mas à vontade podia discernir os caminhos, preparar à marcha intelectual uma passagem precisa. A análise do riso abrira-me um campo de coincidências entre os dados de um conhecimento emocional comum e rigoroso e os do conhecimento discursivo. Os conteúdos, que se perdem uns nos outros, das diversas formas de dispêndio (riso, heroísmo, êxtase, sacrifício, poesia, erotismo ou outras) definiam por si próprios uma lei de comunicação que regulava os jogos do isolamento e da perda dos seres. A possibilidade de unir num ponto preciso duas sortes de conhecimento até aqui estranhas uma à outra ou confundidas grosseiramente dava a essa ontologia sua consistência inesperada: o movimento do pensar se perdia por inteiro, mas por inteiro se reencontrava, num ponto onde ri a multidão unânime. Isso me proporcionava um sentimento de triunfo: talvez ilegítimo, prematuro?... parece-me que não. Senti logo o que me acontecia como um peso. O que abalou meus nervos foi ter completado minha tarefa: minha ignorância incidia apenas sobre pontos insignificantes, mais nenhum enigma a resolver! Tudo desabava! Despertei diante de um novo enigma, e este, soube logo, insolúvel: esse enigma era mesmo tão amargo, deixou-me numa impotência tão acabrunhada que eu o experimentei como Deus, se existe, o experimentaria.

Quase concluída, abandonei a obra em que devia se encontrar o enigma resolvido. Escrevi "O suplício", em que o homem atinge o extremo do possível.

PRIMEIRA PARTE
Esboço de uma introdução à experiência interior

I
Crítica da servidão dogmática
(e do misticismo)

Entendo por *experiência interior* aquilo que habitualmente se nomeia *experiência mística*: os estados de êxtase, de arrebatamento ou ao menos de emoção meditada. Mas penso menos na experiência *confessional*, a que os místicos se ativeram até aqui, do que numa experiência nua, livre de amarras, e mesmo de origem, que a prendam a qualquer confissão que seja. É por isso que não gosto da palavra "mística".[3]

Tampouco aprecio as definições tacanhas. A experiência interior responde à necessidade em que estou – e a existência humana comigo – de pôr tudo em causa (em questão) sem repouso admissível. Essa necessidade já atuava apesar das crenças religiosas, mas tem consequências muito mais radicais na ausência dessas crenças. As pressuposições dogmáticas deram limites indevidos à experiência: aquele que já sabe não pode ir além de um horizonte conhecido.

Quis que a experiência conduzisse aonde ela mesma levasse, não levá-la a algum fim dado de antemão. E digo logo que ela não leva a porto algum (mas a um lugar de extravio, de não-sentido). Quis que o não-saber fosse seu princípio – no que segui, com um rigor mais áspero, um método no qual os cristãos primaram (foram tão longe nessa via quanto o dogma permitiu). Mas essa experiência, nascida do não-saber, nele permanece decididamente. Não é inefável, não a traímos falando dela, mas nas questões do saber ela furta ao espírito até mesmo as respostas que ele ainda tinha. A experiência nada revela e não pode fundar a crença nem partir dela.

A experiência é a colocação em questão (à prova), na febre e na angústia, daquilo que um homem sabe do fato de ser. Se, nessa febre, ele apreender alguma coisa, qualquer que seja, não poderá dizer: "eu vi isto, o que vi é assim"; não poderá dizer: "vi Deus, o absoluto ou o fundo dos mundos"; poderá dizer apenas: "o que vi escapa ao entendimento", e Deus, o absoluto e o fundo dos mundos não são nada se não são categorias do entendimento.

Se eu dissesse decididamente: "vi Deus", aquilo que vejo mudaria. Em vez do desconhecido inconcebível – diante de mim livre selvagemente, deixando-me diante dele selvagem e livre – haveria um objeto morto e a coisa do teólogo – a que o desconhecido estaria submetido, pois, na espécie de Deus, o desconhecido obscuro que o êxtase revela *está subordinado a me subordinar* (o fato de que um teólogo faça explodir *a posteriori* o quadro estabelecido significa simplesmente que o quadro é inútil; não é, para a experiência, mais que pressuposição a rejeitar).

De qualquer modo, Deus está ligado à salvação da alma – ao mesmo tempo que às outras *relações do imperfeito com o perfeito*. Ora, na experiência, o sentimento que tenho do desconhecido de qué falei é desconfiadamente hostil à ideia de perfeição (a servidão encarnada, o "deve ser").

Leio em Dionísio, o Areopagita (*Nomes divinos*, I, 5): "Aqueles que pela cessação íntima de toda operação intelectual entram em união íntima com a luz inefável [...] não falam de Deus senão por negação". É assim desde o instante em que a experiência revela, não a pressuposição (a tal ponto que aos olhos do mesmo a luz é "raio de treva"; ele teria chegado a dizer, segundo Eckhart: "Deus é Nada"). Mas a teologia positiva – fundada na revelação das Escrituras – não está de acordo com essa experiência negativa. Algumas páginas depois de ter evocado esse Deus que o discurso só apreende negando, Dionísio escreve (*Nomes divinos*, I, 7): "Ele possui sobre a criação um império absoluto [...], todas as coisas se ligam a ele como a seu centro, reconhecendo-o como sua causa, seu princípio e seu fim [...]".

A respeito das "visões", das "palavras" e das outras "consolações" comuns no êxtase, São João da Cruz demonstra, se não hostilidade, ao menos reserva. A experiência, para ele, só tem sentido na apreensão de um Deus sem forma e sem modo. Mesmo Santa Teresa, no final das contas, dava valor apenas à "visão intelectual". Da mesma maneira, considero a apreensão de Deus, ainda que sem forma e sem modo (sua visão "intelectual" e não sensível), uma parada no movimento que nos leva à apreensão mais obscura do *desconhecido*: de uma presença que em nada mais se distingue de uma ausência.

Deus difere do desconhecido pelo fato de que uma emoção profunda, vinda das profundezas da infância, liga-se imediatamente em nós à sua evocação. O desconhecido, ao contrário, deixa-nos frios, não se faz amar antes de derrubar todas as coisas em nós como um vento violento. Da mesma maneira, as imagens transtornadoras e os meios-termos aos quais recorre a emoção poética nos tocam sem dificuldade. Se a poesia introduz o estranho, ela o faz pela via do familiar. O poético é o familiar dissolvendo-se no estranho, e nós mesmos com ele. Ele nunca nos desapossa totalmente, pois as palavras, as imagens dissolvidas, estão carregadas de emoções já sentidas, fixadas a objetos que as ligam ao conhecido.

A apreensão divina ou poética está no mesmo plano que as vãs aparições dos santos na medida em que ainda podemos, por meio dela, apropriar-nos daquilo que nos ultrapassa e, sem tomá-lo como um bem próprio, ao menos reconectá-lo a nós, àquilo que já tinha nos tocado. Dessa forma, não morremos inteiramente: um tênue fio, mas ainda um fio, liga o apreendido ao eu (por mais que eu rompa sua noção ingênua, Deus permanece o ser cujo papel foi ditado pela Igreja).

Só nos desnudamos totalmente indo sem trapaças rumo ao desconhecido. É a parte de desconhecido que confere à experiência de Deus – ou do poético – sua grande autoridade. Mas o desconhecido exige ao final o império sem partilha.

II
A experiência, única autoridade, único valor

A oposição à ideia de projeto – que assume neste livro uma parte essencial – é tão necessária em mim que, tendo escrito desta introdução o plano detalhado, não posso me ater a ele. Tendo abandonado por um tempo sua execução – escrevendo o postscriptum *(que não estava previsto) –, sou obrigado agora a alterá-lo. Atenho-me ao projeto nas questões secundárias: naquilo que me importa ele logo me aparece como aquilo que realmente é: contrário a mim mesmo por ser projeto.*

Faço questão de me explicar a esse respeito, interrompendo a exposição: devo fazê-lo, já que não posso assegurar a homogeneidade do conjunto. Talvez seja negligência. Contudo, quero dizer isto, de maneira alguma oponho ao projeto o humor negativo (uma moleza doentia), mas sim o espírito de decisão.

A expressão da experiência interior deve, de algum modo, corresponder a seu movimento, não pode ser uma seca tradução verbal, executável em ordem.

Do plano estabelecido, forneço os títulos dos capítulos, que eram:

– crítica da servidão dogmática (o único escrito);
– crítica da atitude científica;
– crítica de uma atitude experimental;
– postulação da própria experiência como valor e autoridade;

— *princípio de um método;*
— *princípio de uma comunidade.*
Tentarei agora dar a ver o movimento que devia resultar desse conjunto.

A experiência interior, por não poder ter princípio nem num dogma (atitude moral), nem na ciência (o saber não pode ser nem seu fim nem sua origem), nem na busca de estados enriquecedores (atitude estética, experimental), também não pode ter outro anseio nem outro fim que não ela própria. Abrindo-me à experiência interior, postulei seu valor, sua autoridade. Não posso de agora em diante ter outro valor nem outra autoridade.* Valor, autoridade implicam o rigor de um método, a existência de uma comunidade.

Chamo experiência uma viagem ao extremo do possível do homem. Cada qual pode não fazer essa viagem, mas, se a faz, isso supõe que foram negadas as autoridades, os valores existentes, que limitam o possível. Pelo fato de ser a negação de outros valores, de outras autoridades, a experiência que tem a existência positiva torna-se ela própria, positivamente, o valor e a *autoridade*.**

A experiência interior sempre teve outros fins que não ela própria, nos quais era situado o valor, a autoridade. Deus no Islã ou na Igreja cristã; na Igreja budista, este fim negativo: a supressão da dor (foi possível também subordiná-la ao conhecimento, como o faz a ontologia de Heidegger***). Mas se Deus, o conhecimento, a supressão da dor deixam de ser a meus olhos fins convincentes, se o prazer a tirar de um arrebatamento me importuna, choca-me mesmo, segue-se daí que a experiência interior deverá me parecer vazia e desde então impossível, já que sem razão de ser?

---

* Entenda-se, no domínio do espírito, como dizemos: a autoridade da ciência, da Igreja, da Escritura.

** O paradoxo na autoridade da experiência: fundada sobre a colocação em questão, ela é colocação em questão da autoridade; colocação em questão positiva, autoridade do homem que se define como colocação em questão de si mesmo.

*** Ao menos a maneira como expõe seu pensamento, ante uma comunidade de homens, quanto ao conhecimento.

A questão nada tem de ociosa. A ausência de uma resposta categórica (de que prescindira até então) acabou me causando um grande mal-estar. A própria experiência me deixara em farrapos, e esses farrapos, minha impotência em responder terminava de rasgá-los. Recebi a resposta de outra pessoa: ela exige uma solidez que naquele momento eu tinha perdido. Fiz a pergunta a alguns amigos, deixando transparecer parte de minha perturbação: um deles* enunciou simplesmente este princípio, que a própria experiência é a autoridade (mas a autoridade se expia).

Essa resposta me apaziguou na hora, deixando-me apenas (como a cicatriz de uma ferida que custa a fechar) um resíduo de angústia. Tive a noção de seu alcance no dia em que elaborei o projeto de uma introdução. Vi então que ela punha fim a todo debate da existência religiosa, que ela tinha mesmo o alcance galileano de uma inversão no exercício do pensamento, que ela substituía tanto a tradição das igrejas quanto a filosofia.

Já faz algum tempo que a única filosofia ainda viva, a da escola alemã, tende a fazer do conhecimento último a extensão da experiência interior. Mas essa *fenomenologia* atribui ao conhecimento o valor de um fim a que se chega pela experiência. É uma aliança capenga: o papel atribuído à experiência é ao mesmo tempo demasiado e não bastante grande. Os que lhe atribuem esse papel devem sentir que ela transborda, por um imenso possível, o uso a que se limitam. O que preserva em aparência a filosofia é a pouca acuidade das experiências de que partem os fenomenólogos. Essa ausência de equilíbrio não sobrevive à colocação em jogo da experiência que vai ao extremo do possível. Já que ir ao extremo significa no mínimo isto: que o limite que é o conhecimento como fim seja transposto.

No âmbito filosófico, trata-se de acabar com a divisão analítica das operações, e assim escapar ao sentimento de vazio das interrogações inteligentes. No âmbito religioso, o problema resolvido é mais pesado. As autoridades, os valores tradicionais, há muito tempo não

---
* Maurice Blanchot. Mais adiante me refiro duas vezes a essa conversa.

fazem mais sentido para um grande número de pessoas. E a crítica a que a tradição sucumbiu não pode ser indiferente para aqueles cujo interesse é o extremo do possível. Ela se liga a movimentos da inteligência que querem alargar seus limites. Mas — isso é inegável — o avanço da inteligência teve como efeito secundário diminuir o possível num domínio que pareceu estranho à inteligência: *o da experiência interior*.

Diminuir ainda é dizer pouco. O desenvolvimento da inteligência leva a um ressecamento da vida que, por sua vez, atrofiou a inteligência. É somente se enuncio este princípio: "a própria experiência interior é a autoridade" que saio dessa impotência. A inteligência tinha destruído a autoridade necessária à experiência: com essa forma de decidir, o homem dispõe novamente de seu possível, e não se trata mais do velho, do limitado, mas do extremo do possível.

Esses enunciados têm uma obscura aparência teórica, e não vejo remédio para isso senão dizer: "é preciso apreender seu sentido de dentro". Eles não são demonstráveis logicamente. É preciso *viver* a experiência, ela não é facilmente acessível, e inclusive, considerada de fora pela inteligência, seria preciso ver nela uma soma de operações distintas, umas intelectuais, outras estéticas, outras enfim morais, e todo o problema a retomar. É apenas de dentro, vivenciada até a agonia do transe, que ela aparece unindo o que o pensamento discursivo tem de separar. Mas ela não une apenas essas formas — estéticas, intelectuais, morais —, une também os conteúdos diversos da experiência passada (como Deus e sua Paixão) numa fusão que só deixa de fora o discurso pelo qual se tentou separar esses objetos (fazendo deles respostas às dificuldades da moral).

A experiência atinge, para terminar, a fusão do objeto e do sujeito, sendo, como sujeito, não-saber, como objeto, o desconhecido. Ela pode deixar se quebrar sobre isso a agitação da inteligência: fracassos repetidos não a servem menos que a docilidade última que é de se esperar.

Atingido isso como uma extremidade do possível, é óbvio que a filosofia propriamente dita é absorvida, que estando já separada da simples tentativa de coesão dos conhecimentos em que consiste a filosofia das ciências, ela se dissolve. E, dissolvendo-se nessa nova maneira de pensar, percebe não ser mais que a herdeira de uma teologia mística fabulosa, mas mutilada de um Deus e fazendo tábula rasa.

É a separação do transe dos domínios do saber, do sentimento e da moral que obriga a *construir* valores que reúnam *do lado de fora* os elementos desses domínios sob a forma de entidades autoritárias, quando na verdade era preciso não procurar longe, pelo contrário, entrar em si mesmo para aí encontrar o que faltou a partir do dia em que se contestaram as construções. "Si mesmo" não é o sujeito que se isola do mundo, mas um lugar de comunicação, de fusão do sujeito e do objeto.

III
Princípios de um método e de uma comunidade[4]

Quando as devastações da inteligência terminaram de desmantelar os edifícios de que falei, a vida humana sentiu uma falta (mas não de imediato um desfalecimento total). Essa comunicação que ia longe, essa fusão que ela operava até ali através de uma meditação sobre objetos que tinham uma história (patética e dramática) como Deus, pareceu que não se podia mais alcançá-la. Era preciso então escolher: ou permanecer fiel, obstinadamente, a dogmas caídos num domínio de crítica; ou renunciar à única forma de vida ardente, à fusão.

O amor, a poesia, sob uma forma romântica, foram as vias pelas quais tentamos escapar ao isolamento, ao aperto de uma vida em pouco tempo privada de sua mais visível saída. Mas mesmo que essas novas saídas nada deixassem a desejar em relação à antiga, a antiga tornou-se inacessível, ou tida como tal, para aqueles que a crítica tocou: dessa forma sua vida foi privada de uma parte de seu possível.

Em outros termos, só se atingem estados de êxtase ou de arrebatamento *dramatizando* a existência em geral. A crença em um Deus traído, que nos ama (a tal ponto que, por nós, ele morre), resgata-nos e nos salva, desempenhou por muito tempo esse papel. Mas não se pode dizer que, faltando essa crença, a dramatização seja impossível: de fato, outros povos a conheceram – e por meio dela o êxtase – não estando informados do Evangelho.

Só se pode dizer isto: que a dramatização tem necessariamente uma chave, sob a forma de elemento incontestado (decisivo), de valor, sem a qual não pode existir o drama, mas só a indiferença. Assim, a partir do momento em que o drama nos atinge, e ao menos se ele é sentido como algo que concerne em nós ao homem em geral, atingimos a autoridade, o que causa o drama. (Do mesmo modo, se existe em nós uma autoridade, um valor, há drama, pois se ela é assim, é preciso levá-la a sério, totalmente.)

Em toda religião a dramatização é essencial, porém, embora seja puramente exterior e mítica, ela pode ter várias formas independentes ao mesmo tempo. Sacrifícios de intenções e de fontes diferentes se conjugam. Mas cada um deles, no momento em que a vítima é imolada, marca o ponto de intensidade de uma dramatização. Se não soubéssemos dramatizar, não poderíamos sair de nós mesmos. Viveríamos isolados e apertados. Mas uma espécie de ruptura – na angústia – nos deixa à beira das lágrimas: então nos perdemos, esquecemo-nos de nós mesmos e comunicamos com um além inapreensível.

Dessa maneira de dramatizar – frequentemente forçada – resulta um elemento de comédia, de tolice, que acaba virando riso. Se não tivéssemos sabido dramatizar não saberíamos rir, mas em nós o riso está sempre pronto para nos fazer rebrotar numa fusão recomeçada, novamente nos despedaçando ao acaso de erros cometidos na intenção de nos despedaçar, mas sem autoridade dessa vez.

A dramatização só se tornou realmente geral fazendo-se interior, mas ela não pode se dar sem meios que correspondam a aspirações ingênuas – como o desejo de nunca morrer. Quando se tornou assim interior e geral, a dramatização caiu numa autoridade exclusiva, ciumenta (fora de questão rir a partir daí, ela se tornou ainda mais forçada). Tudo isso para que o ser não se aperte demais sobre si mesmo, não termine como um lojista avaro, um velho depravado.

Entre o lojista, o depravado rico e o devoto acocorado à espera da salvação, houve também muitas afinidades, inclusive a possibilidade de estarem unidos numa só pessoa.

Outro equívoco: devido ao compromisso entre a autoridade positiva de Deus e aquela, negativa, da supressão da dor. Na vontade de suprimir a dor, somos conduzidos à ação, em vez de nos limitarmos a dramatizar. A ação exercida para suprimir a dor vai, finalmente, no sentido contrário da possibilidade de dramatizar em seu nome: não tendemos mais ao extremo do possível, remediamos o mal (sem grande resultado), mas, enquanto isso, o possível perde seu sentido, vivemos de projeto, formando um mundo bastante unido (sob a cobertura de inexpiáveis hostilidades) com o depravado, o lojista e o devoto egoísta.

Nessas maneiras de dramatizar ao extremo, no interior das tradições, podemos nos afastar delas. O recurso ao desejo de não morrer e mesmo, salvo a humilhação diante de Deus, os meios habituais quase inexistem em São João da Cruz, que, caindo na noite do não-saber, toca o extremo do possível: em alguns outros de maneira menos ostensiva, talvez não menos profunda.

Kierkegaard, à força de levar ao limite do possível e, de certo modo, até o absurdo cada elemento do drama cuja autoridade recebeu por tradição, move-se num mundo onde se torna impossível apoiar-se sobre coisa alguma, onde a ironia está livre.

Chego ao mais importante: *é preciso rejeitar os meios exteriores*. O dramático não é estar nestas condições ou naquelas, que são condições positivas (como estar meio perdido, poder ser salvo). É simplesmente ser. Aperceber-se disso é, sem mais, contestar com bastante consequência os subterfúgios pelos quais nos furtamos habitualmente. Nada de salvação: ela é o mais odioso dos subterfúgios. A dificuldade – o fato de que a contestação deve se dar em nome de uma autoridade – é resolvida assim: contesto em nome da contestação que é a própria experiência (a vontade de ir até o limite do possível). A experiência, sua autoridade, seu método não se distinguem da contestação.*

---

* Como digo na quarta parte, o princípio de contestação é um daqueles sobre os quais insiste Maurice Blanchot como sobre um fundamento.

Teria podido me dizer: o valor, a autoridade, é o êxtase; a experiência interior é o êxtase, o êxtase é, ao que parece, a comunicação, opondo-se ao aperto sobre si mesmo de que falei. Eu teria assim *sabido* e *encontrado* (houve um tempo em que acreditei saber, ter encontrado). Mas chegamos ao êxtase por meio de uma contestação do saber. Se me detenho no êxtase e me aproprio dele, no final o defino. Mas nada resiste à contestação do saber, e, ao cabo, vi que a própria ideia de comunicação deixa nu, não sabendo nada. Qualquer que seja, por falta de uma revelação positiva em mim presente no extremo, não posso lhe dar nem razão de ser nem finalidade. Permaneço no intolerável não-saber, cuja única saída é o próprio êxtase.

Estado de nudez, de súplica sem resposta em que, não obstante, percebo isto: que ele se deve à elusão dos subterfúgios. De modo que, os conhecimentos particulares permanecendo como tais, só o chão, seu fundamento, furtando-se, apreendo, ao soçobrar, que a única verdade do homem, finalmente entrevista, é a de ser uma súplica sem resposta.

Invadida por uma simplicidade tardia, a avestruz, no final, deixa um olho fora da areia, bizarramente aberto... Mas, caso alguém venha a me ler, mesmo com a maior boa vontade e atenção, mesmo que esse alguém atinja o último grau de convicção, nem por isso ficará nu. Pois nudez, soçobrar, súplica... são antes de tudo noções acrescentadas às outras. Embora ligadas à elusão dos subterfúgios, na medida em que estendem o domínio dos conhecimentos, reduzem-se elas próprias ao estado de subterfúgios. Tal é em nós o trabalho do discurso. E essa dificuldade se expressa assim: *a palavra "silêncio" ainda é um barulho*, falar é em si mesmo imaginar conhecer, e para não mais conhecer seria preciso não mais falar. Ainda que a areia tenha deixado meus olhos se abrirem, eu falei: as palavras, *que só servem para fugir*, quando parei de fugir me levam de volta à fuga. Meus olhos se abriram, é verdade, mas seria necessário não dizê-lo, permanecer empacado como um bicho. Quis falar, e, como se as palavras carregassem o peso de mil sonos, devagarinho, como que parecendo não ver, meus olhos se fecharam.

É por meio de uma "íntima cessação de toda e qualquer operação intelectual" que o espírito é posto a nu. Senão, o *discurso* o mantém em seu pequeno aperto. O discurso, se assim quiser, pode atiçar a tempestade; por mais que me esforce, ao pé do fogo o vento não pode congelar. A diferença entre experiência interior e filosofia reside principalmente no fato de que, na experiência, o enunciado não é nada, apenas um meio e, até, tanto quanto um meio, um obstáculo; o que conta não é mais o enunciado do vento, é o vento.

Nesse ponto, vemos o segundo sentido da palavra "dramatizar": é a vontade, que se acrescenta ao discurso, de não se manter no enunciado, de obrigar a sentir o gelado do vento, a estar nu. Daí a arte dramática que utiliza a sensação, não discursiva, esforçando-se por impressionar, e para isso imitando o barulho do vento e tratando de gelar – como que por contágio: ela faz um personagem tremer no palco (em vez de recorrer a esses meios grosseiros, o filósofo se cerca de signos narcóticos). Nesse sentido, é um erro clássico filiar os *Exercícios* de Santo Inácio ao método discursivo: eles se remetem ao discurso que tudo regula, mas sob o modo dramático. O discurso exorta: imagina, diz ele, o lugar, os personagens do drama, e te mantém ali como um deles; dissipa – concentra para tanto tua vontade – a hebetude, a ausência a que as palavras inclinam. A verdade é que os *Exercícios*, feitos inteiramente do horror ao discurso (à ausência), tentam remediar isso pela tensão do discurso, e frequentemente esse artifício fracassa (por outro lado, o objeto de contemplação que propõem é, decerto, o drama, mas comprometido pelas categorias históricas do discurso, longe do Deus sem forma e sem modo dos carmelitas, sedentos, mais dos que os jesuítas, de experiência interior).

A fraqueza do método dramático é que ele força a ir sempre além daquilo que é sentido naturalmente. Mas a fraqueza é mais nossa que do método. E não é o lado voluntário do procedimento (a que se une aqui o sarcasmo: cômico sendo não a autoridade, mas aquele que, desejando-a, não consegue, apesar de seus esforços, submeter-se a ela) que me detém: é sua impotência.

A contestação permaneceria, na verdade, impotente em nós se ela se limitasse ao discurso e à exortação dramática. Essa areia em que nos afundamos para não ver é formada pelas palavras, e a contestação, tendo de se servir delas, faz pensar – se passo de uma imagem a outra diferente – no homem atolado, debatendo-se, cujos esforços só fazem com que afunde ainda mais: e é verdade que as palavras, seus dédalos, a imensidão esgotante de seus possíveis, enfim, seu caráter traiçoeiro têm alguma coisa das areias movediças.

Dessas areias não sairíamos sem que alguma corda nos fosse lançada. Ainda que as palavras drenem em nós quase toda a vida – dessa vida não há quase nenhuma folhinha que a multidão sem repouso, atarefada, dessas formigas (as palavras) não pegue, arraste, acumule –, subsiste em nós uma parte muda, esquiva, inapreensível. Na região das palavras, do discurso, essa parte é ignorada. De modo que ela nos escapa normalmente. Só sob certas condições podemos atingi-la ou dispor dela. São vagos movimentos interiores, que não dependem de nenhum objeto e não têm nenhuma intenção, estados que, semelhantes a outros, ligados à pureza do céu, ao cheiro de um quarto, não são motivados por nada de definível, de tal forma que a linguagem, que, a respeito dos outros, tem o céu, o quarto, a que se remeter – e que dirige neste caso a atenção para aquilo que ela apreende –, é despossuída, não pode dizer nada, limita-se a furtar esses estados à atenção (aproveitando de sua pouca acuidade, ela logo atrai a atenção para outra coisa).

Se vivemos sem contestação sob a lei da linguagem, esses estados são em nós como se não fossem. Mas se, contra essa lei, nós nos chocamos, podemos de passagem deter sobre um deles a consciência e, fazendo calar em nós o discurso, demorarmo-nos na surpresa que ele nos causa. Mais vale então se encerrar, fazer a noite, permanecer nesse silêncio suspenso em que surpreendemos o sono de uma criança. Com um pouco de sorte, podemos perceber o que favorece o retorno de tal estado, o que aumenta sua intensidade. E decerto não é demais para isso a paixão doentia que faz com que uma mãe passe uma boa parte da noite ao pé de um berço.

Mas a dificuldade é que não é fácil se calar, e nunca chegamos a nos calar totalmente, que é preciso lutar contra si mesmo, com, justamente, uma paciência de mãe: buscamos apreender em nós aquilo que subsiste a salvo dos servilismos verbais, e o que apreendemos somos nós mesmos divagando, empilhando frases, talvez a respeito de nosso esforço (e a seguir de seu fracasso), mas frases, e na impotência de apreender outra coisa. Temos de nos obstinar – tornando-nos familiares, cruelmente, com uma impotente tolice, normalmente esquivada, mas sobre a qual incide de repente toda luz: a intensidade dos estados logo aumenta, e a partir de então eles absorvem e até arrebatam. Chega o momento em que podemos refletir, novamente não nos calar, encadear palavras: desta vez, como que para ninguém (em segundo plano), e, sem mais nos preocuparmos, deixamos seu ruído se perder.[5]

Esse controle, que podemos adquirir com o tempo, de nossos movimentos mais interiores é bem conhecido: é o *yoga*. Mas o *yoga* nos é dado sob a forma de grosseiras receitas, guarnecidas de pedantismo e de enunciados bizarros. E o *yoga*, praticado por si mesmo, não vai mais longe do que uma estética ou uma higiene. Ao passo que recorro aos mesmos meios (desnudados) *num desespero*.

Os cristãos prescindiam desses meios, mas a experiência não era para eles senão a derradeira etapa de uma longa ascese (os próprios hindus se dedicam ao ascetismo, que propicia à sua experiência um equivalente do drama religioso que lhes falta). Mas não podendo e não querendo recorrer à ascese, tenho de ligar a contestação à *liberação do poder das palavras* que o controle é. E se, contrariamente aos hindus, reduzi esses meios àquilo que são e afirmei deles que é preciso dar espaço à inspiração, tampouco posso deixar de dizer que não podemos reinventá-los. Sua prática, carregada com o peso da tradição, é análoga à cultura vulgar, de que os mais livres poetas não puderam prescindir (nenhum grande poeta que não tenha feito estudos secundários).

Aquilo de que me apropriei está tão longe quanto possível da atmosfera de escolaridade do *yoga*. Os meios de que se trata são duplos; é preciso encontrar: – *palavras* que sirvam de alimento ao hábito, mas nos desviem desses objetos cujo conjunto nos mantém atrelados; – *objetos* que nos façam escorregar do plano exterior (objetivo) para a interioridade do sujeito.

Darei apenas um exemplo de *palavra* escorregadia. Digo *palavra*: poderia ser também a frase em que inserimos a palavra, mas me limito à palavra "silêncio". Ela já é, como disse, a abolição do barulho que a palavra é; entre todas as palavras, é a mais perversa, ou a mais poética: ela própria é a garantia de sua morte.

O silêncio se dá na dileção doentia do coração. Quando o perfume de uma flor está carregado de reminiscências, demoramo-nos sozinhos a cheirar a flor, a interrogá-la, na angústia do segredo que sua doçura nos entregará num instante: esse segredo é apenas a presença interior, silenciosa, insondável e nua, que uma atenção sempre voltada para as palavras (para os objetos) nos furta, que ela nos devolve, quando muito, se a voltamos para o mais transparente dos objetos. Mas ela só a devolve inteiramente para nós se soubermos desprendê-la, no final, até mesmo desses objetos discretos: o que podemos fazer escolhendo para eles como que um lugar de repouso onde acabarão de se dissipar no silêncio que não é mais nada.

O lugar de repouso que os hindus escolheram não é menos interior: o sopro. E assim como uma palavra escorregadia tem a virtude de capturar a atenção voltada anteriormente para as palavras, da mesma forma o sopro pode capturar a atenção de que dispõem os gestos, os movimentos dirigidos para os objetos: mas o sopro é o único desses objetos que só conduz à interioridade. De tal maneira que os hindus, respirando devagar – e talvez em silêncio –, longamente, não se equivocaram atribuindo ao sopro um poder que não é aquele que acreditaram ser, mas que abre, sim, os segredos do coração.

O silêncio é uma palavra que não é uma palavra, e o sopro, um objeto que não é um objeto...

Interrompo novamente o curso da exposição. Não revelarei as razões disso (elas são várias, coincidentes). Limito-me agora a algumas notas que trazem à luz o essencial e sob uma forma que corresponde melhor à minha intenção do que o encadeamento.

Os hindus têm outros meios; que só têm um valor a meus olhos: mostrar que só os meios pobres (os mais pobres) têm a virtude de operar a ruptura (os meios ricos têm sentido demais, interpõem-se entre nós e o desconhecido, como objetos buscados por si mesmos). Só a intensidade importa. Ora,

Mal dirigimos a atenção para uma presença interior: aquilo que até então se furtava assume a amplitude – não de uma tempestade, trata-se de movimentos lentos – mas de uma enchente que tudo invade. Agora a sensibilidade se exalta: bastou que a liberássemos dos objetos neutros a que a aplicamos normalmente.

Uma sensibilidade tornada, por liberação daquilo que atinge os sentidos, tão interior que o mínimo detalhe do exterior, a queda de um alfinete, um estalido, passam a ter uma imensa e longínqua ressonância... Os hindus notaram essa bizarrice. Imagino que seja algo análogo ao que acontece com a visão, que uma dilatação da pupila torna mais aguda na escuridão. Aqui, a escuridão não é a ausência de luz (ou de barulho), mas a absorção exterior. Na noite pura e simples, nossa atenção se volta inteiramente para o mundo dos objetos pela via das palavras, que persiste. O verdadeiro silêncio tem lugar na ausência das palavras; que um alfinete então caia: como se fosse uma martelada, sobressalto-me... Nesse silêncio feito de dentro, não é mais um órgão, é a sensibilidade inteira, o coração, que se dilatou.

Diversos meios dos hindus.
Eles pronunciam de maneira cavernosa, prolongada como se ressoasse numa catedral, a sílaba ÔM. Têm essa sílaba por sagrada. Entram assim num torpor religioso, cheio de turva divindade, majestoso mesmo, e cujo prolongamento é puramente interior. Mas é preciso para tanto seja a ingenuidade – a pureza – do hindu, seja o gosto doentio do europeu por uma cor exótica.
Outros, ocasionalmente, utilizam tóxicos.
Os tântricos recorrem ao prazer sexual: não se abismam nele, servem-se dele como de um trampolim.
Jogos de virtuose e deliquescência se confundem, e nada está mais distante da vontade de desnudamento.

Mas sei pouca coisa, no fundo, sobre a Índia... Os poucos juízos a que me atenho – mais de distanciamento do que de adesão – ligam-se a minha ignorância. Não hesito quanto a dois pontos: os livros dos hindus são, senão pesados, desiguais; esses hindus têm na Europa amigos de que não gosto.

Tendência dos hindus – misturada ao desprezo – a bajular o ocidental, sua religião, sua ciência, sua moral, a se justificar de uma aparência atrasada; estamos em presença de um sistema notável em si mesmo, que não ganha nada se comparando assim com esse começo de má consciência; a pretensão intelectual enfatiza ingenuidades que seriam tocantes ou indiferentes sem ela; quanto à moral, os hindus modernos atenuam em detrimento de si mesmos uma audácia que talvez tenham guardado (tradição do "advaitismo" dos Vedantas, em que Nietzsche viu precursores), não conseguem se libertar de um anseio impregnado de reverência aos princípios. Eles são o que são, e não duvido que, sob todos os aspectos, elevem-se o suficiente para ver do alto; mas explicam-se à maneira ocidental, daí a redução à medida comum.

Não duvido de que os hindus cheguem longe no impossível, mas, no mais alto grau, *falta-lhes o que conta para mim, a faculdade de expressar*. Do pouco que sei, creio poder concluir que, entre eles, a ascese desempenha um papel decisivo. (As desordens contrárias – erotismo, tóxicos – parecem raras, são rejeitadas por muitos deles. E quando aceitas não excluem a ascese, até a exigem em virtude de um princípio de equilíbrio.) A chave é a busca da salvação.

A miséria dessa gente é estar preocupada com uma salvação, aliás, diferente da cristã. Sabemos que eles imaginam séries de renascimentos – até a libertação: não mais renascer.

O que me impressiona a esse respeito, que me parece convincente (embora a convicção não venha do raciocínio, mas apenas dos sentimentos que o raciocínio esclarece):
Suponhamos X *morto, que eu era (numa outra vida)*, A *vivo e* Z*, que serei. Posso em* A *vivo discernir* AO*, que eu era ontem, e* AA*, que serei amanhã (nesta vida)*. A sabe que AO era ontem ele próprio, o que nenhum outro era. Ele pode até isolar AA entre todos os homens que serão amanhã. Mas A não pode fazer isso com X morto. Ignora quem ele era, não guarda nenhuma memória dele. Da mesma forma, X não pôde imaginar nada de A. Assim como A de Z, que tampouco guardará memória alguma de A. Se entre X, A e Z não existe nenhuma das relações que percebo entre AO, A

e AA, só podemos introduzir aí relações inconcebíveis e que são como se não fossem. Mesmo se for verdade de algum ponto de vista ininteligível que X, A e Z formam apenas um, essa verdade só pode me ser indiferente, já que, por definição, X, A e Z são necessariamente indiferentes uns aos outros. É cômico da parte de A se preocupar com Z, para sempre ignorado dele, que para sempre o ignorará, tão cômico quanto se preocupar em particular com o que poderia acontecer amanhã a tal entre outros dos passantes dos antípodas. Seja K esse passante dos antípodas, entre A, X e Z há, sempre haverá a mesma ausência de relações de tipo AO, A, AA (ou seja, de relações apreensíveis) que entre A e K.

A partir daí: se provarem que tenho uma alma e que ela é imortal, posso supor relações do tipo A, AO entre essa alma após minha morte e eu (minha alma lembrando-se de mim como A se lembra de AO). Nada mais fácil. Mas se introduzo entre eles (essa alma e eu) relações do tipo A, AA, essas relações permanecem arbitrárias, não terão a consistência clara daquelas que caracterizam A, AA. Seja AM minha alma após a morte, posso sentir em relação a essa AM a mesma indiferença que sinto por K, o que me é impossível em relação a AA (se digo posso, impossível, falo estritamente de mim, mas a mesma reação seria obtida de qualquer homem honesto e lúcido).

A verdade — das mais cômicas — é que nunca prestamos atenção a esses problemas. Discute-se se as crenças são bem ou mal fundadas sem perceber uma insignificância que torna a discussão inútil. No entanto, não faço mais do que dar uma forma precisa ao sentimento de qualquer pessoa que não seja intelectualmente nula, crente ou não. Houve um tempo em que as relações A, AM existiam efetivamente (em espíritos incultos) como as do tipo A, AA, em que se tinha com o pós-morte uma preocupação verdadeira, inevitável: os homens inicialmente imaginaram uma sobrevida apavorante, não necessariamente longa, mas carregada do nefasto e do cruel da morte. Então, as ligações do eu com a alma eram irracionais, (como o são as relações A, AA). Mas essas relações A, AM, ainda irracionais, foram com o tempo dissolvidas pelo exercício da razão (à diferença das relações A, AA, por vezes de aparência frágil, mas que resistiram bem à prova). Essas relações quase oníricas foram substituídas com o tempo por relações racionais, ligadas a ideias morais cada vez mais elevadas. Na confusão, os homens podem continuar a se dizer: "preocupo-me com AM (ou com Z) tanto quanto com AA"; a se dizer, não a se preocupar de verdade. Uma vez dissipadas as *imagens incultas, a verdade cômica lentamente se revela; diga o que disser, A não tem por AM mais interesse do que por K; convive levianamente com a perspectiva do inferno. Um cristão culto não ignora mais, no fundo, que AM é um outro e se lixa para ele como para K, mantendo unicamente, em sobreimpressão, o princípio: "devo me preocupar com AM, não com AA". Soma-se a isso, no momento da morte, o pio desejo dos próximos, o terror do moribundo para quem é tão impossível se imaginar morto, sem rodeios, quanto sobrevivente em AM.*

"O que me faz estremecer de amor não é o céu que me prometeste, o horrível inferno não me faz estremecer [...], se não houvesse céu eu te amaria e se não houvesse inferno te temeria" (SANTA TERESA D'ÁVILA*). Na fé cristã, o resto é pura comodidade.

Quando era cristão, tinha tão pouco interesse por AM, parecia-me tão vão me preocupar mais com ele do que com K, que, nas Escrituras, nenhuma frase me agradava mais do que estas palavras do salmo XXXVIII: "[...] ut refrigerer priusquam abeam et amplius non ero" (que eu encontre refrigério antes de morrer e não serei mais). *Hoje, se por algum absurdo meio conseguissem me provar que AM queimará no inferno, mesmo assim não me preocuparia. Diria: "não faz diferença, ele ou algum outro". O que me tocaria – e me faria queimar vivo – seria saber que o inferno existe. Mas ninguém nunca acreditou nele. Um dia, Cristo falou do ranger de dentes dos danados; ele era Deus e os exigia, era a própria exigência disso, no entanto, não se quebrou em dois, e seus infortunados pedaços não se lançaram um contra o outro: não pensou no que estava dizendo, mas na impressão que queria causar.*

---

* Reproduzo aqui, traduzindo, a nota do tradutor espanhol Fernando Savater (*La experiencia interior*. Taurus: Madrid, 1973. p. 30): "Trata-se dos conhecidos versos atribuídos a Teresa de Jesus (é mais provável que sejam do agostiniano Miguel de Guevara), incompletamente citados por Bataille: '*Não me move, meu Deus, para querer-te/ o céu que me prometeste,/nem me move o inferno tão temido/para deixar de ofender-te./ Tu me moves, Senhor; move-me o ver-te/cravado numa cruz e escarnecido;/Move-me ver teu corpo tão ferido/movem-me tuas afrontas e tua morte/Move-me, no fim, teu amor, e de tal maneira/que ainda que não houvesse céu te amaria,/e ainda que não houvesse inferno te temeria./Não tens de me dar um porquê para te desejar;/pois, ainda que não esperasse o que espero/o mesmo que te desejo desejaria'". (N.T.)

Nesse ponto, muitos cristãos se parecem comigo (mas resta a comodidade de um projeto em que não se é forçado a crer de verdade). Já entra bastante artifício na preocupação de A com AA (a identidade A, AO, AA se reduz ao fio que une os momentos de um ser que se altera, aliena-se a cada hora que passa). A morte corta o fio: só podemos apreender uma continuidade na falta de um limiar que a interrompa. Mas basta um movimento de liberdade, uma mexida brusca, e AM e K parecem equivalentes.

Esse imenso interesse por K através dos tempos não é, aliás, nem puramente cômico nem puramente sórdido. Tanto se interessar por K, sem saber que era ele!

"Todo meu ardor laborioso e toda minha indolência, todo meu controle sobre mim mesmo e toda minha inclinação natural, toda minha bravura e todo meu estremecimento, meu sol e meu relâmpago que brota de um céu escuro, toda minha alma e todo meu espírito, todo o granito pesado e grave de meu 'Eu', tudo isso tem o direito de se repetir sem cessar: 'O que importa o que sou!?'" (NIETZSCHE, *fragmento de 1880-81*).

Imaginar que o eu apagado, abolido pela morte, faria falta ao universo... Muito pelo contrário, se eu subsistisse, e comigo a multidão dos outros mortos, o universo envelheceria, todos esses mortos o deixariam com mau hálito.

Só posso suportar o peso do porvir sob uma condição: que outros, sempre outros, vivam nele – e que a morte nos tenha lavado, depois lave esses outros, indefinidamente.

O mais hostil na moral da salvação: ela supõe uma verdade e uma multidão que, por não poder vê-la, vive no erro. Ser juvenil, generoso, risonho – e, o que vem junto, amar o que seduz, as garotas, a dança, as flores, é errar: se não fosse tola, a moça bonita se desejaria repugnante (só a salvação importa). E, decerto, o pior: o alegre desafio à morte, o sentimento de glória que embriaga e torna o ar respirado vivificante, tudo frivolidades que fazem o sábio dizer entre os dentes: "se eles soubessem..."

Existe, ao contrário, uma afinidade entre: – de um lado, a despreocupação, a generosidade, a necessidade de desafiar a morte, o amor tumultuoso, a ingenuidade desconfiada; – de outro, a vontade de se tornar a presa do desconhecido. *Em ambos os casos, mesma necessidade de aventura* ilimitada, *mesmo horror pelo cálculo, pelo* projeto *(rostos emaciados, prematuramente velhos dos "burgueses" com sua prudência).*

Contra a ascese.

Que uma partícula de vida exangue, não risonha, que resmunga diante dos excessos de alegria, que carece de liberdade, atinja – ou pretenda ter atingido – o extremo é um engodo. Atinge-se o extremo na plenitude dos meios: é preciso seres plenos, que não ignorem nenhuma audácia. Meu princípio contra a ascese é que o extremo é acessível por excesso, não por falta.

Mesmo a ascese de seres bem-sucedidos assume a meus olhos o sentido de um pecado, de uma pobreza impotente.

Não nego que a ascese seja favorável à experiência. Até insisto nisso. A ascese é um meio seguro de se libertar dos objetos: é matar o desejo que prende ao objeto. Mas é ao mesmo tempo fazer da experiência um objeto (só se matou o desejo pelos objetos propondo-se ao desejo um novo objeto).

Por meio da ascese, a experiência se condena a assumir um valor de objeto positivo. A ascese postula a libertação, a salvação, a tomada de posse do objeto mais desejável. Na ascese, o valor não pode ser unicamente a experiência, independente do prazer ou do sofrimento; é sempre uma beatitude, uma libertação, que trabalhamos para obter através dela.

A experiência no extremo do possível exige, não obstante, uma renúncia: parar de querer ser tudo. Ao passo que a ascese entendida no sentido ordinário é justamente o sinal da pretensão de se tornar tudo, por meio da posse de Deus, etc. O próprio São João da Cruz escreve: "Para venir a serlo todo..." (para vir a ser tudo).

É duvidoso em cada caso se a salvação é o objeto de uma fé verdadeira ou se não é mais do que uma comodidade que permite dar à vida "espiritual" a forma de um projeto (o êxtase não é buscado pela provação em si mesma, ele é o caminho de uma libertação, um meio). A salvação não é necessariamente o valor que o fim do sofrimento é para o budista, e Deus para os cristãos, os muçulmanos e os hindus não budistas. Ela é a perspectiva do valor percebido a partir da vida pessoal. Aliás, em ambos os casos, o valor é totalidade, acabamento, e a salvação para o fiel é "tornar-se tudo", divindade diretamente para a maioria, não-individualidade para os budistas (o sofrimento é, de acordo com Buda, o individual). Uma vez formado o projeto da salvação, a ascese se faz possível.

Imaginemos agora uma vontade diferente e mesmo oposta, pela qual a vontade de "tornar-se tudo" seria vista como um entrave àquela de se perder (de escapar do isolamento, do aperto do indivíduo). Pela qual "tornar-se tudo" seria tido como o pecado não apenas do homem mas de todo possível e do próprio Deus!

Perder-se neste caso seria se perder e de modo algum se salvar. (Veremos mais adiante a paixão que um homem põe em contestar cada deslize no sentido do todo, da salvação, da possibilidade de um projeto.) Mas então desaparece a possibilidade da ascese!

E, no entanto, a experiência interior é projeto, queiramos ou não.
Ela o é já que o homem também o é inteiramente através da linguagem, que, por essência, exceção feita à sua perversão poética, é projeto. Mas o projeto deixa de ser neste caso aquele, positivo, da salvação e torna-se aquele, negativo, de abolir o poder das palavras, logo, do projeto.

O problema é então o seguinte. A ascese está fora de questão, sem ponto de apoio, sem razão de ser que a torne possível. Se a ascese é um sacrifício, ela só o é de uma parte de nós mesmos que perdemos com vistas a salvar a outra. Mas se quisermos nos perder inteiramente: isso é possível a partir de um movimento de bacanal, de modo algum a frio. A frio, em contrapartida, é como se faz a ascese. É preciso escolher.

Grosseiramente, posso mostrar que os meios são em princípio sempre duplos. De um lado, recorre-se ao excesso das forças, a movimentos de embriaguez, de desejo. De outro, a fim de dispor de forças em quantidade, mutilamo-nos (por meio da ascese, como uma planta, sem ver que assim a experiência é domesticada – como a flor –, cessando dessa forma de corresponder à exigência oculta. Se a meta é a salvação, que se mutilem... Mas a viagem ao extremo do possível quer a liberdade de humor, a de um cavalo nunca montado).

A ascese em si mesma tem, para muitos, algo de atraente, de satisfatório; como um controle total, mas o mais difícil, o domínio de si mesmo, de todos os seus instintos. O asceta pode olhar de cima (pelo menos a natureza humana, pelo desprezo que sente pela sua própria). Ele não imagina nenhum modo de viver fora da forma de um projeto. (Não olho ninguém de cima, mas olho rindo tanto para os ascetas quanto para os hedonistas, como uma criança.)

Diz-se naturalmente: não tem outra saída. Todos concordam num ponto: nada de excessos sexuais. E quase todos: castidade absoluta. Ouso descartar essas pretensões. E se a castidade, como toda ascese, é em certo sentido facilidade, a selvageria, acumulando as circunstâncias contrárias, é mais favorável à experiência do que a ascese, já que manda de volta a virgem velha – e todos que se assemelham a ela – para sua pobreza doméstica.

O homem que ignora o erotismo é tão estranho ao extremo do possível quanto o é sem experiência interior. É preciso escolher a via árdua, atormentada – a via do "homem inteiro", não mutilado.

Agora posso dizer com precisão: o hindu é estranho ao drama, o cristão não pode atingir nele o silêncio nu. Ambos recorrem à ascese. Só os dois primeiros meios são ardentes (não exigem projeto): ninguém ainda os colocou juntos em jogo, apenas um ou outro mais a ascese. Se eu tivesse disposto apenas de um dos dois, por falta de um exercício rigoroso, como a ascese, não teria tido experiência interior, mas somente aquela de todos, ligada à exterioridade dos objetos (num calmo exercício dos movimentos interiores faz-se da própria interioridade um objeto; busca-se um "resultado"). Mas já que o acesso ao mundo de dentro, do silêncio, ligava-se em mim à extrema interrogação, escapei da fuga verbal ao mesmo tempo que da vazia e cômoda curiosidade pelos estados. A interrogação encontrava a resposta que, de operação lógica, transformava-a em vertigem (como uma excitação toma corpo na percepção da nudez).

Há algo de soberanamente atraente no fato de ser o próprio discurso tanto quanto o ocidental mais seco, e no entanto dispor de um meio breve de silêncio: é um silêncio de túmulo, e a existência se abisma no pleno movimento de sua força.

Uma frase de Was ist Metaphysik? *mexeu comigo: "Nossa realidade-humana (unseres Dasein)", diz Heidegger, "– em nossa comunidade de pesquisadores, de professores e de estudantes – é determinada pelo conhecimento". Decerto é assim que tropeça uma filosofia cujo sentido deveria se ligar a uma realidade-humana determinada pela experiência interior (a vida jogando-se para além das operações separadas). Cito isso menos para indicar o limite de meu interesse por Heidegger do que para introduzir um princípio: não pode haver conhecimento sem uma comunidade de pesquisadores nem experiência interior sem comunidade daqueles que a vivem. Comunidade deve ser entendida num sentido diferente de Igreja ou ordem. Os sannyasins da Índia têm entre si menos laços formais do que os "pesquisadores" de Heidegger. A realidade humana que o yoga determina neles não deixa de ser por isso a de uma comunidade; de modo algum a comunicação é um fato que se acrescenta posteriormente à realidade-humana: ela a constitui.*

Preciso agora deslocar o interesse. A comunicação de uma "realidade humana" dada supõe entre aqueles que comunicam não laços formais e sim condições gerais. Condições históricas, efetivas, mas que atuem em determinado sentido. Falo disso aqui por anseio de atingir o ponto decisivo. Ao passo que, alhures, feri e depois abri a chaga.

No extremo do saber, o que fica faltando para sempre é aquilo que só a revelação fornecia:
uma resposta arbitrária, dizendo: "sabes agora o que deves saber, o que ignoras é o que não tens nenhuma necessidade de saber; basta que outra pessoa o saiba e dependas dela, podes te unir a ela".
Sem essa resposta, o homem fica desposuído dos meios de ser tudo, é um louco extraviado, uma questão sem resposta.

O que não se percebeu ao se colocar em dúvida a revelação é que, ninguém jamais tendo nos falado, ninguém nos falaria mais: estamos sós de agora em diante, o sol se pôs para sempre.
Acreditávamos nas respostas da razão sem ver que elas só ficam de pé atribuindo-se uma autoridade como que divina, macaqueando a revelação (por uma tola pretensão a dizer tudo).

O que não tínhamos como saber: que só a revelação permite ao homem ser tudo, o que a razão não é, mas estávamos acostumados a ser tudo, daí o vão esforço da razão para responder como fazia Deus, e dar satisfação. Agora a sorte está lançada, a partida mil vezes perdida, o homem definitivamente só — sem poder dizer nada (a menos que ele aja: decida*).*

A grande derrisão: uma multidão de pequenos "tudos" contraditórios, a inteligência se superando para culminar na idiotia multívoca, discordante, indiscreta.

O mais estranho: não mais se querer tudo é para o homem a ambição mais alta, é querer ser homem (ou, preferindo, superar o homem — ser o que ele seria liberado da necessidade de fixar os olhos no perfeito, enquanto faz o seu contrário).

E agora: diante de um enunciado de moral kantiana (age como se...), uma censura formulada em nome do enunciado, até um ato, ou, na falta de um ato, um desejo, uma má consciência, podemos, longe de venerar, ver o rato nas patas do gato: "Vocês queriam ser tudo! Agora, descoberta a trapaça, vão nos servir de brinquedo".

A meus olhos, a noite do não-saber que se segue à decisão: "Não mais querer ser tudo, ser portanto o homem que supera a necessidade que teve de se desviar de si mesmo" nada acrescenta ou retira ao ensinamento de Nietzsche. Toda a moral do riso, do risco, da exaltação das virtudes e das forças é espírito de decisão.

O homem cessando — no limite do riso — de se querer tudo e se querendo finalmente aquilo que é, imperfeito, inacabado, bom — se possível, até nos momentos de crueldade; e lúcido... a ponto de morrer cego.

Uma maneira paradoxal de avançar faz com que eu introduza nas condições de uma comunidade aquilo que recusei nos próprios princípios da experiência interior. Mas, nos princípios, eu descartava os dogmas possíveis e, agora, não fiz mais do que enunciar dados, aqueles ao menos que vejo.

Sem a noite, ninguém teria de decidir, mas, numa falsa luz, simplesmente se submeter. A decisão é o que nasce diante do pior e supera. É a essência da coragem, do coração, do próprio ser. E é o inverso do projeto (ela quer que renunciemos ao prazo, que decidamos na hora, colocando tudo em jogo: o que vem depois é secundário).

Há um segredo na decisão, o mais íntimo, que se encontra por último, na noite, na angústia (a que a decisão põe fim). Mas nem a noite nem a decisão

são meios; *de modo algum a noite é um* meio *para a decisão: a noite existe por si só, ou não existe.*

O que digo da decisão em que o destino do homem por vir está em jogo incide em cada decisão verdadeira, cada vez que uma trágica desordem exige uma decisão imediata.

Isso me leva ao máximo de apagamento (sem preocupação), em oposição ao romantismo cômico (e em que medida me afasto assim – decididamente – de aparências românticas – que tive de assumir – é o que a preguiça faz com que não se veja bem...). O sentido profundo de Ecce homo: *nada deixar na sombra, decompor o orgulho na luz.*

Falei de comunidade como algo existente: Nietzsche referiu suas afirmações à existência de uma comunidade, mas permaneceu sozinho.
Diante dele, queimo, como se vestisse uma túnica de Nesso, com um sentimento de ansiosa fidelidade. O fato de ele só ter avançado na via da experiência interior inspirado, indeciso, não me detém: se é verdade que, filósofo, ele teve por meta não o conhecimento, mas, sem separar as operações, a vida, seu extremo, *numa palavra, a própria experiência,* Dionysos philosophos. *É de um sentimento de comunidade me ligando a Nietzsche que nasce em mim o desejo de comunicar, não de uma originalidade isolada.*

Decerto, mais do que Nietzsche, inclinei-me para a noite do não-saber. Ele não se demora nesses pântanos onde, como atolado, passo meu tempo. Mas não hesito mais: Nietzsche mesmo seria incompreendido se não fôssemos até essa profundidade. De fato, ele só teve até hoje consequências superficiais, por mais imponentes que sejam.

Fiel – não sem a lucidez atônita que, até em mim mesmo, faz com que me encontre como que ausente. Do eterno retorno, imagino que Nietzsche teve a experiência de uma forma verdadeiramente mística, em confusão com representações discursivas. Nietzsche foi apenas um homem ardente, solitário, sem derivativo a seu excesso de força, com um raro equilíbrio entre a inteligência e a vida irracional. Tal equilíbrio é pouco propício ao exercício desenvolvido das faculdades intelectuais (que exigem calma, basta pensar na existência de Kant, de Hegel). Ele procedeu por sacadas, colocando em jogo forças em todas as direções, não estando preso a nada, recomeçando, não edificando pedra a pedra. Falando ao término de uma catástrofe da inteligência (se somos capazes de enxergar). Sendo o primeiro a tomar consciência dela. Indiferente às contradições. Apaixonado unicamente pela liberdade. Chegando primeiro ao abismo e sucumbindo por tê-lo dominado.

"Nietzsche foi apenas um homem..."
Em contrapartida.
Não figurar Nietzsche exatamente como um "homem".
Ele dizia:
"Mas aonde vão dar ao final as águas de tudo aquilo que há de grande e de sublime no homem? Não há para essas torrentes um oceano? – Sê esse oceano: haverá um" (fragmento de 1880-81).

Melhor do que a imagem de Dionysos philosophos, *a perdição desse oceano e essa exigência nua: "sê esse oceano" designam a experiência e o extremo a que ela tende.*

Na experiência, não há mais existência limitada. Um homem aí em nada se distingue dos outros: nele se perde aquilo que em outros é torrencial. O mandamento tão simples: "sê esse oceano", ligado ao extremo, faz ao mesmo tempo de um homem uma multidão e um deserto. É uma expressão que resume e precisa o sentido de uma comunidade. Sei corresponder ao desejo de Nietzsche falando de uma comunidade que tem como único objeto a experiência (mas, designando essa comunidade, falo de "deserto").

Para indicar a distância que vai do homem atual ao "deserto", do homem das mil tolices cacofônicas (cientificismo meia-boca, ideologia, gracejo feliz, progresso, sentimentalidade tocante, crença nas máquinas, nas grandes palavras e, para terminar, discordância e total ignorância do desconhecido), direi do "deserto" que ele é o mais completo abandono das preocupações do "homem atual", sendo a continuação do "homem antigo", que a ordenação das festas regulava. Não é uma volta ao passado: ele padeceu a podridão do "homem atual", e nada tem mais lugar nele do que os estragos que ela deixa – eles dão ao "deserto" sua verdade "desértica", atrás dele se estendem como campos calcinados a recordação de Platão, do cristianismo e, sobretudo, é o mais horrível, das ideias modernas. Mas entre o desconhecido e ele calou-se *o piado das ideias, e é nessa medida que ele se assemelha ao "homem antigo": do universo, ele não é mais o controle racional (suposto), e sim o sonho.*

A alacridade do "deserto" e do sonho que o "deserto" sonha.
"Que situação maravilhosa e nova, mas apavorante também e irônica, cria-me esse conhecimento que é o meu em presença da totalidade da existência! Descobri, de minha parte, que a humanidade animal mais remota, o período pré-histórico e o passado inteiro continuam em mim a imaginar poemas, a amar, a odiar, a tirar conclusões; despertei bruscamente desse sonho, mas para me dar conta de que estou sonhando e devo continuar sonhando se não quiser perecer" (NIETZSCHE, A gaia ciência).
Há entre o mundo e o "deserto" um acordo de todos os instintos, possibilidades numerosas de dom de si insensato, uma vitalidade de dança.

A ideia de ser o sonho do desconhecido (de Deus, do universo) é, ao que parece, o ponto extremo atingido por Nietzsche.* *Nela se entrelaçam a felicidade de ser, de afirmar, a recusa de ser tudo, a crueldade, a fecundidade naturais: o homem, um filósofo bacante.*
É difícil dar a entender a que ponto o "deserto" está longe, aonde minha voz levaria enfim, com esse pequeno quinhão de sentido: um sentido de sonho.

Um contínuo questionamento de tudo priva do poder de proceder através de operações separadas, obriga a se expressar por meio de clarões rápidos, a liberar tanto quanto possível a expressão do pensamento de um projeto, a tudo incluir em algumas frases: a angústia, a decisão e até a perversão poética das palavras, sem a qual pareceria que se sofre uma dominação.

A poesia é, apesar de tudo, a parte restrita – presa ao domínio das palavras. O domínio da experiência é todo o possível. E na expressão que é de si mesma, no final, necessariamente, ela não é menos silêncio do que linguagem. Não por impotência. Toda a linguagem lhe é dada e a força para utilizá-la. Mas silêncio desejado não para esconder, e sim para expressar num mais alto grau de desprendimento. A experiência não pode ser comunicada se laços de silêncio, de apagamento, de distância não transformam aqueles que ela põe em jogo.[6]

---

* Como o disse Friedrich Würzbach no prefácio de sua edição de *Vontade de potência*.

SEGUNDA PARTE
O suplício

I

Há nas coisas divinas uma transparência tão grande que escorregamos para o fundo iluminado do riso mesmo a partir de intenções opacas.

Vivo de experiência sensível e não de explicação lógica. Tenho do divino uma experiência tão maluca que rirão de mim se falar dela.
Entro num beco sem saída. Nele, toda possibilidade se esgota, o possível se esquiva, e o impossível impera e devasta. Estar diante do impossível – exorbitante, indubitável – quando nada mais é possível é, a meus olhos, fazer uma experiência do divino; é o análogo de um suplício.

Há horas em que o fio de Ariadne se rompe: não sou mais que nervosismo vazio, não sei mais o que sou, tenho fome, frio e sede. Em tais momentos, recorrer à vontade não faria sentido. O que conta é a repulsa pela atitude viável, a repulsa pelo que pude dizer, escrever, que poderia me prender: sinto minha fidelidade como uma sensaboria. Não há saída nas veleidades contraditórias que me agitam, e é por isso que elas me satisfazem. Duvido: não vejo em mim mais do que rachaduras, impotência, agitação vã. Sinto-me podre, cada coisa que toco está podre.

É preciso uma coragem singular para não sucumbir à depressão e continuar – em nome do quê? No entanto, continuo, em minha escuridão: o homem continua em mim, passa por aí. Quando profiro em mim mesmo: O QUE É? quando estou ali sem resposta concebível, acredito que em mim mesmo, enfim, esse *homem* deveria matar aquilo que sou, devir a tal ponto *ele mesmo* que minha tolice cessasse de me tornar risível. Quanto a... (raras e furtivas testemunhas talvez me adivinhem), peço-lhes para pensarem duas vezes: pois condenado a devir homem (ou mais), preciso agora morrer (para mim mesmo), parir a mim mesmo. As coisas não poderiam perdurar mais muito tempo em seu estado, o possível do homem não poderia se limitar a essa constante repulsa por si mesmo, a essa renegação repetida de moribundo. Não podemos ser indefinidamente aquilo que somos: palavras anulando-se umas às outras, ao mesmo tempo vigas inabaláveis, acreditando-nos os alicerces do mundo. Estou acordado? duvido e poderia chorar. Seria eu o primeiro na terra a sentir a impotência humana me deixar louco?

Olhares em que percebo o caminho percorrido. – Quinze anos atrás (talvez um pouco mais), estava voltando não sei de onde, tarde da noite. A Rua de Rennes estava deserta. Vindo de Saint-Germain, atravessei a Rua do Four (do lado da agência do correio). Levava na mão um guarda-chuva aberto e acho que não estava chovendo. (Mas não tinha bebido: estou dizendo, tenho certeza.) Mantinha esse guarda-chuva aberto sem necessidade (salvo aquela de que falo mais adiante). Era muito jovem então, caótico e cheio de embriaguezes vazias: uma ronda de ideias inconvenientes, vertiginosas, mas cheias já de preocupações, de rigor, e crucificantes, tinha livre curso em mim... Nesse naufrágio da razão, a angústia, a decadência solitária, a covardia, o baixo quilate se instauravam: a festa um pouco mais adiante recomeçava. O certo é que essa desenvoltura e, ao mesmo tempo, o "impossível" afrontado explodiram em minha cabeça. Um espaço constelado de risos abriu seu abismo escuro diante de mim. Atravessando a Rua do Four, tornei-me esse "Nada" desconhecido, de repente... eu negava aqueles muros cinzentos que me encerravam, lancei-me numa espécie de arrebatamento. Ria divinamente: o guarda-chuva se fechara sobre minha cabeça, cobrindo-me (cobri-me de propósito com esse sudário preto). Ria como talvez nunca ninguém riu, o fundo do fundo de cada coisa se abria, desnudado, como se eu estivesse morto.

Não sei se parei, no meio da rua, dissimulando meu delírio sob um guarda-chuva. Pulei talvez (provavelmente uma ilusão): estava convulsivamente iluminado, ria, imagino, correndo.

A dúvida me angustia sem trégua. O que significa a iluminação? de qualquer natureza que ela seja? mesmo se o brilho do sol me cegava interiormente e me incendiava? Um pouco mais, um pouco menos de luz não muda nada; de qualquer jeito, solar ou não, o homem é apenas o homem: ser apenas o homem, não sair daí; é a sufocação, a pesada ignorância, o intolerável.

"Ensino a arte de transformar a angústia em delícia", "glorificar": todo o sentido deste livro. A aspereza em mim, a "infelicidade", é apenas a condição. Mas a angústia que vira delícia é ainda angústia: não é a delícia nem a esperança, é a angústia, que machuca e talvez decomponha. Quem não "morre" por ser apenas um homem nunca será mais do que um homem.

A angústia, evidentemente, não se ensina. Pode-se provocá-la? É possível: mas não ponho muita fé. Pode-se agitar sua borra... Se alguém se declara angustiado, devemos lhe mostrar o Nada de suas razões. Ele imagina o fim de seus tormentos: se tivesse mais dinheiro, uma mulher, outra vida... A tolice da angústia é infinita. Em vez de ir ao fundo de sua angústia, o ansioso matraqueia, degrada-se e foge. E no entanto, a angústia era sua chance: ele foi *escolhido* na medida de seus *pressentimentos*. Mas que desperdício se ele elude: sofre o mesmo tanto e ainda se humilha, torna-se besta, falso, superficial. A angústia eludida faz de um homem um jesuíta agitado, mas para nada.

Tremendo. Permanecer imóvel, de pé, numa escuridão solitária, numa atitude sem gesto de suplicante: súplica, mas sem gesto e, sobretudo, sem esperança. Perdido e suplicante, cego, semimorto. Como Jó sobre o esterco, mas não imaginando nada, noite escura, desarmado, sabendo que está tudo perdido.

Sentido da súplica. – Eu o expresso assim, em forma de prece: – "Ó Deus Pai, Tu que, numa noite de desespero, crucificaste Teu filho, que, nessa noite de carnificina, à medida que a agonia se tornou *impossível* – a ponto de fazer gritar –, Te tornaste Tu mesmo o *Impossível* e sentiste a *impossibilidade* até o horror, Deus de desespero, dá-me este coração, Teu coração, que desfalece, que excede e não tolera mais que Tu sejas!".

As pessoas não entendem de que maneira devemos falar de Deus. Meu desespero não é nada, mas o de Deus! Não posso viver ou conhecer nada sem imaginá-lo vivido, conhecido por Deus. Recuamos, de possível em possível, em nós tudo recomeça e nunca se *joga* para valer, mas em Deus: nesse "salto" do ser que Ele é, em seu "uma vez por todas"? Ninguém iria até o fim da súplica sem se colocar na solidão esgotante de Deus.

Mas em mim tudo recomeça, nada jamais está definitivamente jogado. Destruo-me na infinita possibilidade de meus semelhantes: ela aniquila o sentido desse *eu*. Se atinjo, por um instante, o extremo do possível, pouco depois, terei fugido, estarei *alhures*. E que sentido dar ao absurdo derradeiro: acrescentar a Deus a repetição ilimitada dos possíveis e esse suplício do ser caído, gota a gota, na multidão das desgraças do homem? como um rebanho perseguido por um pastor infinito, o encarneiramento balidor que somos fugiria, fugiria indefinidamente do horror de uma redução do Ser à totalidade.

Comigo, o idiota, Deus fala boca a boca: uma voz como que de fogo vem da escuridão e fala – chama fria, tristeza ardente – ao... homem do guarda-chuva. À súplica, quando desfaleço, Deus responde (como? de quem rir no meu quarto?...) *Eu, eu* estou de pé, sobre cimos diversos, tão tristemente escalados, minhas diferentes noites de pavor esbarram entre si, duplicam-se, abraçam-se, e esses cimos, essas noites... alegria indizível!... paro. Sou? um grito – caído de costas, desfaleço.

A filosofia nunca é súplica; porém, sem súplica, não há resposta concebível: nenhuma resposta jamais precederá a pergunta: e o que significa a pergunta sem angústia, sem suplício? No momento de ficar louco, a resposta surge: como a escutaríamos sem isso?

O essencial é o extremo do possível, onde o próprio Deus já não sabe, desespera e mata.

Esquecimento de tudo. Profunda descida na noite da existência. Súplica infinita da ignorância, afogar-se de angústia. Esgueirar-se sobre o abismo e, na escuridão total, sentir seu horror. Tremer, desesperar, no frio da solidão, no silêncio eterno do homem (tolice de qualquer frase, ilusórias respostas das frases, só o silêncio insensato da noite responde). A palavra *Deus*, ter se servido dela para atingir o fundo da solidão, mas já não saber, escutar sua voz. Ignorá-la. Deus, última palavra querendo dizer que toda palavra, um pouco mais adiante, faltará: perceber sua própria eloquência (ela não é evitável), rir dela até a hebetude ignorante (o riso não precisa mais rir, o soluço, soluçar). Mais adiante a cabeça rebenta: o homem não é contemplação (só tem paz fugindo), ele é súplica, guerra, angústia, loucura.

A voz dos bons apóstolos: têm resposta para tudo, indicam os limites, discretamente, o andamento a seguir, como, num enterro, o mestre de cerimônias.

Sentimento de cumplicidade: no desespero, na loucura, no amor, na súplica. Alegria inumana, desenfreada, da *comunicação*, pois, desespero, loucura, amor, não há um ponto do espaço vazio que não seja desespero, loucura, amor – e ainda: riso, vertigem, náusea, perda de si até a morte.

II

Derrisão! que me digam panteísta, ateu, teísta!... Mas grito ao céu: "não sei nada". E repito com uma voz *cômica* (grito ao céu, às vezes, deste jeito): "nada, absolutamente".

O extremo do possível. – No final, aí estamos. Mas tão tarde?... Como, sem o saber, chegamos aí? (em verdade, nada mudou) por um desvio: um ri (às gargalhadas), o outro se afunda na lama e bate na mulher, embriagamo-nos até a morte, fazemos perecer nos suplícios.

Absurdo de ler aquilo que deveria dilacerar até a morte e, para começar, preparar sua luminária, uma bebida, a cama, dar corda no relógio. Rio, mas o que dizer dos "poetas" que se imaginam acima das atitudes prescritas pelas circunstâncias sem confessar para si mesmos que têm como eu a cabeça vazia: – demonstrar isso um dia, com rigor – a frio – até o momento em que somos quebrados, suplicantes, em que paramos de dissimular, de estar ausentes. Trata-se de exercícios? combinados? deliberados? Trata-se, de fato, de exercícios, de *coações*. Que piada querer ser um homem ao sabor das águas, sem jamais se acossar, forçar os últimos limites: é fazer-se cúmplice da inércia. O estranho é que, furtando-se, não se vê a responsabilidade assumida: nenhuma pode oprimir mais, é o *pecado inexpiável*, uma vez entrevista a possibilidade, abandoná-la pelas lentilhas de uma vida qualquer. A possibilidade é muda, não ameaça nem maldiz, mas aquele que, temendo morrer, deixa-a morrer é como uma nuvem que frustra uma espera de sol.

Não imagino mais o homem *rindo* da possibilidade derradeira, ela própria rindo – rindo, virando as costas sem rodeios para se entregar ao encantamento da vida, sem jamais, uma vez que seja, esquivar-se. Mas se o desfalecimento um dia se apossar dele, e ele recusar, no desfalecimento, ir ao limite (pela via do desfalecimento, então a possibilidade ela própria o reclama, o faz saber que o espera), estará assim se esquivando, e era uma vez sua inocência: começa nele o inapreensível jogo do pecado, do remorso, da simulação do remorso, e logo do esquecimento total e rasteiro.

Podemos finalmente ver a história dos homens, a longo termo, homem a homem, inteiramente como uma fuga, primeiro diante da vida, é o pecado; depois, diante do pecado: é a longa noite atravessada por risadas bestas, apenas com um ressaibo de angústia.
Cada um, para terminar, conquistou o direito à ausência, à certeza, cada rua é o rosto tacanho dessa conquista.

Da firmeza do desespero, sentir o prazer lento, o rigor decisivo, ser duro e antes o garante da morte que sua vítima. A dificuldade, no desespero, é a de ser inteiro: no entanto, as palavras, à medida que escrevo, faltam-me... O egoísmo inerente ao desespero: nele nasce a indiferença à comunicação. "Nasce", ao menos, pois... escrevo. Aliás, as palavras designam mal aquilo que o ser humano vive: digo "o desespero", é preciso me entender: eis-me aqui desfeito, no fundo do frio, respirando um odor de morte, ao mesmo tempo pesado, *devotado* a meu destino, amando-o – como um bicho a seus filhotes –, não desejando mais nada. O cúmulo da alegria não é a alegria, pois, na alegria, sinto vir o momento em que ela terminará, ao passo que, no desespero, só sinto vir a morte: tenho por ela um desejo angustiado, mas um desejo e nenhum outro. O desespero é simples: é a ausência de esperança, de qualquer *engodo*. É o estado das vastidões desertas e – posso imaginar – do sol.

Fracasso, escreva o que escrever, pelo fato de que deveria ligar à precisão do sentido a riqueza infinita – insensata – dos possíveis. A essa lida de Danaide sou forçado – alegremente? – talvez, pois não posso conceber minha vida de agora em diante senão pregada ao *extremo do possível*. (Isso supõe para começar uma inteligência sobre-humana, quando tive, muitas vezes, de recorrer à inteligência de outrem, mais hábil... Mas fazer o quê? esquecer? imediatamente, sinto-o, ficarei *louco*: as pessoas ainda compreendem mal a miséria de um espírito *despido*.) Decerto, ao extremo, basta que chegue um só: ainda assim é preciso que este mantenha um laço entre ele e os outros – que o evitam. Sem isso, ele seria apenas uma estranheza, não o extremo do possível. Os barulhos de todo tipo, gritos, falatórios, risos, é preciso que tudo se perca nele, esvazie-se de sentido em seu desespero. Inteligência, comunicação, miséria suplicante, *sacrifício* (o mais duro é decerto *se abrir* a uma tolice infinita: para dela escapar – o extremo é o único ponto por onde o homem escapa de sua estupidez tacanha –, mas ao mesmo tempo para nela soçobrar), não há nada que não deva comparecer a esse encontro. O mais estranho é o desespero, que paralisa o resto e o absorve em si mesmo. E "meu todo"? "Meu todo" não é mais que um ser ingênuo, hostil à piadinha: quando ele está ali, minha noite fica mais fria, o deserto onde estou mais vazio, não há mais limite: para além das possibilidades conhecidas, uma angústia tão grande habita o cinza do céu, da mesma maneira que um monge a escuridão de um túmulo.

Meu esforço será vão se não for convincente. Mas ele se quebra em mim mesmo a cada hora! do *extremo*, desço ao estado mais abestado, admitindo que em raros momentos eu tenha tocado o *extremo*. Nessas condições, como acreditar que o *extremo* seja um dia a *possibilidade* do homem, que um dia o homem (mesmo em número ínfimo) tenha acesso ao extremo? E, no entanto, sem o extremo, a vida não é mais que uma longa trapaça, sequência de derrotas sem combate seguidas de debandada impotente, é a degradação.

Por definição, o extremo do possível é esse ponto onde, apesar da posição ininteligível para ele que tem no ser, um homem, tendo se desvencilhado do engodo e do temor, avança tão longe que não se pode conceber uma possibilidade de ir mais longe. Inútil dizer a que ponto é vão (embora a filosofia se feche nesse impasse) imaginar um jogo puro da inteligência sem angústia. A angústia não é menos do que a inteligência o meio de conhecer, e o extremo do possível, além do mais, não é menos vida que conhecimento. A comunicação ainda é, como a angústia, viver e conhecer. O extremo do possível supõe riso, êxtase, aproximação aterrorizada da morte; supõe erro, náusea, agitação incessante do possível e do impossível, e, para terminar, quebrado, todavia, gradual, lentamente desejado, o estado de súplica, sua absorção no desespero. Nada do que um homem pode *conhecer*, com esse fim, poderia ser eludido sem degradação, sem pecado (penso, para agravar, já que se trata do desafio final, na pior das desgraças, na deserção: para aquele que se sentiu chamado uma vez, não há mais razão, mais desculpa, ele só pode se manter firme em sua posição). Cada ser humano que não vai até o extremo é o *servidor* ou o *inimigo* do homem. Na medida em que não colabora, através de alguma tarefa servil, para a subsistência comum, sua deserção contribui para dar ao homem um destino desprezível.

Conhecimento vulgar ou conhecimento encontrado no riso, na angústia ou em qualquer outra experiência análoga, estão subordinados — isso decorre das regras que seguem — ao extremo do possível. Cada conhecimento vale dentro de seus limites, mas é preciso saber o que ele vale se o extremo está ali, saber o que uma experiência última acrescenta a ele. Primeiro, no extremo do possível, tudo desaba: o próprio edifício da razão, num instante de coragem insensata, sua majestade se dissipa; o que subsiste, quando muito, como um pedaço de parede bamba, aumenta, não acalma o sentimento vertiginoso. Vã impudência das recriminações: era preciso, nada resiste à necessidade de ir mais longe. Se necessário, a demência seria a recompensa.

Um destino desprezível... Tudo é solidário no homem. Sempre houve em alguns a áspera vontade – mesmo que difusa – de ir o mais longe que o homem podia. Mas e se o homem parasse *de se querer ele próprio* com tanta aspereza? isso só aconteceria com a derrocada de todo querer – em qualquer sentido que esse querer se exerça (encantamento, combate, conquista).

Para ir até o extremo do homem, é necessário, num certo ponto, não mais se submeter e sim forçar a sorte. O contrário disso, a indolência poética, a atitude passiva, a repulsa por uma reação viril, que decide: é a degradação literária (o belo pessimismo). A danação de Rimbaud, que teve de virar as costas ao possível que atingia para reencontrar uma força de decisão intacta nele. O acesso ao extremo tem por condição o ódio não à poesia, mas à feminilidade poética (ausência de decisão, o poeta é mulher, a invenção, as palavras, o violam). Oponho à poesia a experiência do possível. Trata-se menos de contemplação que de dilaceramento. É, no entanto, de "experiência mística" que falo (Rimbaud praticou-a, mas sem a tenacidade que pôs mais tarde em tentar fortuna. Deu à sua experiência a saída poética; em geral, ignorou a simplicidade que afirma – veleidades sem amanhã nas letras –, escolheu a elusão feminina, a estética, a expressão incerta, involuntária).

Um sentimento de impotência: da desordem aparente de minhas ideias tenho a chave, mas não o tempo de abrir. Aflição fechada, solitária, uma ambição tão grande que... gostaria, eu também, de me deitar, chorar, adormecer. Permaneço aqui, mais alguns instantes, querendo forçar a sorte, *e quebrado*.

Última coragem: esquecer, voltar à inocência, à jovialidade do desespero.

Prece para me deitar: "Deus que vês meus esforços, dá-me a noite dos teus olhos de cego".

Provocado, Deus responde, tensiono-me a ponto de desfalecer e *O vejo*, depois esqueço. Tanta desordem quanto em sonhos.

III

Descontração. Atravessada a igreja de Saint-Roch. Diante da imagem do sol, gigante, dourada, nebulosa, um movimento de alegria, de humor infantil e de arrebatamento. Mais adiante, observei uma balaustrada de madeira e vi que a limpeza fora malfeita. Toquei, por capricho, um dos balaústres: o dedo deixou uma marca na poeira.

Continuação de uma conversa no trem. – Aqueles que não sabem que o chão falta, que se aferram a sábias máximas, ao passo que seriam reduzidos, se soubessem, de repente, ao absurdo, a suplicar. Perco meu tempo tentando avisar. A tranquilidade, a bonomia, a conversa gentil como se a guerra... e quando digo a guerra. Ninguém decididamente vê de frente: o sol, o olho humano foge dele... o crânio de Deus estoura... e ninguém ouve nada.

Meus amigos me evitam. Meto medo, não pelos meus gritos, mas não posso deixar ninguém em paz. – Simplifico: não dei muitas vezes bons pretextos?

Para compreender o alcance do conhecimento, remonto à origem. Primeiro, criancinha, em tudo semelhante aos loucos (ausentes) com que hoje brinco. Os minúsculos "ausentes" não estão em contato com o mundo, *senão pelo canal dos adultos*: o resultado de uma intervenção dos adultos é a *criancice*, uma fabricação. O ser que está vindo ao mundo, que somos inicialmente, os adultos o reduzem, *evidentemente*, a um bibelô. Isto me parece importante: que a passagem do estado de natureza (do nascimento) a nosso estado de razão se dê necessariamente pela via da *criancice*. É estranho de nossa parte atribuir à própria criança a responsabilidade pela criancice, que seria a expressão do caráter próprio das crianças. A criancice é o estado em que *nós colocamos* o ser ingênuo pelo fato de que devemos encaminhá-lo, e de que, mesmo sem vontade precisa, nós o encaminhamos para o ponto em que estamos. Quando rimos da absurdez infantil, o riso disfarça a vergonha que temos, vendo ao que reduzimos a vida assim que ela do Nada.

Digamos: o universo engendra as estrelas, as estrelas a terra... a terra os animais e as crianças, e as crianças os homens. O erro das crianças:

sustentar verdades de adultos. Cada verdade possui uma força de persuasão – e por que colocá-la em dúvida? –, mas tem por consequência uma contrapartida de erros. É o fato de que nossas verdades, em primeiro lugar, introduzem a criança numa sequência de erros que constitui a criancice. Mas fala-se de criancice quando ela é *visível* comumente: ninguém ri de um erudito, pois ver sua criancice exigiria que se o superasse – como o adulto à criança (nunca é totalmente verdade – se ele não for ridículo por si mesmo – e, para dizer tudo, isso quase não acontece).

Minha conduta com meus amigos é motivada: cada ser é, acredito, incapaz por si só de ir até o limite do ser. Se tenta, afoga-se num "particular" que só tem sentido para ele. Ora, não há sentido para um só: o ser sozinho rejeitaria por si mesmo o "particular" se o visse como tal (se quero que minha vida tenha um sentido para mim, é preciso que ela o tenha *para outrem*; ninguém ousaria dar à vida um sentido que só ele percebesse, de que a vida inteira, salvo nele mesmo, escaparia). No extremo do possível, é verdade, está o não-sentido... mas somente daquilo que tinha um sentido até ali, pois a *súplica* – que nasce da ausência de sentido – fixa em definitivo um sentido, um sentido último: é fulguração, mesmo "apoteose" do não-sentido. Mas não atinjo o extremo sozinho e realmente não posso acreditar o extremo atingido, pois nunca permaneço nele. Se devesse ser o único a tê-lo atingido (admitindo-se...), seria como se ele não o tivesse sido. Pois se subsistisse uma satisfação, por menor que a imagine, ela me afastaria irremediavelmente do extremo. Não posso nem por um instante parar de me provocar a mim mesmo ao extremo e não posso fazer diferença entre mim mesmo e aqueles entre os outros com que desejo comunicar.

Não posso, suponho, tocar no extremo senão na repetição, pelo fato de que nunca estou certo de tê-lo atingido, de que nunca estarei certo. E mesmo supondo o extremo atingido, ainda não seria o extremo se eu adormecesse. O extremo implica que "não se deve dormir durante esse tempo" (até o momento de morrer), mas Pascal aceitava não dormir visando à beatitude por vir (ao menos se oferecia essa razão). Eu me recuso a ser *feliz* (ser salvo).

O que o desejo de ser feliz significa: o sofrimento e o desejo de escapar. Quando sofro (por exemplo: ontem, reumatismo, frio e, sobretudo, angústia após ler algumas passagens dos *Cento e vinte dias*), apego-me a pequenas felicidades. A nostalgia da salvação respondeu talvez ao aumento do sofrimento (ou, antes, à incapacidade de suportá-lo). A ideia de salvação, acredito, vem àquele que o sofrimento *desagrega*. Aquele que o domina, pelo contrário, precisa ser quebrado, entrar fundo no dilaceramento.

Pequena recapitulação cômica. – Hegel, imagino, tocou o extremo. Era jovem ainda e acreditou ficar louco. Imagino mesmo que elaborou o sistema para escapar (toda conquista, decerto, é o feito de um homem fugindo de uma ameaça). Para terminar, Hegel chega à *satisfação*, vira as costas para o extremo. *A súplica está morta nele*. Que se busque a salvação, ainda vai, continua-se a viver, não se pode ter certeza, é preciso continuar a suplicar. Hegel ganhou, ainda vivo, a salvação, matou a súplica, *mutilou-se*. Só sobrou dele um cabo de pá, um homem moderno. Mas antes de se mutilar, decerto ele tocou o extremo, conheceu a súplica: sua memória o reconduz ao abismo entrevisto, *para anulá-lo!* O sistema é a anulação.

Continuação da recapitulação. – O homem moderno, o anulado (mas sem custo), goza da salvação sobre a terra. Kierkegaard é o extremo do cristão. Dostoiévski (no *Subsolo*), da vergonha. Nos *Cento e vinte dias*, atingimos o ápice do pavor voluptuoso.

Em Dostoiévski, o extremo é o efeito da desagregação; mas é uma desagregação como uma enchente de inverno: ela transborda. Nada é mais doloroso, doentio, pálida complicação religiosa. O *Subsolo* põe o extremo na conta da miséria. Trapaça, como em Hegel, só que Dostoiévski sai dessa de outra maneira. No cristianismo, aviltar a súplica, atolar o homem inteiro na vergonha, pode não contar. Diz-se: "isso não importa...", mas não, pois se trata (salvo a ambiguidade) de humilhar, privar de valor. De resto, não gemi: que o extremo passe pela vergonha não está mal, mas limitá-lo à vergonha! Ofuscado no fundo, rechaçar o extremo para o demoníaco – a todo custo – é trair.

Meus meios: a expressão, minha falta de jeito. A condição normal da vida: rivalidade entre diversos seres, que vença o melhor. César:

"[...] melhor do que ser o segundo em Roma". Os homens são tais – tão pobres – que tudo parece nulo, por falta de superação. Frequentemente fico tão triste que medir minha insuficiência de meios sem me desesperar me cansa. Os problemas que merecem ser considerados só têm sentido se, ao colocá-los, chegarmos ao ápice: orgulho louco necessário para ser dilacerado. E, às vezes – nossa natureza escorrega para a dissolução por um nada –, dilaceramo-nos com a única finalidade de satisfazer esse orgulho: tudo se afunda numa vaidade pegajosa. Mais valeria ter uma lojinha de aviamentos num vilarejo, fitar o sol com olhos baços, que...

O vaivém do extremo à vaidade e da vaidade ao extremo. A criancice, sabendo-se tal, é a libertação, mas, quando se leva a sério, é o atoleiro. A busca do extremo também pode se tornar um hábito, ser também uma criancice: é preciso rir disso, a menos que, por sorte, tenha-se o coração apertado: então o êxtase e a loucura estão próximos.

Mais uma vez: a criancice, reconhecida como tal, é a glória, não a vergonha do homem. Pelo contrário, se dizemos, com Hobbes, que o riso degrada, atingimos o fundo da decadência: nada mais pueril nem mais distante de se saber tal. Toda seriedade que elude o extremo é a degradação do homem: dessa forma sua natureza de escravo é tornada sensível. Mais uma vez, convido à criancice, à glória; o extremo fica no fim, só no fim, como a morte.

Na extremidade fugidia de mim mesmo, já estou morto, e *eu*, nesse estado nascente de morte, falo aos vivos: da morte, do extremo. Os mais sérios me parecem crianças, que não sabem que o são: separam-me das verdadeiras, que sabem que são e riem disso. Mas, para ser criança, é preciso saber que a seriedade existe – alhures e pouco importa –, senão a criança não poderia mais rir nem conhecer a angústia.

É do extremo, da louca tragédia, não da seriedade de estatística, que as crianças precisam para brincar e sentir medo de propósito.

O extremo é a janela: o temor do extremo nos embrenha no escuro de uma prisão, com uma vontade vazia de "administração penitenciária".

IV

No horror infinito da guerra, o homem alcança em massa o ponto extremo que o apavora. Mas o homem está longe de querer o horror (e o extremo): sua sina é em parte tentar evitar o inevitável. Seus olhos, embora ávidos de luz, evitam obstinadamente o sol, e a doçura de seu olhar trai, de antemão, as trevas, logo vindas, do sono: se considero a massa humana, em sua consistência opaca, ela já está como que adormecida, foragida e retirada no estupor. A fatalidade de um movimento cego lança-a, no entanto, ao extremo, que ela alcança, um dia, com precipitação.

O horror da guerra é maior que o da experiência interior. A desolação de um campo de batalha, em princípio, tem algo de mais pesado do que a "noite escura". Mas, na batalha, aborda-se o horror com um movimento que o sobrepuja: a ação, o projeto ligado à ação permitem *superar* o horror. Essa superação confere à ação, ao projeto, uma grandeza cativante, mas o horror em si mesmo é negado.

Compreendi que estava evitando o projeto de uma experiência interior e me contentando em estar à sua mercê. Tenho um desejo sedento por ela, sua necessidade se impõe a mim, sem que eu tenha *decidido* nada. Na verdade, ninguém pode, a natureza da experiência sendo, salvo derrisão, a de não poder existir como projeto.

Vivo, e tudo se torna como se a vida sem extremo fosse concebível. E, bem mais, o desejo se obstina em mim, mas ele é fraco. Mais ainda, as sombrias perspectivas do extremo estão inscritas em minha memória, mas já não me horrorizam, e permaneço imbecil, ansioso por risíveis misérias, pelo frio, pela frase que escreverei, por meus projetos: a "noite" em que me sei lançado, em que caio durante esse tempo, e comigo tudo o que é, essa verdade que conheço, de que não posso duvidar, sou como uma criança diante dela, ela foge de mim, permaneço cego. Pertenço por enquanto ao domínio dos objetos que utilizo e permaneço estranho ao que escrevo. Estar na noite, soçobrar na noite, sem sequer ter força o bastante para *ver isso*, saber-se nessa escuridão fechada, e apesar dela *ver claro*, posso ainda suportar essa provação, rindo, com os olhos fechados, de minha "criancice".

Chego a este postulado: a experiência interior é o contrário da ação. Nada mais.

A "ação" depende inteiramente do projeto. E, o que é pesado, o pensamento discursivo ele próprio está comprometido com o modo de existência do projeto. O pensamento discursivo é o feito de um ser engajado na ação, tem lugar nele a partir de seus projetos, no plano de reflexão dos projetos. O projeto não é somente o modo de existência implicado pela ação, necessário à ação, é uma maneira paradoxal de ser no tempo: *é o adiamento da existência*.

Aquele que, agora, descobre a piedade pelas multidões que perdem a vida (na medida em que projetos as dominam) poderia ter a simplicidade do Evangelho: a beleza das lágrimas, a angústia introduziriam em suas palavras a transparência. Digo isso o mais simplesmente que posso (ainda que uma dura ironia me agite): impossível para mim ir ao encontro dos outros. Além do mais, a nova não é boa. E não é uma "nova", uma notícia; em certo sentido, é um segredo.

Portanto, falar, pensar, a menos que se brinque ou se..., é escamotear a existência: não é morrer, mas estar morto. É andar pelo mundo extinto e calmo onde nos arrastamos de costume: ali tudo está suspenso, a vida é adiada para mais tarde, de adiamento em adiamento... A pequena defasagem dos projetos basta, a chama se extingue, à tempestade das paixões sucede uma acalmia. O mais estranho é que por si só o exercício do pensamento introduz na mente a mesma suspensão, a mesma paz que a atividade no local de trabalho. A pequena afirmação de Descartes é a mais sutil das fugas. (A divisa de Descartes: "*Larvatus prodeo*"; o que avança mascarado: estou na angústia e penso, o pensamento em mim *suspende* a angústia, sou o ser dotado do poder de *suspender* em si o próprio ser. Na esteira de Descartes: o mundo do "progresso", em outros termos, do projeto, é o mundo onde estamos. A guerra o perturba, é verdade: o mundo do projeto permanece, mas na dúvida e na angústia.)

A experiência interior é a denúncia da trégua, é o ser sem delongas.

Princípio da experiência interior: sair por meio de um projeto do domínio do projeto.

A experiência interior é conduzida pela razão discursiva. Só a razão tem o poder de desfazer sua obra, de derrubar aquilo que edificou. A loucura é ineficaz, deixa subsistir os escombros, já que perturba junto com a razão a faculdade de comunicar (talvez ela seja antes de tudo ruptura da comunicação interior). A exaltação natural ou a embriaguez são meros fogos de palha. Não atingimos, sem o apoio da razão, a "sombria incandescência".

Praticamente toda experiência interior dependeu até aqui da obsessão pela salvação. A salvação é o ápice de todo e qualquer projeto possível, o cúmulo em matéria de projeto. Pelo fato mesmo de ser um cúmulo, a salvação é, aliás, negação dos projetos de interesse momentâneo. No extremo, o desejo da salvação vira ódio por todo projeto (pelo adiamento da existência): pela própria salvação, suspeita de ter um motivo vulgar. Se esgoto, na angústia, as perspectivas longínquas e a profundeza íntima, vejo isto: a salvação *foi* o único meio de dissociar o erotismo (o consumo báquico dos corpos) da nostalgia de existir sem delongas. Um meio vulgar, decerto, mas o erotismo...

Contra o orgulho. Meu privilégio é o de ser humilhado por minha estupidez profunda, e, decerto, através dos outros, percebo uma estupidez ainda maior. Nesse grau de inépcia, é vão demorar-se nas diferenças. O que tenho a mais do que os outros: ver em mim imensas salas de dejetos, de maquiagem; não sucumbi ao pavor que normalmente desvia os olhares; no sentimento que tinha de uma falência interior, não fugi, apenas tentei debilmente me engambelar e, sobretudo, não consegui. O que percebo é o completo despojamento do homem e, como corolário, sua inépcia, condição de sua arrogância.

A imitação de Jesus: segundo São João da Cruz, devemos imitar em Deus (Jesus) a degradação, a agonia, o momento de "não-saber" do "*lamá sabactâni*"; bebido até a borra, o cristianismo é ausência de salvação, desespero de Deus. Ele desfalece, já que chega a seus fins sem fôlego. A agonia de Deus na pessoa do homem é fatal, é o abismo em que a vertigem solicitava que caísse. A agonia de um Deus não tem nada a ver com a explicação do pecado. Ela não justifica apenas o céu (a incandescência sombria do coração), mas o inferno (a criancice, as flores, Afrodite, o riso).

Apesar das aparências contrárias, a preocupação com as misérias é a parte morta do cristianismo. É a angústia redutível a projeto: fórmula indefinidamente viável, cada dia um pouco mais de inépcia, um estado de morte exacerbado. A existência e a angústia se perdendo, na escala das massas humanas, no projeto, a vida adiada ao infinito. Obviamente a ambiguidade se imiscui: a vida é condenada no cristianismo, e os homens do progresso a santificam; os cristãos a limitaram ao êxtase e ao pecado (era uma atitude positiva), o progresso nega o êxtase, o pecado, confunde a vida e o projeto, santifica o projeto (o trabalho): no mundo do progresso, a vida não é mais que a criancice lícita, uma vez o projeto reconhecido como a seriedade da existência (a angústia, que a miséria alimenta, é necessária à autoridade, mas o projeto ocupa a mente).

É aí que o caráter íntimo do projeto se desvela. O modò de existência do projeto transposto para o ócio das mulheres ricas e, em geral, dos mundanos. Se as maneiras polidas, comedidas, e o vazio do projeto a dominam, a vida não suporta mais o ócio. Da mesma forma, os bulevares numa tarde de domingo. A vida mundana e os domingos burgueses fazem ressurgir o caráter da festa antiga, esquecimento de qualquer projeto, consumo desmedido.

E, sobretudo, "nada", não sei "nada", gemo-o como uma criança doente, cuja testa a mãe atenciosa segura (de boca aberta sobre a privada). Mas não tenho mãe, o homem não tem mãe, a privada é o céu estrelado (em minha pobre náusea é assim).

Algumas linhas lidas numa publicação recente*:
"[...] Muitas vezes pensei no dia em que seria enfim consagrado o nascimento de um homem que teria muito sinceramente os olhos

---

* *Transfusion du Verbe* [transfusão do Verbo], no texto "Naissance de l'homme-objet" [Nascimento do homem-objeto], de J.-F. Chabrun.

voltados *para dentro*. Sua vida seria como um longo túnel forrado de peles fosforescentes, e ele só teria de se deitar para mergulhar em tudo o que tem em comum com o resto do mundo e que nos é atrozmente incomunicável. Gostaria que cada um, diante do pensamento de que o nascimento de um homem assim deve ser tornado possível, amanhã, por um comum acordo de seus semelhantes e do mundo, pudesse, como eu, derramar lágrimas de alegria." Seguem-se quatro páginas em que se expressa uma intenção principalmente voltada para fora. A possibilidade do nascimento considerado me deixa, infelizmente, de olhos secos, tenho *febre* e já não lágrimas.

O que significam essa "Idade de Ouro", essa vã preocupação com as "melhores condições possíveis" e a vontade doente de um homem unânime? Para dizer a verdade, uma vontade de experiência *esgotante* começa sempre na euforia. Impossível compreender em que estamos nos metendo, adivinhar o preço que se pagará – porém, mais tarde pagaremos *sem nos fartarmos de pagar*; ninguém pressente a que ponto se arruinará nem a vergonha que haveria em não se arruinar que chega. Dito isso, se vejo que não podemos suportar *viver,* que sufocamos, que, de qualquer forma, fugimos da angústia e recorremos ao projeto, minha angústia aumenta incorporando aquela que a turbulência elude.

A inoperância poética, a poesia posta em projeto, aquilo que um André Breton não podia tolerar nu, que o abandono deliberado de suas frases devia velar. E, para mim, a angústia sem saída, o sentimento de cumplicidade, de ser assediado, acossado. No entanto, nunca estive mais inteiro! Ninguém pode fazer sombra sobre mim: é o deserto que eu queria, o lugar (a condição) de que precisava para uma morte clara e interminável.

O que vejo: a facilidade poética, a atitude difusa, o projeto verbal, a ostentação e a queda no pior: vulgaridade, literatura. Bradam que vão renovar o homem: atolam-no um pouco mais no mesmo velho sulco. Vaidade! Falar é fácil (a vaidade não é o que parece, é apenas a condição de um projeto, de um adiamento da existência). Só temos satisfação vaidosa em projeto; a satisfação escapa assim que realizamos, logo voltamos ao plano do projeto; caímos dessa maneira na fuga, como um bicho numa armadilha sem fim, um dia qualquer, morremos idiotas. Na angústia em que me fecho, tão longe quanto posso minha alegria justifica a vaidade humana, o imenso deserto das vaidades, seu horizonte sombrio onde a dor e a noite se escondem – uma alegria morta e divina.

E vaidade em mim mesmo!
Seguramente.

"O que escrevo: um chamado! O mais louco, o melhor destinado aos surdos. Dirijo a meus semelhantes uma prece (a alguns deles, pelo menos): vaidade desse grito de homem do deserto! Vocês são tais que, caso se vissem como os vejo, não poderiam mais sê-lo. Pois (aqui, caio no chão) tenham piedade de mim! vi o que vocês são."

O homem e seu possível. – O ser sórdido, besta (a gritar no frio), depôs seu *possível* no chão. Sobrevém a ideia gentil (lisonjeira): ele a segue, alcança-a. Mas, e esse *possível* deposto, por um instante, no chão?
Ele o esquece!
Decididamente, esquece!
Já era: partiu.

Falando de extremo atingido, aqui ou ali, falei de escritores, até de um "literato" (Dostoiévski). Para prevenir confusões fáceis, esclareço. Não se pode saber nada do homem que não tenha tomado forma de frase, e o entusiasmo pela poesia, por outro lado, faz de intraduzíveis séries de palavras o ápice. O extremo está alhures. Só é inteiramente atingido se comunicado (o homem é vários, a solidão é o vazio, a nulidade, a mentira). Que uma expressão qualquer o testemunhe: o extremo é distinto dela. Nunca é literatura. Se a poesia o expressa, é distinto dela: a ponto de não ser poético, pois, se a poesia o tem por objeto, ela não o atinge. Quando o extremo está ali, os meios que servem para atingi-lo já não estão mais.

O último poema conhecido de Rimbaud não é o extremo. Se Rimbaud atingiu o extremo, não atingiu sua comunicação senão por meio de seu desespero: suprimiu a comunicação possível, não escreveu mais poemas.

A recusa de comunicar é um meio de comunicar mais hostil, porém o mais poderoso; se foi possível, foi porque Rimbaud se desviou. Para não mais comunicar, ele renunciou. Senão, foi por ter renunciado que cessou de comunicar. Ninguém saberá se o horror (a fraqueza) ou o pudor ditou a renúncia de Rimbaud. Pode ser que os limites do horror tenham retrocedido (nada mais de Deus). Em todo caso, falar de fraqueza faz pouco sentido: Rimbaud manteve sua vontade extrema em outros planos (sobretudo o da renúncia). Pode ser que tenha renunciado por não ter atingido – o extremo não é desordem ou luxúria –, exigente demais para suportar, lúcido demais para não ver. Pode ser que após ter atingido, mas duvidando de que aquilo tivesse sentido ou mesmo que tivesse ocorrido – já que o estado daquele que atinge não dura –, não tenha conseguido suportar a dúvida. Uma pesquisa mais longa seria vã, a vontade de extremo não se detém em nada (não podemos atingir realmente).

O eu de nada importa. Para um leitor, sou o ser qualquer: nome, identidade, histórico não mudam nada. Ele (leitor) é qualquer um, e eu (autor) o sou. Ele e eu somos, sem nome, saídos do ..... sem nome para este ..... sem nome, como são para o deserto dois grãos de areia, ou, melhor, para um mar duas ondas se perdendo nas ondas vizinhas. O ..... sem nome a que pertence a "personalidade conhecida" do mundo do etc., a que ela pertence tão totalmente que o ignora. Ó morte infinitamente abençoada sem a qual uma "personalidade" pertenceria ao mundo do etc. Miséria dos homens vivos, disputando com a morte possibilidades de mundo do etc. Alegria do moribundo, onda entre as ondas. Alegria inerte de moribundo, de deserto, queda no impossível, grito sem ressonância, silêncio de acidente mortal.

Para o cristão é fácil dramatizar a vida: vive diante de Cristo e para ele é mais que ele próprio. Cristo é a totalidade do ser, e, no entanto, ele é, como o "amante", pessoal, como o "amante", desejável: e de repente o suplício, a agonia, a morte. O fiel a Cristo é levado ao suplício. Levado ele próprio ao suplício: não a algum suplício insignificante, mas à agonia divina. Não apenas tem o meio de atingir o suplício, como também não poderia evitá-lo, e é o suplício de mais do que ele, do próprio Deus, que, sendo Deus, não é menos homem e supliciável que ele.

Não basta reconhecer – isso só coloca em jogo a mente –, é preciso também que o reconhecimento tenha lugar no coração (movimentos íntimos meio cegos...). Não é mais a filosofia e sim o sacrifício (a comunicação). Coincidência estranha entre a filosofia ingênua do sacrifício (na Índia antiga) e a filosofia do não-saber supliciante: o sacrifício, movimento do coração, transposto para o conhecimento (houve uma inversão de lá para cá, o percurso antigo ia do coração à inteligência, o atual faz o contrário).

O mais estranho é que o não-saber tenha uma sanção. Como se, de fora, nos fosse dito: "Finalmente você está aqui". O não-saber como via é o mais vazio dos não-sentidos. Eu poderia dizer: "Tudo está consumado". Não. Pois, supondo-se que eu o diga, imediatamente percebo o mesmo horizonte fechado que no instante anterior. Quanto mais avanço no saber, mesmo que pela via do não-saber, mais o não-saber último se torna pesado, angustiante. Na verdade, dou-me ao não-saber, é a comunicação, e como há comunicação com o mundo escurecido, tornado abissal pelo não-saber, ouso dizer Deus: e é assim que há de novo saber (místico), mas não posso me deter (não posso – mas tenho de ter o fôlego): "Deus, se soubesse". E mais longe, sempre mais longe. Deus como o carneiro que substituiu Isaac. Já não é o sacrifício. Mais longe está o sacrifício nu, sem carneiro, sem Isaac. O sacrifício é a loucura, a renúncia a todo saber, a queda no vazio, e nada, nem na queda nem no vazio, é revelado, pois a revelação do vazio é apenas um meio de cair ainda mais fundo na ausência.

O NÃO-SABER DESNUDA.
Essa proposição é o ápice, mas deve ser entendida assim: desnuda, portanto *eu vejo* aquilo que o saber escondia até então, mas, se vejo, *sei*. De fato, sei, mas, o que soube, o não-saber o desnuda mais uma vez. Se o não-sentido é o sentido, o sentido que é o não-sentido se perde, volta a ser não-sentido (sem parada possível).

Se a proposição (o não-saber desnuda) possui um sentido – que aparece e logo desaparece – é porque ela quer dizer O NÃO-SABER COMUNICA O ÊXTASE. O não-saber é antes de tudo ANGÚSTIA. Na angústia aparece a nudez, que extasia. Mas o próprio êxtase (a nudez, a comunicação) se furta se a angústia se furta. Assim, o êxtase só permanece possível na angústia do êxtase, no fato de que não pode ser satisfação, *saber apreendido*. Evidentemente, o êxtase é antes de tudo *saber apreendido*, em particular no extremo despojamento e na extrema construção do despojamento que eu, minha vida e minha obra escrita representamos (isto eu sei, ninguém levou o saber tão longe, ninguém o pôde, mas, para mim, foi fácil – não tive escolha). Mas, quando o extremo do saber está ali (e o extremo do saber a que me refiro está além do saber absoluto), acontece o mesmo que no saber absoluto, tudo se inverte. Mal fico sabendo – inteiramente sabendo –, e já o despojamento no plano do saber (onde o saber me deixa) se revela, e a angústia recomeça. Mas a angústia é o horror do despojamento, e chega o momento em que, na audácia, o despojamento é amado, em que me dou ao despojamento: ele é então a nudez que extasia. Depois o saber volta, a satisfação, de novo a angústia, recomeço, redobrando, até o esgotamento (da mesma forma que numa gargalhada a angústia de saber que aquele riso é inoportuno só faz redobrá-lo).

No êxtase, a gente pode *se deixar ir*, é a satisfação, a felicidade, a platitude. São João da Cruz recusa a imagem sedutora e o arrebatamento, mas se apazigua no estado teopático. Segui seu método de ressecamento até o final.

Supressão do sujeito e do objeto, único meio de não acabar na posse do objeto pelo sujeito, ou seja, de evitar a absurda corrida do *ipse* querendo se tornar o todo.

Conversa com Blanchot. Digo-lhe: a experiência interior não tem nem meta nem autoridade que a justifiquem. Se faço explodir, estourar a preocupação com uma meta, com uma autoridade, ao menos subsiste um vazio. Blanchot me recorda que meta e autoridade são exigências do pensamento discursivo; insisto, descrevendo a experiência sob a forma dada em último lugar, perguntando-lhe como ele acha aquilo possível sem autoridade nem nada. Ele me diz que a própria experiência é a autoridade e acrescenta, a respeito dessa autoridade, que ela deve ser expiada.

Quero oferecer ainda uma vez o esquema da experiência a que chamo experiência pura. Para começar, atinjo o extremo do saber (por exemplo, imito o saber absoluto, pouco importa o modo, mas isso supõe um esforço infinito do espírito querendo o saber). Sei então que nada sei. *Ipse*, quis ser tudo (por meio do saber) e caio na angústia: a ocasião dessa angústia é meu não-saber, o não-sentido sem remédio (aqui, o não-saber não suprime os conhecimentos particulares, mas seu sentido, priva-os de qualquer sentido). *A posteriori*, posso saber o que é a angústia de que falo. A angústia supõe o desejo de comunicar, ou seja, de me perder, mas não a resolução inteira: a angústia atesta meu medo de comunicar, de me perder. A angústia é dada no tema do próprio saber: *ipse*, por meio do saber, eu queria ser tudo, portanto comunicar, me perder e, todavia, permanecer *ipse*. Para a comunicação, antes que ela tenha lugar, colocam-se o sujeito (eu, *ipse*) e o objeto (em parte indefinido, enquanto não tiver sido inteiramente apreendido). O sujeito quer se apoderar do objeto para possuí-lo (essa vontade se deve ao ser comprometido no jogo das composições, ver o *Labirinto*), mas ele só pode se perder: o não-sentido da vontade de saber sobrevém, não-sentido de todo possível, fazendo o *ipse* saber que vai se perder, e o saber com ele. Enquanto o *ipse* persevera em sua vontade de saber e ser *ipse* dura a angústia, mas se o *ipse* se abandona, a si mesmo e ao saber, se ele se entrega ao não-saber nesse abandono, o arrebatamento começa. No arrebatamento, minha existência reencontra um sentido, mas o sentido se refere imediatamente ao *ipse*, torna-se *meu* arrebatamento, um arrebatamento que eu, *ipse*, possuo, dando satisfação a minha vontade de ser tudo. Assim que volto a isso, cessa a comunicação, a perda de mim mesmo, parei de me abandonar, permaneço lá, mas com um saber novo.

O movimento recomeça a partir daí; o saber novo, posso elaborá-lo (acabo de fazê-lo). Chego a esta noção: que sujeito, objeto, são perspectivas do ser no momento da inércia, que o objeto visado é a projeção do sujeito *ipse* querendo se tornar o todo, que toda representação do objeto é fantasmagoria resultante dessa vontade néscia e necessária (que postulemos o objeto como coisa ou como existente, pouco importa), que é preciso falar de comunicação compreendendo que a comunicação puxa a cadeira tanto do objeto quanto do sujeito (é o que se torna claro no ápice da comunicação, ao passo que há comunicações entre sujeito e objeto de mesma natureza, entre duas células, entre dois indivíduos). Posso elaborar essa representação do mundo e vê-la inicialmente como solução de todo enigma. De repente, percebo a mesma coisa que com a primeira forma de saber, que esse supremo saber deixa como uma criança na noite, nua no fundo da floresta. Dessa vez, o que é mais grave, o sentido da comunicação está em jogo. Mas quando a própria comunicação, num momento em que estava desaparecida, inacessível, aparece-me como um não-sentido, atinjo o cúmulo da angústia, num impulso desesperado, abandono-me, e a comunicação novamente me é dada, o arrebatamento e a alegria.

Nesse momento, a elaboração não é mais necessária, está feita: é imediatamente e do próprio arrebatamento que entro de novo na noite da criança desgarrada, na angústia, para voltar mais adiante ao arrebatamento e assim sem outro fim que não o esgotamento, sem outra possibilidade de parada que não um desfalecimento.

É a alegria supliciante.

As doenças da experiência interior. – Nela, o místico tem o poder de animar o que quiser; a intensidade sufoca, elimina a dúvida, e percebe-se então o que se esperava. Como se dispuséssemos de um poderoso sopro de vida: cada pressuposição do espírito é animada. O arrebatamento não é uma janela para o fora, para o além, e sim um espelho. É a primeira doença. A segunda é a colocação em projeto da experiência. Ninguém pode lucidamente ter experiência sem ter projetado isso. Essa doença menos grave não é evitável: o projeto até mesmo deve ser mantido. Ora, a experiência é o contrário do projeto: atinjo a experiência indo de encontro ao projeto que eu tinha de tê-la. Entre experiência e projeto se estabelece a relação da dor com a voz da razão: a razão representa a inanidade de uma dor moral (dizendo: o tempo apagará a dor – como quando temos de renunciar ao ser amado). A ferida está ali, presente, pavorosa e recusando a razão, reconhecendo que esta tem razão, mas vendo nisso apenas um horror a mais. Não sofro menos com uma ferida por saber que ela logo estará curada. Do projeto, assim como da certeza de uma cura próxima, é preciso *se servir*. O projeto pode, como a certeza, ser um criado zombeteiro, que nada ignora, cético e sabendo-se criado, dando o fora assim que a experiência, tendo lugar verdadeiramente, à maneira da dor (de um suplício), exige a solidão, amargamente grita: "me deixe".

O criado, se tudo ocorre como ele pretende, deve se fazer esquecer. Mas pode trapacear. A primeira doença, o espelho, é obra de um criado grosseiro, que não se dá conta da servidão profunda a que está preso.

O criado da experiência é o pensamento discursivo. Aqui, o que constitui a nobreza do criado é o rigor da servidão.

Atingido o não-saber, o saber absoluto não é mais que um conhecimento entre outros.

V

É preciso. Será isto gemer? Não sei mais. Aonde vou? para onde se dirige essa nuvem de pensamentos, insossa, que imagino semelhante ao sangue de repente numa garganta ferida. Insossa, não amarga (mesmo no pior desarranjo, continuo alegre, aberto, generoso. E rico, rico demais, essa goela rica de sangue...).

Minha dificuldade: perda total de certeza, a diferença entre um objeto esculpido e um nevoeiro (normalmente, imaginamos que é horrível). Se expressasse a alegria, faltaria para comigo: a alegria que tenho difere das outras alegrias. Sou fiel ao falar de fiasco, de desfalecimento sem fim, de ausência de esperança. No entanto... fiasco, desfalecimento, desespero aos meus olhos são luz, desnudamento, glória. Em contrapartida: indiferença mortal – ao que me importa, sucessão de personagens sem sequência, dissonâncias, caos. Se ainda falo de equilíbrio, de euforia, de potência, só compreenderão se forem parecidos comigo (já). Para ser menos obscuro: crucifico-me em minhas horas, arrasto-me à questão, mas sem direito (sem autoridade para fazê-lo). Se dispusesse da autoridade, tudo em mim seria servidão, eu me confessaria "culpado". Mas não é assim: não tenho amargura. Aqui se desvela uma inconsequência decepcionante, inelutavelmente *soberana*.

A preocupação com a harmonia é uma grande servidão. Não podemos escapar pela recusa: tentando evitar a falsa janela, introduzimos uma mentira pior: a *falsa* ao menos admitia que era falsa!

A harmonia é um meio de "realizar" o projeto. A harmonia (a medida) leva à boa execução do projeto: a paixão, o desejo pueril impedem de esperar. A harmonia é obra do homem em projeto, ele encontrou a calma, eliminou a impaciência do desejo.

A harmonia das belas-artes realiza o projeto num outro sentido. Nas belas-artes, o homem torna "real" o modo de existência harmoniosa inerente ao projeto. A arte cria um mundo à imagem do homem do projeto, refletindo essa imagem em todas as suas formas. Contudo, a arte é menos a harmonia do que a passagem (ou o retorno) da harmonia à dissonância (em sua história e em cada obra).

A harmonia, como o projeto, rejeita o tempo para fora; seu princípio é a repetição pela qual todo possível se eterniza. O ideal é a arquitetura, ou a escultura, imobilizando a harmonia, garantindo a duração de motivos cuja essência é a anulação do tempo. A repetição, o investimento tranquilo do tempo por um tema renovado, a arte os tomou emprestados, aliás, ao projeto.

Na arte, o desejo volta, mas, antes de tudo, é o desejo de anular o tempo (de anular o desejo), ao passo que, no projeto, havia simplesmente rejeição do desejo. O projeto é expressamente obra do escravo, é o trabalho e o trabalho executado por quem não goza do fruto. Na arte, o homem volta à soberania (ao calhar do desejo) e, se ela é em primeiro lugar desejo de anular o desejo, mal chega a seus fins e já se torna desejo de reacender o desejo.

Dos personagens diversos que sucessivamente sou, nem falo. Ou não interessam ou devo calá-los. Sigo meu propósito – de evocar uma experiência interior – sem precisar me referir a eles. Esses personagens, em princípio, são neutros, um pouco cômicos (a meus olhos). Em relação com a experiência interior de que falo, não fazem nenhum sentido, salvo este: completam minha desarmonia.

Não quero mais, gemo,	*Je ne veux plus, je gémis,*
não posso mais suportar	*je ne peux plus souffrir*
minha prisão.	*ma prison.*
Digo isto	*Je dis ceci*
amargamente:	*amèrement :*
palavras que me sufocam,	*mots qui m'étouffent,*
me deixem,	*laissez-moi,*
me soltem,	*lâchez-moi,*
tenho sede	*j'ai soif*
de outra coisa.	*d'autre chose.*
Quero a morte	*Je veux la mort*
não admitir	*non admettre*
esse reinado das palavras,	*ce règne des mots,*
encadeamento	*enchaînement*
sem pavor,	*sans effroi,*
tal que o pavor	*tel que l'effroi*
seja desejável;	*soit désirable ;*
não é nada	*ce n'est rien*
este eu que sou,	*ce moi que je suis,*
senão	*sinon*
covarde aceitação	*lâche acceptation*
daquilo que é.	*de ce qui est.*
Odeio	*Je hais*
essa vida de instrumento,	*cette vie d'instrument,*
busco uma fenda,	*je cherche une fêlure,*
minha fenda,	*ma fêlure,*
para ser quebrado.	*pour être brisé.*
Amo a chuva,	*J'aime la pluie,*
o raio,	*la foudre,*
a lama,	*la boue,*
uma vasta extensão de água,	*une vaste étendue d'eau,*
o fundo da terra,	*le fond de la terre,*
mas não eu.	*mais pas moi.*
No fundo da terra,	*Dans le fond de la terre,*
ó meu túmulo,	*ô ma tombe,*
liberta-me de mim,	*délivre-moi de moi,*
não quero mais o ser.	*je ne veux plus l'être.*

Quase toda vez que tentava escrever um livro, o cansaço chegava antes do final. Tornava-me pouco a pouco alheio ao projeto que formulara. Esqueço o que me inflamava na véspera, mudando a cada hora com uma lentidão sonolenta. Escapo de mim mesmo, e meu livro me escapa; torna-se quase inteiro como um nome esquecido: tenho preguiça de procurá-lo, mas o obscuro sentimento do esquecimento me angustia.

E se este livro se parece comigo? se a continuação escapa do início; ignora-o ou é indiferente a ele? estranha retórica! estranho meio de invadir o impossível! Renegação, esquecimento, existência informe, armas equívocas... a própria preguiça utilizada como energia inquebrantável.

Ao cair da noite, de repente, lembrei-me, na rua, de Quarr Abbey, monastério francês da ilha de Wight, onde passei, em 1920, dois ou três dias – em minha lembrança, uma casa cercada de pinheiros, sob uma doçura lunar, à beira-mar; a luz da lua ligada à beleza medieval dos ofícios –, tudo o que uma vida monacal tem de hostil a meus olhos se apagava – sentia apenas a exclusão naquele lugar do resto do mundo; via-me dentro das paredes do claustro, retirado da agitação, figurando-me monge por um instante, salvo da vida disparatada, discursiva: ali mesmo na rua, protegido pela escuridão, meu coração banhado de sangue se incendiou, conheci um arrebatamento súbito. Graças também a minha indiferença à lógica, ao espírito de consequência.

O céu entre os muros de um cinza espectral, a penumbra, a incerteza úmida do espaço naquela precisa hora: a divindade teve então uma presença insensata, surda, iluminando até à embriaguez. Meu corpo não interrompera sua marcha rápida, mas o êxtase retorcia levemente seus músculos. Nenhuma incerteza dessa vez, mas uma indiferença à certeza. Escrevo "divindade" não querendo saber de nada, não sabendo de nada. Em outros momentos, minha ignorância era o abismo acima do qual estava suspenso.

Aquilo que devo hoje *execrar*: a ignorância voluntária, a ignorância metódica por meio da qual ocorreu-me buscar o êxtase. Não que a ignorância não abra, de fato, o coração ao arrebatamento. Mas faço a prova amarga do *impossível*. Toda vida profunda é pesada de *impossível*. A intenção, o projeto destroem. No entanto, *eu soube* que não sabia nada e também isto, meu segredo: "o não-saber comunica o êxtase". A existência recomeçou depois disso, banal e fundada na aparência de um saber. Queria fugir dela, dizendo-me: esse saber é falso, não sei nada, absolutamente nada. Mas eu sabia: "o não-saber comunica o êxtase", não tinha mais *angústia*. Vivi fechado (miseravelmente). No início daquela noite, a imagem precisa em mim da harmonia monacal me comunicava o êxtase: decerto pela tolice a que me abandonava dessa forma. A inviabilidade, o impossível! na desarmonia em que *devo* honestamente me manter, só a harmonia, em razão do *eu devo*, representa uma possibilidade de desarmonia: desonestidade necessária, mas não podemos nos tornar desonestos por uma preocupação de honestidade.

E o êxtase é a saída! harmonia! talvez, mas dilacerante. A saída? basta-me procurá-la: volto a cair, inerte, lamentável: saída fora do projeto, fora da vontade de saída! Pois o projeto é a prisão de que quero escapar (o projeto, a existência discursiva): formulei o projeto de escapar do projeto! E sei que basta quebrar o discurso em mim, a partir de então o êxtase está ali, de que apenas o discurso me afasta, o êxtase que o pensamento discursivo trai apresentando-o como saída e trai apresentando-o como ausência de saída. A impotência grita em mim (lembro-me) um longo grito interior, angustiado: ter conhecido, já não conhecer mais.

E é por isso que o discurso é não-sentido também em sua fúria, mas (gemo) não o *bastante* (em mim, *não o bastante*).

Não o bastante! não o bastante de angústia, de sofrimento... digo-o, eu, a criança de alegria, que um riso selvagem, feliz – nunca deixou de levar (ele me abandonava às vezes: sua leviandade infinita, *distante*, permanecia tentação na fraqueza, nas lágrimas e até nas cabeçadas que outrora dei na parede). Mas!... manter um dedo na água fervente... e grito "não o bastante"!

Esqueço – uma vez mais: o sofrimento, o riso, o dedo. Superação infinita no esquecimento, no êxtase, na indiferença, a mim mesmo, a este livro: vejo, aquilo que o discurso nunca atingiu. Estou *aberto*, brecha escancarada, ao ininteligível céu, e tudo em mim se precipita, concorda num desacordo último, ruptura de todo possível, beijo violento, rapto, perda na completa ausência do possível, na noite opaca e morta, ainda assim luz, não menos incognoscível, cegante, que o fundo do coração.

E, sobretudo, *nada mais de objeto*. O êxtase não é amor: o amor é posse a que é necessário o objeto, a um só tempo possuidor do sujeito e possuído por ele. Não há mais sujeito=objeto, mas "brecha escancarada" entre um e outro, e, na brecha, o sujeito, o objeto se dissolvem, há passagem, comunicação, mas não de um ao outro: *o um* e *o outro* perderam a existência distinta. As perguntas do sujeito, sua vontade de saber são suprimidas: o sujeito não está mais ali, sua interrogação não tem mais sentido nem princípio que a introduza. Da mesma forma, nenhuma resposta permanece possível. A resposta deveria ser "tal é o objeto", quando não há mais objeto distinto.

O sujeito conserva em margem de seu êxtase o papel de uma criança num drama: sua presença persiste superada, incapaz de mais do que vagamente – e distraída – pressentir –, presença profundamente ausente; ele permanece nos bastidores, ocupado como que com brinquedos. O êxtase não tem sentido para ele, só o cativa por *ser novo*; mas basta que dure um pouco para que o sujeito se entedie: o êxtase decididamente não tem mais sentido. E como não há nele desejo de perseverar no ser (esse desejo é coisa de seres distintos), ele não tem nenhuma consistência e se dissipa. Como estranho ao *homem*, o êxtase se eleva dele, ignorante da preocupação de que foi ocasião, assim como da andaimaria intelectual apoiada nele (que ele deixa desabar): ele é, para o anseio, não-sentido; para a avidez de saber, não-saber.

O sujeito – fastio de si mesmo, necessidade de ir ao extremo – busca o êxtase, é verdade; mas nunca tem *a vontade* de seu êxtase. Existe um irredutível desacordo entre o sujeito que busca o êxtase e o próprio êxtase. Contudo, o sujeito conhece o êxtase e o pressente: não como uma direção voluntária vinda dele mesmo, mas como a sensação de um efeito vindo de fora. Posso acorrer a ele, instintivamente, empurrado pela repulsa ao atolamento que sou: o êxtase então nasce de um desequilíbrio. Atinjo-o melhor por meios exteriores, pelo fato de que não podem existir em mim mesmo disposições necessárias. O lugar onde conheci o êxtase anteriormente, a memória enfeitiçada de sensações físicas, a ambiência banal de que conservei uma recordação exata têm um poder evocatório maior do que a repetição voluntária de um movimento descritível do espírito.

Arrasto em mim como um fardo a preocupação de escrever este livro. Na verdade, *sou agido*. Mesmo que nada, absolutamente, correspondesse à ideia que tenho de interlocutores (ou de leitores) necessários, a ideia por si só agiria em mim. Estou tão consubstanciado com ela que seria mais fácil me arrancar um membro.

O *terceiro*, o companheiro, o leitor que *me age*, é o discurso. Ou ainda: o leitor é discurso, é ele que fala em mim, que mantém em mim o discurso vivo endereçado a ele. E, decerto, o discurso é projeto, mas é ainda mais este *outro*, o leitor, que me ama e já me esquece (me mata), sem a presente insistência do qual eu nada poderia, não teria nenhuma experiência interior. Não que nos instantes de violência – de infelicidade – eu não o esqueça, como ele próprio me esquece – mas tolero em mim a ação do projeto na medida em que ela é um laço com esse *ele* obscuro, que partilha minha angústia, meu suplício, que deseja meu suplício tanto quanto desejo o seu.

Blanchot me perguntava: por que não prosseguir minha experiência interior como se eu fosse o *último homem*? Em certo sentido... No entanto, sei-me o reflexo da multidão e a soma de suas angústias. Por outro lado, se fosse o último homem, a angústia seria a mais louca que se possa imaginar! – não poderia de forma alguma escapar, permaneceria diante do aniquilamento infinito, rejeitado em mim mesmo, ou ainda: vazio, indiferente. Mas a experiência interior é conquista e, como tal, *para outrem!* O sujeito na experiência se desgarra, perde-se no objeto que, ele próprio, dissolve-se. Não poderia, contudo, dissolver-se a esse ponto se sua natureza não lhe permitisse essa mudança; o sujeito na experiência a despeito de tudo permanece: na medida em que não é uma criança no drama, uma mosca no nariz, ele é *consciência de outrem* (eu negligenciara isso da outra feita). Sendo a mosca, a criança, não é mais exatamente sujeito (é irrisório, a seus próprios olhos irrisório); fazendo-se *consciência de outrem*, e como o era o coro antigo, a testemunha, o vulgarizador do drama, ele se perde na comunicação humana, como sujeito lança-se fora de si, abisma-se numa multidão indefinida de existências possíveis. Mas se essa multidão viesse a faltar, se o possível estivesse morto, se eu fosse... o último? deveria renunciar a sair de mim, permanecer fechado nesse eu como no fundo de um túmulo? deveria desde hoje gemer diante da ideia de não ser, de não poder esperar ser esse último; desde hoje, monstro, chorar o *infortúnio* que me oprime – pois é possível, *o último* sem coro, quero imaginá-lo, morreria morto para si mesmo, no crepúsculo infinito que ele seria, sentiria as paredes (o próprio fundo) do túmulo se abrir. Posso imaginar ainda... (só o faço para outrem!): pode ser que ainda vivo eu já esteja sepultado em seu túmulo – do *último*, desse ser em aflição, desencadeando o ser nele. Riso, sonho e, no sono, os telhados caem em chuva de cascalho... nada saber, a esse ponto (não de êxtase, de sono): assim me estrangular, enigma insolúvel, aceitar dormir, o universo estrelado meu túmulo, glorificado, glória constelada de astros surdos, ininteligíveis e mais longe do que a morte, terrificantes (o não-sentido: o gosto de alho que o cordeiro assado tinha).

TERCEIRA PARTE
Antecedentes do suplício (ou a comédia)

> *[...] O velho Nobodaddy lá em cima*
> *se pôs a tossir, arrotar e peidar.*
> *Então pronunciou uma grande imprecação que fez tremer o céu*
> *e chamou a grandes brados William Blake.*
> *Blake estava indo aos pés*
> *em Lambeth, debaixo dos choupos.*
> *Saltou de seu assento*
> *e deu três giros ao redor de si mesmo.*
> *Ante tal visão, a lua corou de um vermelho-escarlate,*
> *as estrelas jogaram no chão suas taças e fugiram...*
>
> William Blake

Farei agora o relato dos antecedentes de minha "experiência interior" (cujo ponto culminante é o "suplício"). Retomo para tanto o que fui escrevendo, ao menos o que restou (o mais das vezes escrevera de maneira obscura, afetada e sobrecarregada: alterei a forma, podei, expliquei às vezes, o que não muda nada no fundo).

Limito o relato àquilo que me deixa confundido com o homem (em si), rejeitando o que desvelaria essa mentira e faria de minha pessoa um "erro"; – vou logo dizendo que a experiência interior exige de quem a busca que se posicione para começar num pináculo (os cristãos o sabem, sentem-se na obrigação de "pagar" por sua arrogância, ela os lança na humildade: mesmo no exato instante em que se deprecia, contudo, o santo mais amargo se sabe escolhido).

Todo homem ignora o pináculo onde vive empoleirado. Ignora ou faz que ignora (difícil julgar qual a parte de ignorância ou de fingimento). Poucos casos de insolência honesta (Ecce homo, – a passagem de Blake acima citada).

[Reporto-me a vinte anos atrás: primeiro, eu tinha rido, minha vida se dissolvera, ao sair de uma longa devoção cristã, com uma má-fé primaveril, no riso. Desse riso, descrevi mais acima o ponto de êxtase, mas, desde o primeiro dia, não tinha mais dúvida: o riso era revelação, abria o fundo das coisas. Contarei a ocasião de que esse riso saiu: estava em Londres (em 1920) e devia me encontrar à mesa com Bergson; eu não lera nada dele (aliás, quase nada também de outros filósofos); fiquei curioso e, encontrando-me no British Museum, pedi um exemplar de O Riso (seu livro mais curto); a leitura me irritou, a teoria me pareceu tacanha (aliás, o personagem também me decepcionou: aquele homenzinho prudente, filósofo!), mas a questão, o sentido, que permanecia oculto, do riso, foi desde então a meus olhos a questão-chave (ligada ao riso feliz, íntimo, pelo qual logo vi que estava possuído), o enigma que a todo custo resolveria (que, resolvido, por si mesmo resolveria tudo). Por muito tempo não experimentei mais do que uma euforia caótica. Só depois de vários anos senti o caos – fiel imagem de uma incoerência de ser diverso – gradualmente se tornar sufocante. Estava quebrado, decomposto por ter rido demais; assim, deprimido, encontrei-me: o monstro inconsistente, vazio de sentido e de vontades que eu era me deu medo.]

Quero levar minha pessoa ao pináculo*

Se o caixa falsifica as contas, o gerente pode estar escondido atrás de um móvel, pronto para surpreender o empregado desonesto. Escrever, falsificar as contas? Sei lá, mas sei que um *gerente* é possível, e que, se ele aparecesse, meu único recurso seria a vergonha. Não há leitores, todavia, que disponham de meios para causar esse constrangimento. Se o mais perspicaz me acusasse, eu riria: é de mim que tenho medo.

---

* A partir deste ponto, Bataille inicia uma espécie de "autoantologia" comentada (os comentários são os trechos entre colchetes e em itálico, redigidos entre 1941 e 1942). Tudo indica que esse é o texto, "escrito provavelmente em 1926", a que Bataille se refere na *nota adicional* de 1953 (ver p. 259). (N.T.)

Por que pensar: "sou um homem perdido" ou "não estou procurando nada"? Seria suficiente admitir: "não posso morrer sem representar esse papel, e, para me calar, seria preciso não morrer". Ou outra desculpa qualquer! o cheiro de guardado do silêncio – ou: o silêncio, atitude imaginária e a mais "literária" de todas. Tantos subterfúgios: penso, escrevo por não conhecer nenhum meio de ser melhor que um farrapo.

Aceito que não se escute mais nada, porém, fala-se, grita-se: por que tenho medo de escutar também minha própria voz? E não falo de medo, mas de terror, de horror. Que me façam calar (se ousarem)! que costurem meus lábios como os de uma chaga!

Sei que desço vivo, nem sequer num túmulo e sim na vala comum, sem grandeza nem inteligência, verdadeiramente nu (como está nua a mulher da vida). Ousarei afirmar: "Não cederei, em nenhum caso darei minha confiança e me deixarei enterrar como um morto"? Se alguém tivesse piedade e quisesse me ajudar a sair dessa, ao contrário, eu aceitaria: mas não teria por suas intenções mais que uma covarde repulsa. Mais vale me deixar ver que ninguém pode fazer nada por mim (salvo, talvez, involuntariamente me vexar), que contam com meu silêncio.

O que é *ridículo?* ridículo como mal? absoluto? Ridículo, atributo, é sua própria negação. Mas ridículo é aquilo que não tenho estômago para suportar. As coisas são assim: aquilo que é ridículo nunca o é inteiramente, ou se tornaria suportável; dessa forma, a análise dos elementos do ridículo (que seria o meio mais fácil de sair dele), uma vez formulada, permanece vã. Ridículos são os outros homens – inumeráveis; no meio: eu mesmo, inevitavelmente, como uma onda no mar.

A alegria indevida, que o espírito não evita, obscurece a inteligência. Ora a utilizamos a fim de arranjar – a nossos próprios olhos – a ilusão de uma possibilidade pessoal – contrapartida de um horror excedente; ora imaginamos ajeitar as coisas, justamente passando para a obscuridade.

Concedo sua parte à zombaria dizendo em nome da inteligência que, em definitivo, ela se recusa a formular o que quer que seja; que ela abandona não apenas aquele que fala, mas também aquele que pensa.

O procedimento que consiste em sempre encontrar alguma novidade para escapar dos resultados precedentes está aberto à agitação, mas nada é mais besta.

Se julgo um pensamento ridículo, descarto-o. E, levando isso adiante, se todo pensamento é ridículo e se é ridículo pensar...

Se digo: "*Um homem é o espelho de um outro*", expresso meu pensamento, mas não se digo: "*O azul do céu é ilusório*". Se digo: "*O azul do céu é ilusório*" no tom de quem expressa seu pensamento, sou ridículo. *Para expressar meu pensamento*, é preciso uma ideia pessoal. Traio-me desse modo: a ideia pouco importa, *quero levar minha pessoa ao pináculo*. Não poderia, aliás, evitar isso de modo algum. Se devesse me igualar aos outros, teria por mim o desprezo que inspiram seres ridículos. Desviamo-nos em geral, apavorados, dessas verdades sem saída: toda escapatória é boa (filosófica, utilitária, messiânica). Encontrarei talvez uma saída nova. Um procedimento consistiu em ranger os dentes, tornar-se a presa de pesadelos e de grandes sofrimentos. Mesmo essa afetação valia mais, por vezes, do que se apanhar em flagrante delito, ocupado em escalar um pináculo.

Esses juízos deveriam levar ao silêncio, e eu escrevo. Não é de modo algum paradoxal. O silêncio é ele próprio um pináculo e, melhor, o santo dos santos. O desprezo implicado em todo silêncio quer dizer que não estamos mais preocupados em verificar (como fazemos ao subir num pináculo ordinário). Sei disto agora: não tenho os meios de me calar (seria preciso me empoleirar em tamanha altura, entregar-me, sem chance de distração, a um ridículo tão berrante...). Tenho vergonha disso e posso dizer a que ponto minha vergonha é insignificante.

[*Chegou o tempo em que, num movimento feliz, abandonei-me sem forçação a mim mesmo. Minha vaidade infinita recebeu de fora tardias e, aliás, miseráveis confirmações. Parei de explorar avidamente possibilidades de contestação doentia. Minha desordem voltou a se instalar, menos feliz, mais hábil. Se me lembrava do que tinha dito do "pináculo", via ali o aspecto mais doente de minha vaidade (mas não uma recusa verdadeira). Tivera o desejo, escrevendo, de ser lido, estimado: essa recordação tinha o mesmo ressaibo de comédia que toda minha vida. Ligava-se, aliás – de maneira bastante distante, mas se ligava – à moda literária da época (à enquete feita pela revista* Littérature, *à pergunta feita um dia: "por que você escreve?") Minha "resposta" era vários anos posterior, não foi publicada, era absurda. Pareceu-me, no entanto, derivar do mesmo espírito que a enquete: de um* parti pris *de tratar a vida de fora. De tal estado de espírito não via o meio de sair. Mas não duvidava mais de que encontraria valores necessários, tão claros, ao mesmo tempo tão profundos, que eludissem respostas destinadas a enganar os outros ou a si mesmo.*

No que segue – escrito em 1933 – não pude mais do que entrever o êxtase. Era uma via sem rigor e, quando muito, uma obsessão.

Estas poucas páginas se ligam:
– às primeiras frases, que me pareceram dilacerantes de simplicidade, da abertura de Leonor;* *nunca vou, por assim dizer, ao concerto e não ia, de modo algum, para ouvir Beethoven; um sentimento de embriaguez divina me invadiu que não teria podido nem posso descrever sem desvio, que tentei acompanhar evocando o caráter suspenso – e que me faz chorar – do fundo do ser;*
– a uma separação pouco cruel: estava doente, de cama – lembro-me de um belo sol de tarde –, entrevi bruscamente a identidade de minha dor – que uma partida acabava de causar – e de um êxtase, de um arrebatamento súbito.]

A morte é em certo sentido uma impostura**

1

Existo – à minha volta estende-se o vazio, a obscuridade do mundo *real* –, existo, permaneço cego, na angústia: cada um dos outros é totalmente diferente de mim, nada sinto do que ele sente. Se considero minha vinda ao mundo – ligada ao nascimento e depois à conjunção de um homem e de uma mulher, e mesmo ao instante da

---

* Bataille se refere à ópera *Fidélio*, de Beethoven, composta a partir do libreto *Léonore, ou l'amour conjugal*, de Jean-Nicolas Bouilly. (N.T.)

** Reescrita de *Sacrifices*, publicado em 1936, com desenhos de André Masson, pela editora G.L.M. do poeta-tipógrafo Guy Lévis Mano, a mesma que publicou os cinco números da revista *Acéphale*. (N.T.)

conjunção –, uma chance única decidiu a possibilidade desse *eu* que sou: em última instância, a enorme improbabilidade do único ser sem o qual, *para mim*, nada seria. A menor diferença na sequência de que sou o termo: em vez de *eu* ávido de ser eu, não haveria quanto a *mim* senão o Nada, como se estivesse morto.

Essa improbabilidade infinita de onde venho está abaixo de mim como um vazio: minha presença, sobre esse vazio, é como o exercício de um frágil poder, como se esse vazio exigisse o desafio que *eu* lhe faço, eu, vale dizer, a improbabilidade infinita, dolorosa, de um ser insubstituível que sou.

No abandono em que estou perdido, o conhecimento empírico de minha similitude com outros é indiferente, pois a essência do eu consiste em que nada jamais poderá substituí-lo: o sentimento de minha improbabilidade fundamental me situa no mundo onde permaneço como lhe sendo estranho, absolutamente estranho.

Com mais forte razão, a origem histórica do *eu* (visto por esse próprio *eu* como uma parte de tudo aquilo que é objeto de conhecimento), ou ainda o estudo explicativo de suas maneiras de ser não passam de engodos insignificantes. Miséria de qualquer explicação diante de uma exigência inesgotável. Mesmo numa cela de condenado, esse *eu* que minha angústia opõe a todo resto perceberia o que o precedeu e o que o cerca como um vazio submetido a seu poder. [*Semelhante maneira de ver torna a aflição de um condenado sufocante: ele não está nem aí; contudo, deve sofrer, pois não pode abandoná-la.*]

Nessas condições, por que me preocuparia com outros pontos de vista, por mais razoáveis que sejam? A experiência do *eu*, de sua improbabilidade, de sua louca exigência, nem por isso deixa de existir.

2

Eu deveria, ao que parece, escolher entre duas maneiras opostas de ver. Mas essa necessidade de uma escolha se apresenta ligada à colocação do problema fundamental: o que existe? o que é, liberada de formas ilusórias, a existência profunda? O mais das vezes a resposta é dada como se a pergunta *o que há de imperativo?* (qual é o valor moral?) e não *o que existe?* fosse formulada. Em outros casos, a resposta é escapatória (elusão incompreensiva, não destruição do problema) – se a matéria é dada como existência profunda.

Escapo da confusão desviando-me do problema. Defini o *eu* como um valor, mas recusei confundi-lo com a existência profunda.

Em toda pesquisa honesta (terra a terra), esse *eu* totalmente diferente de um semelhante é rejeitado como Nada (praticamente ignorado); mas é precisamente como um Nada (como *ilusão* – enquanto tal) que ele responde a minha exigência. Aquilo que se dissipa nele (o que parece fútil, vergonhoso mesmo) desde que se coloca a questão da existência substancial é precisamente o que ele quer ser: o que lhe é preciso é justamente uma vaidade vazia, improvável até o limite do pavor e sem verdadeira relação com o mundo (o mundo explicado, conhecido, é o contrário do improvável: é um fundamento, o que não se pode retirar, o que quer que se faça).

Se a consciência que tenho de *mim* escapa do mundo, se, tremendo, abandono toda e qualquer esperança de acordo lógico e me voto à *improbabilidade* – para começar a minha própria e, para terminar, a de toda e qualquer coisa [*é bancar o homem bêbado, titubeante, que, passo a passo, toma sua vela por si mesmo, sopra-a e, gritando de pavor, no final, toma-se pela noite*] –, posso apreender o *eu* em lágrimas, na angústia (posso mesmo prolongar minha vertigem a perder de vista e só voltar a me encontrar no desejo por um outro – por uma mulher – única, insubstituível, moribunda, em cada ponto semelhante a mim), mas é somente quando a morte se aproximar que saberei sem falta do que se trata.

Será ao morrer que, sem fuga possível, perceberei o dilaceramento que constitui minha natureza e no qual transcendi "aquilo que existe". Enquanto vivo, contento-me com um vaivém, com um compromisso. O que quer que diga, sei-me o indivíduo de uma espécie e, grosseiramente, permaneço de acordo com uma realidade comum; tomo parte naquilo que, com toda necessidade, existe, naquilo que nada pode retirar. O eu=que=morre abandona esse acordo: ele, verdadeiramente, percebe aquilo que o cerca como um vazio e a si mesmo como um desafio a esse vazio; o eu=que=vive se limita a pressentir a vertigem em que tudo acabará (bem mais tarde).

E ainda, é verdade: o eu=que=morre, se não chegou ao estado de "soberania moral", nos próprios braços da morte mantém com as coisas uma espécie de acordo em ruína (em que se combinam a tolice, a cegueira). Ele, decerto, desafia o mundo, mas molemente, esquiva seu próprio desafio, esconde de si mesmo até o final aquilo que ele era. Sedução, potência, *soberania* são necessárias ao eu=que=morre: é preciso ser um deus para morrer.

A morte é, num sentido vulgar, inevitável, mas, num sentido profundo, inacessível. O animal a ignora, embora ela lance o homem de volta à animalidade. O homem ideal que encarna a razão permanece-lhe estranho: a animalidade de um deus é essencial à sua natureza, ao mesmo tempo suja (fedorenta) e sagrada.

A repulsa, a sedução febril se unem, exasperam-se na morte: não se trata mais da anulação banal, mas do ponto preciso onde se chocam a avidez última e o extremo horror. A paixão que domina tantos jogos ou sonhos pavorosos não é menos o desejo desvairado de ser *eu* do que aquele de não ser mais nada.

No halo da morte, e somente ali, o *eu* funda seu império; ali vem à luz a pureza de uma exigência sem esperança; ali se realiza a esperança do eu=que=morre (esperança vertiginosa, ardente de febre, em que o limite do sonho se esgarça).

Ao mesmo tempo se afasta, não como vã aparência, mas na medida em que depende do mundo lançado de volta ao esquecimento (aquele que a interdependência das partes funda), a presença carnalmente inconsistente de Deus.

Não há mais Deus na "inacessível morte", não há mais Deus na noite fechada; escuta-se apenas o *lamá sabactâni*, a frasezinha que, entre todas, os homens carregaram de um horror sagrado.

No vazio idealmente obscuro, caos, até revelar a ausência de caos (ali tudo é deserto, frio, na noite fechada, ainda que, ao mesmo tempo, de um brilho doloroso, de dar febre), a vida se abre para a morte, o *eu* cresce até o imperativo puro: esse imperativo, na parte hostil do ser, formula-se: "morre como um cão"; não tem nenhuma aplicação num mundo de que se desvia.

Mas, na possibilidade distante, essa pureza do "morre=como=um=cão" corresponde à exigência da paixão – não do escravo pelo senhor: a vida se consagrando a morrer é paixão do amante pela amante; o ciúme colérico da amante atua aí, mas nunca a "autoridade".

E, para terminar, a queda na morte é suja; numa solidão muito mais pesada do que aquela em que os amantes se desnudam, é a aproximação da podridão que liga o eu=que=morre à nudez da ausência.

3

[No que precede, nada disse do sofrimento *que, normalmente, acompanha a morte. Mas o sofrimento está unido à morte de maneira profunda, e seu horror se projeta em cada linha. Imagino que o sofrimento é sempre esse mesmo jogo do último naufrágio. Uma dor significa pouca coisa e não é claramente diferente de uma sensação de prazer, antes da náusea, do frio íntimo em que sucumbo. Uma dor talvez não seja mais que uma sensação incompatível com a unidade tranquila do eu: alguma ação, externa ou interna, coloca em causa a frágil ordenação de uma existência compósita, decompõe-me, e é diante do horror dessa ação ameaçadora que empalideço. Não que uma dor seja necessariamente ameaça de morte: ela desvela a existência de ações possíveis às quais o eu* não poderia sobreviver, *evoca a morte, sem introduzir verdadeira ameaça.]*

Se represento agora a contrapartida: quão pouca importância tem a morte, tenho a razão do meu lado. [*Nos sofrimentos, é verdade, a razão revela sua fraqueza, e há sofrimentos que ela não pode dominar; o grau de intensidade que a dor atinge demonstra o pouco peso da razão; mais ainda, a excedente virulência do eu, evidente contrarrazão.*] A morte é em certo sentido uma impostura. O *eu*, morrendo, como já disse, de morte pavorosa, não menos desatento à razão do que um cão, compraz-se em se fechar no horror. E se escapar por um instante da ilusão que o funda, acolherá a morte como uma criança adormece (é o que acontece com o velho cuja ilusão juvenil se extinguiu lentamente ou com o jovem que vive uma vida coletiva: grosseiramente, o trabalho da razão, destruidor de ilusão, opera-se neles).

O caráter angustiante da morte significa a necessidade que o homem tem de angústia. Sem essa necessidade, a morte lhe pareceria fácil. O homem, morrendo *mal*, afasta-se da natureza, engendra um mundo ilusório, humano, modelado para a *arte*: vivemos no mundo trágico, na atmosfera factícia de que a "tragédia" é a forma acabada. Nada é trágico para o animal, que não cai na armadilha do *eu*.

É nesse mundo trágico, artificial, que nasce o êxtase. Sem dúvida alguma, todo objeto de êxtase é criado pela arte. Todo "conhecimento místico" está fundado sobre a crença no valor revelador do êxtase: pelo contrário, é preciso vê-lo como uma ficção, como análogo, em certo sentido, às intuições da arte.

Contudo, se digo que, no "conhecimento místico", a existência é obra do homem, quero dizer que ela é a filha do *eu* e de sua ilusão essencial: a visão extática não deixa de ter por isso algum inevitável objeto.

A paixão do *eu*, o amor que queima nele, busca um objeto. O *eu* só é liberado *fora de si*. Posso saber que criei o objeto de minha paixão, que ele não existe por si só: ele não deixa de estar ali. Minha desilusão decerto o altera: não é Deus – *eu o criei* –, mas pela mesma razão não é o Nada.

Esse objeto, caos de luz e de sombra, é *catástrofe*. Percebo-o como objeto, meu pensamento, no entanto, forma-o à sua imagem, ao mesmo tempo que é seu reflexo. Percebendo-o, meu pensamento soçobra ele próprio no aniquilamento, como numa queda, daquelas em que soltamos um grito. Alguma coisa de imenso, de exorbitante, libera-se para tudo quanto é lado com um barulho de catástrofe; isso surge de um vazio irreal, infinito, ao mesmo tempo se perde aí, num choque de brilho cegante. Num estrondo de trens engavetados, um vidro que se quebra ao dar a morte é a expressão dessa vinda imperativa, todo-poderosa e já aniquilada.

Nas condições comuns, o tempo é anulado, fechado na permanência das formas ou nas transformações previstas. Movimentos inscritos no interior de uma ordem *detêm* o tempo, fixando-o num sistema de medidas e equivalências. A "catástrofe" é a revolução mais profunda – ela é o tempo "fora dos gonzos": o esqueleto é seu signo, ao final do apodrecimento, de onde se depreende sua existência ilusória.

4

Assim como o objeto de seu êxtase, o tempo responde à febre extasiada do eu=que=morre: pois, como o tempo, o eu=que=morre é mudança pura, e nem um nem outro têm existência real.

Mas e se a interrogação primeira subsiste, se na desordem do eu=que=morre persiste a perguntinha: "o que existe?".

O tempo não significa mais que a fuga dos objetos que pareciam verdadeiros. A existência substancial das coisas só tem, aliás, para o *eu*, um sentido lúgubre: sua insistência é comparável para ele aos preparativos de sua execução capital.

No final, isto acaba vindo à luz: qualquer que ela seja, a existência das coisas não pode encerrar essa morte que ela me traz, ela própria é projetada em minha morte que a encerra.

Se afirmo a existência ilusória do eu=que=morre ou do tempo, não penso que a ilusão deva ser submetida ao juízo de coisas cuja existência seria substancial: projeto, ao contrário, sua existência numa ilusão que a encerra.

Em razão mesmo da improbabilidade, sob seu "nome", o homem que sou – cuja vinda ao mundo era o que pode ser pensado de mais improvável – encerra, no entanto, o conjunto das coisas. A morte, liberando-me de um mundo que me mata, encerra, de fato, esse mundo real na irrealidade de um eu=que=morre.

Julho de 1933

[*Em 1933, fiquei doente uma primeira vez; no início do ano seguinte, fiquei de novo e ainda pior, saindo da cama só para mancar, paralisado por reumatismos (só me restabeleci em maio – desde então gozei de uma saúde normal).** *Acreditando estar melhor, querendo me refazer ao sol, fui para a Itália, mas choveu (era no mês de abril). Alguns dias, tinha grande dificuldade para caminhar, atravessar uma rua me fazia gemer: estava sozinho e lembro (de tão ridículo) ter chorado numa estrada que dominava o lago de Albano (onde tentei, em vão, passar um tempo). Resolvi voltar para Paris, mas em duas etapas: saí cedo de Roma e dormi em Stresa. O dia seguinte amanheceu muito bonito e fiquei. Foi o fim de uma odisseia mesquinha: às tardes de viagem arrastadas em camas de hotel sucedeu a descontração deliciosa ao sol. O grande lago cercado de montanhas primaveris cintilava diante de meus olhos como uma miragem: fazia calor, eu ficava sentado debaixo de palmeiras, em jardins floridos. Já sentia menos dor: tentei caminhar, voltara a ser possível. Fui até o trapiche dos barcos consultar o horário. Vozes de uma majestade infinita, ao mesmo tempo movimentadas, seguras de si, gritando ao céu, elevaram-se num coro de inacreditável força. Fiquei pasmo, de repente, não sabendo o que eram aquelas vozes: passou-se um momento de transporte antes que eu compreendesse que um alto-falante estava transmitindo a missa. Encontrei no trapiche um banco de onde podia gozar de uma paisagem imensa, à qual a luz da manhã dava toda sua transparência. Fiquei ali escutando a missa. O coro era o mais puro, o mais rico do mundo, a música bonita de chorar (nada sei sobre a regência ou sobre o autor da missa – em matéria de música, meus conhecimentos são casuais, preguiçosos). As vozes se elevavam como através de vagas sucessivas e variadas, atingindo lentamente a intensidade, a precipitação, a riqueza enormes, mas o que parecia milagre era o jorro como que de um cristal que se quebra, a que chegavam justamente no instante em que tudo parecia estar acabando. A potência secular dos baixos sustinha, sem cessar, e levava ao vermelho (ao ponto do grito, da incandescência que cega) as altas chamas das vozes de criança (assim como numa lareira uma brasa abundante,*

---

* Pelo menos até o momento em que escrevi esta página: poucos dias depois, caí gravemente doente e ainda não me restabeleci (1942).

liberando um calor intenso, decuplica a força delirante das chamas, brinca com sua fragilidade, torna-a mais intensa). O que é preciso dizer, em todo caso, daqueles cantos é o assentimento que nada teria podido retirar do espírito, que nada tinha a ver com os pontos do dogma (eu distinguia algumas frases latinas do Credo... – outras, não importava), mas com a glória de torrente, o triunfo, que a força humana atinge. Pareceu-me, naquele trapiche, diante do lago Maior, que nunca outros cantos poderiam consagrar com mais potência a realização do homem cultivado, refinado, contudo torrencial e alegre, que sou, que somos. Nenhuma dor cristã, mas uma exultação dos dons com que o homem se virou diante de dificuldades sem número (em particular – isso ganhava muito sentido – na técnica do canto e dos coros). O caráter sagrado da encantação só fazia reforçar um sentimento de força, gritar ainda mais ao céu e até o dilaceramento a presença de um ser exultante de sua certeza e como assegurado de chance infinita. (Pouco importava que aquilo se devesse à ambiguidade do humanismo cristão, não, nada mais importava, o coro gritava com força sobre-humana.)

É vão querer liberar a vida das mentiras da arte (acontece-nos desprezar a arte a fim de escapar, de trapacear). Foi naquele ano que acima de mim se ergueu a tempestade, mas por mais simples e exaustivo que tenha sido, sei nada trair falando, não das próprias coisas, mas, para me expressar com mais força, de cantos de Igreja ou de ópera.

Voltei a Paris, restabeleci minha saúde: só para entrar, de repente, no horror. Encontrei o horror, não a morte. Àquele que ela esposa, assim como ao espectador que ela convida, a tragédia aliás fornece, com a angústia, embriaguez e arrebatamento. Voltei para a Itália e, embora tenha sido "como um louco", expulso de um lugar para o outro, tive a vida de um deus (as garrafas de vinho negro, o relâmpago, os preságios). Mas é difícil para mim falar disso.

O silêncio terrificado, religioso, que se fez em mim se expressa decerto nesse silêncio novo. E, já o disse, não é de minha vida que se trata.

Seria estranho alcançar o poder, reforçar uma autoridade, mesmo que no paradoxo, e se estabelecer *numa glória de repouso total. O triunfo captado no trapiche de Stresa só atinge todo seu sentido no momento da expiação (momento de angústia, de suor, de dúvida).*

Não que haja pecado, pois o pecado, poderíamos, deveríamos não tê-lo cometido, ao passo que o triunfo, era preciso, devíamos *assumi-lo (nisto consiste essencialmente o* trágico *— em ser irremediável).*

Para expressar o movimento que vai da exultação (de sua feliz, brilhante ironia) ao instante do dilaceramento, recorrerei mais uma vez à música.
O Don Giovanni *de Mozart (que evoco na esteira de Kierkegaard e que escutei — ao menos uma vez — como se os céus se abrissem — mas só a primeira, porque, depois, eu já esperava: o milagre não se operou mais) apresenta dois momentos decisivos. No primeiro, a angústia — para nós — já está lá (o Comendador foi convidado para a ceia), mas Don Giovanni canta:*
"Vivan le femmine — viva il buon vino — sostegno e gloria — d'umanità..."
No segundo, o herói, segurando a mão de pedra do Comendador — que o gela — e pressionado a se arrepender — responde (logo antes de cair fulminado, sua última réplica):
"No, vecchio infatuato!"
(O falatório fútil — psicológico — a propósito de "donjuanismo" me surpreende e me repugna. Don Giovanni é a meus olhos — mais ingênuos — uma encarnação pessoal da festa, da orgia feliz, que nega e divinamente derruba os obstáculos.)]

O azul do céu[7]

Quando solicito docemente, bem no coração da angústia, uma estranha absurdez, um olho se abre no topo, no meio do meu crânio.

Esse olho que, para contemplá-lo, em sua nudez, cara a cara, abre-se para o sol em toda sua glória não é obra de minha razão: é um grito que me escapa. Pois, no momento em que a fulguração me cega, sou o estilhaço de uma vida quebrada, e essa vida — angústia e vertigem —, abrindo-se para um vazio infinito, dilacera-se e se esgota de uma só vez nesse vazio.

A terra se eriça de plantas que um movimento contínuo leva dia a dia ao vazio celeste, e suas inumeráveis superfícies remetem à imensidão brilhante do espaço o conjunto dos homens risonhos ou dilacerados. Nesse movimento livre, independente de qualquer consciência, os corpos elevados se estendem para uma ausência de limites que deixa sem fôlego; mas, embora a agitação e a hilaridade interior se percam incessantemente num céu tão bonito, mas não menos ilusório do que a morte, meus olhos continuam a me sujeitar através de um laço vulgar às coisas que me cercam, em meio às quais minhas atitudes são limitadas pelas necessidades habituais da vida.

É somente por meio de uma representação doentia – um olho se abrindo no topo de minha própria cabeça – no exato lugar onde a metafísica ingênua situava a sede da alma – que o ser humano, esquecido sobre a Terra – tal como hoje revelo-me a mim mesmo, caído, sem esperança, no esquecimento – atinge, de repente, a queda dilacerante no vazio do céu.

Essa queda supõe como um impulso a atitude de domínio dos corpos eretos. A ereção, contudo, não tem o sentido da rigidez militar; os corpos humanos se erguem sobre o chão como um desafio à Terra, à lama que os engendra e que eles ficam felizes em mandar de volta para o Nada.
A Natureza, ao parir o homem, era uma mãe moribunda: estava dando o "ser" àquele cuja vinda ao mundo foi sua própria condenação à morte, sua execução.

Mas assim como a redução da Natureza a um vazio, a destruição daquele que destruiu está implicada nesse movimento de insolência. A negação completa da Natureza pelo homem – elevando-se acima de um Nada que é sua obra – remete diretamente à vertigem, à queda no vazio do céu.

Na medida em que não está trancada pelos objetos úteis que a cercam, a existência só escapa inicialmente à servidão da nudez projetando no céu uma imagem invertida de sua penúria. Nessa formação da imagem moral, parece que, da Terra ao Céu, a queda seja invertida do Céu à obscura profundidade do chão (do pecado); sua natureza verdadeira (o homem vítima do Céu brilhante) permanece velada na exuberância mitológica.

O próprio movimento em que o homem renega a Terra-Mãe que o engendrou abre a via da sujeição. O ser humano se abandona ao desespero mesquinho. A vida humana se representa então como insuficiente, abatida pelos sofrimentos ou pelas privações que a reduzem a vaidosas feiuras. A Terra está a seus pés como um dejeto. Acima dela, o Céu está vazio. Por falta de um orgulho grande o bastante para se entregar de pé a esse vazio, a vida humana se prosterna com a cara no chão, com os olhos cravados no chão. E, no medo da liberdade mortal do céu, afirma entre ela e o infinito vazio a relação do escravo com o senhor; desesperadamente, como o cego, ela busca uma consolação terrificada numa risível renúncia.

Abaixo da imensidão elevada, de mortalmente vazia tornada opressora, a existência, que a penúria rejeita para longe de todo possível, segue de novo um movimento de arrogância, mas a arrogância desta vez a opõe ao brilho do céu: profundos movimentos de cólera liberada a sublevam. E não é mais a Terra cujo dejeto ela é que seu desafio provoca, é o reflexo no céu de seus pavores – a opressão divina – que se torna o objeto de seu ódio.

Opondo-se à Natureza, a vida humana tornara-se transcendente e mandava de volta ao vazio tudo aquilo que ela não é: em contrapartida, se essa vida rejeita a autoridade que a mantinha na opressão e se torna ela própria soberana, solta-se das amarras que paralisam um movimento vertiginoso rumo ao vazio.

O limite é transposto com um horror lasso: a esperança parece um respeito que o cansaço concede à necessidade do mundo.

O chão faltará sob meus pés.
Morrerei em condições atrozes.
Gozo hoje de ser objeto de repulsa para o único ser a que o destino liga minha vida.
Solicito tudo o que um homem risonho pode receber de ruim.

A cabeça esgotada em que "eu" estou tornou-se tão medrosa, tão ávida, que só a morte poderia satisfazê-la.

Há alguns dias, cheguei – realmente, não num sonho – a uma cidade que evocava o cenário de uma tragédia. Um anoitecer, conto-o apenas para rir de maneira mais infeliz, eu não estava bêbado sozinho olhando velhinhos girarem dançando – realmente, não num sonho. Durante a noite, o Comendador veio ao meu quarto; de tarde (estava passando em frente ao seu túmulo), o orgulho e a ironia incitaram-me a convidá-lo. A vinda do fantasma me apavorou, virei um destroço; uma segunda vítima jazia ao meu lado: uma baba mais feia do que sangue escorria de lábios que o asco tornava semelhantes aos de uma morta. E agora estou condenado a essa solidão que não aceito, que não tenho estômago para suportar. No entanto, só tenho um grito para repetir o convite e, a crer em minha cólera, não seria mais eu, seria a sombra do velhinho que se iria.

A partir de um abjeto sofrimento, a insolência que persiste ardilosamente cresce de novo, primeiro com lentidão, depois, num estouro, atinge a onda de uma felicidade afirmada contra toda razão.

À luz fulgurante do Céu, hoje, a justiça descartada, essa existência doentia, próxima da morte, e contudo real, abandona-se à "falta" que sua vinda ao mundo revela.
O "ser" realizado, de ruptura em ruptura, depois de uma náusea crescente tê-lo entregado ao vazio do céu, tornou-se não mais "ser" e sim ferida e mesmo "agonia" de tudo o que é.

Agosto de 1934

[*Só posso, voltando atrás, se refaço esse caminho que o homem fez em busca de si mesmo (de sua glória), ser tomado por um movimento forte e transbordante – que se canta. Fico chateado comigo mesmo às vezes por passar o sentimento de uma existência raquítica. O dilaceramento é a expressão da riqueza. O homem insosso e fraco é incapaz dele.*

Que tudo esteja suspenso, impossível, invivível... estou me lixando! Teria eu tão pouco fôlego?

Fazer convergir todas as inclinações do homem num ponto, todos os possíveis que ele é, extrair deles ao mesmo tempo seus acordos e choques violentos, não mais deixar de fora o riso que rasga a trama (o tecido) de que o homem é feito, ao contrário, saber que a insignificância está garantida enquanto o pensamento não for ele próprio esse profundo rasgão do tecido, e seu objeto – o próprio ser – o tecido rasgado (Nietzsche dissera: "considerar falso aquilo que não fez rir ao menos uma vez" – Zaratustra, Velhas e novas tábuas), *nisso meus esforços recomeçam e desfazem a* Fenomenologia de Hegel. *A construção de Hegel é uma filosofia do trabalho, do "projeto". O homem hegeliano – Ser e Deus – se realiza, completa-se na adequação do projeto. O* ipse, *tendo de vir a ser tudo, não fracassa, não se torna cômico, insuficiente, mas o particular, o escravo embrenhado nas vias do trabalho, alcança após diversos meandros o ápice do universal. O único obstáculo a essa maneira de ver (aliás, de uma profundidade inigualada, de certa forma inacessível) é aquilo que no homem é irredutível ao projeto: a existência não discursiva, o riso, o êxtase, que ligam – em última instância – o homem à negação do projeto que, no entanto, ele é; o homem se degrada* para terminar *num apagamento* total *daquilo que ele é, de toda afirmação humana. Tal seria a passagem* fácil *da filosofia do trabalho – hegeliana e profana – à filosofia sagrada, que o "suplício" expressa, mas que supõe uma filosofia da comunicação, mais acessível.*

Não posso aceitar que a "sabedoria" – a ciência – esteja ligada à existência inerte. A existência é tumulto que se canta, em que febre e dilaceramentos se ligam à embriaguez. A prostração hegeliana, o caráter acabado, profano, de uma filosofia cujo princípio era o movimento se devem à rejeição, na vida de Hegel, de tudo aquilo que podia parecer embriaguez sagrada. *Não que Hegel estivesse "errado" em afastar as concessões moles a que espíritos vagos recorreram em seu tempo. Mas, ao confundir a existência e o trabalho (o pensamento discursivo, o projeto), ele reduz o mundo ao mundo profano: nega o mundo sagrado (a comunicação).*

Quando a tempestade de que falei se acalmou, minha vida conheceu um tempo de menor depressão. Não sei se essa crise acabou de fixar minhas atitudes, mas desde então elas tinham um objeto primordial. Com uma consciência clara, dediquei-me à conquista de um bem inacessível, de um "graal", de um espelho em que se refletiriam, até a extremidade da luz, as vertigens que tivera.

Não lhe dei nenhum nome inicialmente. Aliás, eu me extraviava bestamente (pouco importa). O que conta a meus olhos: justificar minha tolice (e não menos a dos outros), minha vaidade imensa... Se vaticinei, melhor ainda, não vejo mal em tê-lo feito. Entre os direitos que reivindica, o homem esquece aquele de ser besta; ele o é necessariamente, mas sem direito, e se vê forçado a dissimular. Não me perdoaria é se quisesse ocultar algo.

Minha busca teve inicialmente um objeto duplo: o sagrado e o êxtase. Escrevi o que segue como um prelúdio a essa busca e só a levei adiante de verdade mais tarde. Insisto em que um sentimento de insustentável vaidade é o fundo de tudo isso (como a humildade é o fundo da experiência cristã).]

O labirinto (ou a composição dos seres)*

Existe na base da vida humana um princípio de insuficiência. Isoladamente, cada homem imagina os outros incapazes ou indignos de "ser". Uma conversa livre, maledicente, expressa uma certeza da vaidade de meus semelhantes; um falatório aparentemente mesquinho deixa ver uma cega tensão da vida rumo a um ápice indefinível.

A suficiência de cada ser é contestada sem trégua pelos seus próximos. Mesmo um olhar que exprime admiração se agarra a mim como uma dúvida. [*O "gênio" abaixa mais do que eleva; a ideia do "gênio" impede de ser simples, leva a mostrar o essencial, a dissimular o que decepcionaria: não há "gênio" concebível sem "arte". Gostaria de simplificar, enfrentar o sentimento de insuficiência. Eu mesmo não sou suficiente e só mantenho minha "pretensão" graças à sombra onde estou.*] Uma gargalhada, uma expressão de repugnância acolhem gestos, frases, faltas em que se trai minha insuficiência profunda.

A inquietude de uns e outros cresce e se multiplica na medida em que percebem, nos meandros da vida, a solidão do homem numa noite vazia. Sem a presença humana, a noite em que tudo se encontra – ou, antes, perde-se – pareceria existência para nada, não-sentido equivalente à ausência de ser. Mas essa noite se torna ainda mais vazia

---

* Primeira versão publicada na revista *Recherches Philosophiques* (t. V, 1935-1936). (N.T.)

e carregada de angústia quando compreendo que os homens não são nada nela e lhe acrescentam em vão sua discordância. Se a exigência persistir em mim de que, no mundo, haja "ser", "ser" e não apenas minha "insuficiência" evidente, ou a insuficiência mais simples das coisas, serei um dia tentado a responder a isso introduzindo em minha noite a suficiência divina – ainda que esta seja o reflexo da doença do "ser" em mim. [*Vejo hoje a ligação essencial dessa "doença" com o que tomamos por divino – a doença é divina –, mas nessas condições a divindade não é "suficiente", ou seja, não há "acabamento" concebível a partir da angústia que a sensação de inacabamento introduz em nós.*]

O ser é no mundo tão *incerto* que posso projetá-lo aonde quiser – fora de mim. É uma espécie de homem desajeitado – que não soube desvendar a intriga essencial – aquele que limitou o ser ao eu. De fato, o ser exatamente não está em lugar *nenhum*, e foi uma brincadeira apreendê-lo *divino* no topo da pirâmide dos seres particulares. [*O ser é "inapreensível", só é "apreendido" por erro; o erro não é apenas fácil, nesse caso, é a condição do pensamento.*]

O ser não está em *parte alguma*:

O homem poderia encerrar o ser num elemento simples, indivisível. Mas não há ser sem "ipseidade". *Na falta de "ipseidade", um elemento simples (um elétron) não encerra nada.* O átomo, apesar de seu nome, é composto, mas possui apenas uma complexidade elementar: o próprio átomo, em razão de sua simplicidade relativa, não pode ser determinado "ipsealmente".* Assim, o número das partículas que compõem um ser intervém na constituição de sua "ipseidade": se substituímos sucessivamente o cabo e a lâmina de uma faca, ela perde até a sombra da ipseidade; o mesmo não acontece com uma máquina de que tivessem desaparecido, substituídos peça por peça, cada um dos *numerosos* elementos que a formavam quando nova: ainda menos com um homem cujos componentes morrem incessantemente (de maneira que nada dos elementos que *éramos* subsiste após um certo número de anos). Posso, quando muito, admitir que, a partir de uma extrema complexidade, o ser

---

* Cf. LANGEVIN, Paul. *La Notion de corpuscules et d'atomes* [A noção de corpúsculos e de átomos]. Paris: Hermann, 1934. p. 35 e ss.

impõe à reflexão *mais* do que uma aparição fugidia, mas a complexidade, elevando-se gradualmente, é para esse *mais* um labirinto onde ele se extravia indefinidamente, perde-se de uma vez por todas.

Se pilamos uma esponja até reduzi-la a uma poeira de células, a poeira viva formada por uma multidão de seres isolados se perde na esponja nova que ela reconstitui. Um fragmento de sifonóforo é por si só um ser autônomo, contudo, o sifonóforo inteiro, de que o fragmento participa, é ele próprio pouco diferente de um ser que possui unidade. É apenas a partir dos animais lineares (vermes, insetos, peixes, répteis, aves ou mamíferos) que os indivíduos vivos perdem definitivamente a faculdade de constituir, em vários, conjuntos ligados num só corpo. Os animais não lineares (como o sifonóforo, o coral) se agregam em *colônias* cujos elementos são cimentados, mas não formam *sociedades*. Ao contrário, os animais superiores se reúnem sem ter entre si ligações corporais: as abelhas, os homens, que formam sociedades estáveis, não deixam de ter por isso corpos autônomos. A abelha e o homem têm sem dúvida alguma um corpo autônomo, mas são por isso seres autônomos?

No que tange aos homens, sua existência está ligada à linguagem. Cada pessoa imagina, e portanto conhece, sua existência com a ajuda de palavras. As palavras lhe vêm à cabeça carregadas da multidão de existências humanas – ou não humanas – em relação à qual existe sua existência privada. O ser é nela mediado pelas palavras, que só arbitrariamente podem se dar como "seres autônomos" e profundamente como "seres em relação". Basta seguir por pouco tempo o rastro dos percursos repetidos das palavras para perceber, numa espécie de visão, a construção labiríntica do ser. O que chamamos vulgarmente *conhecer*, quando o vizinho *conhece* sua vizinha – e a nomeia –, nunca é mais do que a existência um instante composta (no sentido em que toda existência se compõe – como o átomo compõe sua unidade de elementos simples) que fez uma vez desses seres um conjunto tão real quanto suas partes. Um número limitado de frases trocadas basta à conexão banal e duradoura: duas existências são a partir de então uma para a outra ao menos parcialmente penetráveis. O conhecimento que um vizinho tem de sua vizinha não está menos afastado de um encontro de desconhecidos do que a vida da morte. O *conhecimento* surge dessa forma como um laço biológico instável, não menos real, contudo, que aquele que une as células de um tecido. A troca entre duas pessoas possui de fato o poder de sobreviver à separação momentânea. [*Essa maneira de ver tem o defeito de postular o conhecimento como um fundamento do laço social: na verdade, as coisas são bem mais complicadas, e mesmo, em certo sentido, isso é falso. O conhecimento de um ser por outro não é mais do que um resíduo, um modo de ligação banal que fatos de comunicação essenciais tornaram possível (penso nas operações íntimas da atividade religiosa, no sacrifício, no sagrado: dessas operações, a linguagem, que o conhecimento utiliza, permanece intensamente carregada). Fiz bem em falar de conhecimento e não de sagrado na medida em que era melhor partir de uma realidade familiar. O que me incomoda mais é ter ido dar numa mixórdia erudita: mas essa explicação preliminar introduz a teoria da comunicação que se verá esboçada mais adiante. É decerto miserável, mas o homem só alcança a noção mais carregada de possibilidades ardentes indo de encontro ao senso comum, opondo os dados da ciência ao senso comum. Não vejo como, sem dados científicos, teríamos podido voltar ao sentimento obscuro, ao instinto do homem ainda privado de "senso comum".*]

UM HOMEM É UMA PARTÍCULA INSERIDA EM CONJUNTOS INSTÁVEIS E EMARANHADOS. Esses conjuntos entram em composição com a vida pessoal a que trazem possibilidades múltiplas (a sociedade torna a vida do indivíduo fácil). A partir do *conhecimento*, a existência de uma pessoa só está isolada da existência do conjunto de um ponto de vista estreito e negligenciável. Só a instabilidade das ligações (este fato banal: por mais íntimo que seja um laço, a separação é fácil, multiplica-se e pode se prolongar) permite a ilusão do ser isolado, fechado em si mesmo e possuindo o poder de existir sem troca.

De um modo geral, todo elemento isolável do universo aparece sempre como uma partícula suscetível de entrar em composição num conjunto que a transcende. [*Para dizer a verdade, se considero o universo, ele é, afirmam, constituído por um grande número de galáxias (de nebulosas espirais). As galáxias compõem as nuvens de estrelas, mas o universo compõe as galáxias? (ele é seu conjunto organizado?) A pergunta que ultrapassa o entendimento deixa uma amargura cômica. Ela tange ao universo, à sua totalidade...*] O ser é sempre um conjunto de partículas cujas autonomias relativas são mantidas. Esses dois princípios – composição que transcende os componentes, autonomia relativa dos componentes – regulam a existência de cada "ser".

1

Desses dois princípios decorre um terceiro que rege a condição humana. A oposição incerta da autonomia à transcendência coloca o ser numa posição escorregadia: ao mesmo tempo que se encerra na autonomia, e por isso mesmo, cada ser *ipse* quer se tornar o todo da transcendência; em primeiro lugar o todo da composição de que é parte, depois, um dia, sem limite, o todo do universo. Sua vontade de autonomia se opõe inicialmente ao conjunto, mas ele definha – se reduz a nada – na medida em que se recusa a entrar nele. Renuncia então à autonomia pelo conjunto, mas provisoriamente: a vontade de autonomia só diminui por um tempo, e logo, num só movimento em que o equilíbrio se faz, o ser ao mesmo tempo se consagra ao conjunto e o conjunto a si mesmo.

Esse ser *ipse*, ele próprio composto de partes e, como tal, resultado, chance imprevisível, entra no universo como vontade de autonomia. Ele se compõe mas busca dominar. Fustigado pela angústia, entrega-se ao desejo de submeter o mundo a sua autonomia. O *ipse*, a partícula ínfima, essa chance imprevisível e puramente improvável, está condenado a se querer outro: todo e necessário. O movimento que ele sofre – que o introduz em composições cada vez mais altas – animado pelo desejo de estar no ápice – gradualmente o embrenha numa ascensão angustiante; essa vontade de ser *universo* não passa, contudo, de um desafio irrisório lançado à incognoscível imensidão. A imensidão se furta ao conhecimento, furta-se infinitamente diante de um ser que a busca furtando-se ele próprio à improbabilidade que ele é, um ser que só sabe buscar para reduzir à necessidade de seu comando (no comando do saber, por meio do qual o homem tenta tomar a si mesmo pelo todo do universo, há necessidade, miséria padecida, é a sorte irrisória, inevitável, que nos calha, mas essa necessidade, nós a atribuímos ao universo, com o qual confundimos nosso saber).

Essa fuga em direção ao ápice (que a composição do saber é, dominando os próprios impérios) não é mais que um dos percursos do "labirinto". Mas esse percurso que temos de seguir de engodo em engodo, em busca do "ser", não podemos evitá-lo de modo algum. A solidão, em que tentamos buscar refúgio, é um novo engodo. Ninguém escapa à composição social: nessa composição, cada trilha conduz ao ápice, leva ao desejo de um saber absoluto, é necessidade de poder sem limite.

Só uma fadiga inevitável nos desvia. Detemo-nos diante da dificuldade desencorajadora. As vias que levam ao ápice estão atulhadas. E não apenas a competição pelo poder é tensa, como também ela se atola o mais das vezes nos pântanos da intriga. O erro, a incerteza, o sentimento de que o poder é vão, a faculdade que conservamos de imaginar alguma altura suprema acima do primeiro ápice contribuem para a confusão essencial no labirinto. Em verdade, não podemos dizer do ápice que ele se situa aqui ou ali. (Em certo sentido, ele nunca é alcançado.) Um homem obscuro, que o desejo – ou a necessidade – de alcançá-lo deixou louco, chega mais perto dele, na solidão, do que os personagens situados no alto de seu tempo. Parece muitas vezes que a loucura, a angústia, o crime impedem de alcançá-lo, mas nada é claro: quem poderia afirmar das mentiras e da baixeza que elas afastam dele? Tamanha incerteza é de natureza a justificar a humildade: mas esta frequentemente não é mais do que um desvio que parecia seguro.

Essa obscuridade das condições é tão draconiana e mesmo, exatamente, tão medonha – que temos boas desculpas para renunciar. Os pretextos abundam. Basta, nesse caso, remetermo-nos a uma ou várias pessoas interpostas: renuncio ao ápice, outro o atingirá, posso delegar meu poder, renúncia que outorga a si mesma um certificado de inocência. No entanto, é por meio dela que acontece o pior. Ela é consequência do cansaço, do sentimento da impotência: buscando o ápice, encontramos a angústia. Mas, fugindo da angústia, caímos na pobreza mais vazia. Sentimos sua "insuficiência": é a vergonha de ter sido rejeitado para o vazio que leva a delegar seu poder (e a vergonha se esconde). Segue-se daí que os homens mais superficiais, e mais cansados, fazem pesar sua indiferença e seu cansaço: a indiferença e o cansaço deixam o maior espaço para as trapaças e inclusive incitam às trapaças. Só escapamos à aberrante nostalgia do ápice tornando-a falaciosa.

2

De que maneira o ser humano particular alcança o universal?

Ao sair da irrevogável noite, a vida o lança, criança, no jogo dos seres; ele é então o satélite de dois adultos: recebe deles a ilusão da suficiência (a criança vê seus pais como deuses). Esse caráter de satélite não desaparece de modo algum na sequência: retiramos de nossos pais nossa confiança, delegamo-la a outros homens. Aquilo que a criança encontrava na existência aparentemente firme dos seus, o homem o busca em todos os lugares onde a vida se estabelece e se condensa. O ser particular, perdido na multidão, delega àqueles que ocupam seu centro a preocupação de assumir a totalidade do "ser". Ele se contenta em "tomar parte" da existência total, que mantém, mesmo nos casos simples, um caráter difuso.

Essa gravitação natural dos seres tem por efeito a existência de conjuntos sociais relativamente estáveis. Em princípio, o centro de gravitação está numa cidade; nas condições antigas, uma cidade, como uma corola encerrando um duplo pistilo, forma-se em torno de um soberano e de um deus. Se várias cidades se compõem e renunciam a seu papel de centro em favor de uma só, um império se organiza ao redor de uma cidade entre outras, onde a soberania e os deuses se concentram: nesse caso, a gravitação ao redor da cidade soberana empobrece a existência das cidades periféricas, no seio das quais os órgãos que formavam a totalidade do ser desapareceram ou vão fenecendo. Gradualmente, as composições de conjuntos (de cidades, depois de impérios) alcançam a universalidade (ao menos tendem a ela).

A universalidade está sozinha e não pode lutar contra semelhantes (os bárbaros não são absolutamente semelhantes). A universalidade suprime a competição. Enquanto forças análogas se opõem, uma deve crescer às custas das outras. Mas quando só resta uma força vitoriosa, essa maneira de determinar sua existência graças a uma oposição desaparece. O Deus universal, se entra em jogo, não é mais, como o deus local, o fiador de uma cidade em luta contra suas rivais: ele está sozinho no ápice, deixa-se mesmo confundir com a totalidade das coisas e só arbitrariamente pode manter em si a "ipseidade". Em sua história, os homens entram assim na estranha luta do *ipse* que deve se tornar o todo e só pode fazê-lo morrendo. [*Os "deuses que morrem" assumiram a figura de universais. O Deus dos judeus foi primeiro "deus dos exércitos". De acordo com Hegel, a derrota, a degradação do povo judeu teria lançado seu deus do estado pessoal, animal, dos deuses antigos ao modo de existência impessoal, primitivo – da luz. O Deus dos judeus não extraía mais sua existência do combate: na morte de seu filho, ele atingiu a universalidade verdadeira. Nascida do cessar do combate, a universalidade profunda – o dilaceramento – não sobrevive à retomada do combate. Aliás, os deuses universais, tanto quanto podem, fogem dessa universalidade assassina através da guerra. Alá, lançado na conquista militar, escapa desse modo ao sacrifício. Ao mesmo tempo, tira o Deus dos cristãos da solidão: impele, por sua vez, a um combate. O Islã definha assim que renuncia à conquista: a Igreja declina por tabela.*]

Buscar a suficiência é o mesmo erro que encerrar o ser num ponto qualquer: não podemos encerrar nada, só encontramos insuficiência. Tentamos nos colocar em presença de Deus, mas Deus, vivendo em nós, exige imediatamente morrer, só sabemos apreendê-lo matando. [*Sacrifício incessante necessário à sobrevivência, crucificamos, de uma vez por todas, e, no entanto, a cada dia, de novo, crucificamos. O próprio Deus crucifica. "Deus, diz Ângela de Foligno (cap. LV), deu a seu filho que amava tamanha pobreza que nunca houve nem haverá um pobre igual a ele. E, no entanto, ele tem o Ser por propriedade. Ele possui a substância, e ela é tão dele que esse pertencimento está acima da palavra humana. E, contudo, Deus o fez pobre, como se a substância não fosse dele". "Pertencimento acima da palavra...", singular inversão! a "propriedade da substância", o "pertencimento" só existe, em verdade, na "palavra", a experiência mística, a visão, só ela se situa além da palavra e não pode mais do que ser evocada por ela. Ora, o além que a visão, a experiência, é se relaciona ao "contudo, Deus o fez pobre", não ao pertencimento, que é apenas uma categoria discursiva. O pertencimento está ali para amplificar o paradoxo de uma visão.*]

Aquilo que se estilhaça no extravio do ápice torna-se manifesto, aliás, desde que a vida começa a errar. A necessidade de um engodo – a necessidade, em que a autonomia do ser humano se encontrou, de impor seu valor ao universo – introduz desde o início um desregramento em toda a vida. O que caracteriza o homem desde o início e que preludia a ruptura completa do ápice não é somente a vontade de suficiência, mas também a atração tímida, dissimulada, pelo lado da insuficiência.

Nossa existência é tentativa exasperada de completar o ser (o ser completo seria o *ipse* tornado todo). Mas o esforço é por nós *padecido*: é ele que nos extravia, e quão extraviados somos de todas as maneiras! Não ousamos afirmar em sua plenitude nosso desejo de existir sem limite: ele nos mete medo. Mas ficamos ainda mais inquietos ao sentir um momento de alegria cruel em nós assim que surge a evidência de nossa miséria.

A ascensão para um ápice onde o ser atinge o universal é uma composição de partes em que uma vontade central subordina à sua lei elementos periféricos. Incansavelmente, uma vontade mais forte em busca de suficiência rejeita vontades mais fracas para a insuficiência. A insuficiência não é apenas a revelação do ápice: ela também fulgura a cada passo, quando a composição rejeita para a insuficiência aquilo que ela compõe. Se a existência rejeitada para a insuficiência mantém sua pretensão à suficiência, ela prefigura a situação do ápice, mas aquele que a chance acompanha, ignorando o fracasso, percebe-o de fora: o *ipse* que tenta se tornar o todo só é trágico no ápice para si mesmo, e quando sua impotência é manifesta exteriormente, ele é "risível" (ele não pode neste último caso suportar a si mesmo; caso se tornasse consciente de sua impotência, abandonaria sua pretensão, deixando-a para alguém mais forte que ele, o que só é impossível no ápice).

Numa composição de seres humanos, só o centro possui a iniciativa e rejeita os elementos periféricos para a insignificância. Só o centro é a expressão do ser composto e prima sobre os componentes. Ele possui sobre o conjunto um poder de atração que exerce até, parcialmente, sobre um domínio vizinho (cujo centro é menos forte).

O poder de atração esvazia os componentes de seus elementos mais ricos. Cidades são lentamente esvaziadas de vida em proveito de uma capital. (O sotaque local se torna cômico.)

O riso nasce de desnivelamentos, de depressões que se produzem bruscamente. Se puxo a cadeira... à suficiência de um personagem sério sucede de repente a revelação de uma insuficiência última (puxamos a cadeira de seres falaciosos). Fico feliz, de qualquer modo, com o fracasso experimentado. E perco minha própria seriedade, rio. Como se fosse um alívio escapar da preocupação de minha suficiência. Não posso, é verdade, abandonar para sempre minha preocupação. Só a rejeito se posso fazê-lo sem perigo. Rio de um homem cujo fracasso não macula meu esforço de suficiência, de um personagem periférico que se enchia de empáfia e comprometia a existência autêntica (macaqueando sua aparência exterior). O riso mais feliz é aquele que uma criança faz nascer. Pois a criança há de crescer, e, da insuficiência que ela revela, de que rio, sei que será seguida pela suficiência do adulto (o tempo é dado para isso). A criança é a oportunidade de se debruçar – sem profunda inquietude – sobre um abismo de insuficiência.

Mas, assim como a criança, o riso cresce. Em sua forma inocente, ele tem lugar no mesmo sentido que a composição social: ele a garante, reforça-a (ela é rejeição para a periferia das formas fracas): o riso compõe aqueles que reúne em convulsões unânimes. Mas o riso não atinge apenas a região periférica da existência, não tem por objeto apenas os tolos ou as crianças (aqueles que se tornaram vazios ou ainda o são); por meio de uma inversão necessária, ele ricocheteia do filho para o pai, da periferia para o centro, cada vez que o pai ou o centro revelam por sua vez sua insuficiência. (Em ambos os casos, rimos, aliás, de uma situação idêntica: pretensão injustificada à suficiência.) A necessidade da inversão é tão grande que teve outrora sua consagração: não há composição social que não traga como contrapartida a contestação de seus fundamentos; os ritos o demonstram: as saturnais ou a festa dos loucos invertiam os papéis. [*E a profundidade a que o sentimento que determinava os ritos cegamente descia, os laços numerosos, íntimos, entre os temas do carnaval e a execução dos reis o indicam suficientemente.*]

Se comparo agora a composição social com uma pirâmide, ela aparece como uma dominação do centro, do ápice (é um esquema grosseiro, lamentável mesmo). O ápice rejeita incessantemente a base para a insignificância, e, nesse sentido, as ondas de risos percorrem a pirâmide contestando de cima a baixo a pretensão à suficiência dos seres situados mais embaixo. Mas a primeira rede dessas ondas que partem do ápice reflui, e a segunda rede percorre a pirâmide de baixo para cima: o refluxo contesta dessa vez a suficiência dos seres situados mais acima. Essa contestação, em contrapartida, até o último instante, reserva o ápice: no entanto, não pode deixar de atingi-lo. Na verdade, o ser inumerável é em certo sentido estrangulado por uma convulsão repercutida: o riso, em particular, não estrangula ninguém; mas e se considero o espasmo das multidões (que nunca podemos abarcar com um só olhar)? o refluxo, como disse, não pode deixar de atingir o ápice. E se o atinge? é a agonia de Deus na noite escura.

3

O riso pressente a verdade que o dilaceramento do ápice desnuda: que nossa vontade de fixar o ser é maldita. O riso escorrega na superfície ao longo de depressões leves: o dilaceramento abre o abismo. Abismo e depressões são um mesmo vazio: a inanidade do ser que somos. O ser em nós se furta, falta-nos, já que nos encerramos no *ipse*, e este é desejo – necessidade – de abarcar tudo. E o fato de compreender claramente a comédia não muda nada. As escapatórias (a humildade, a morte para si mesmo, a crença no poder da razão) são as vias pelas quais nos atolamos ainda mais.

O homem não pode, por nenhum recurso, escapar da insuficiência nem renunciar à ambição. Sua vontade de fugir é o medo que tem de ser homem: só tem por efeito a hipocrisia – o fato de que o homem é o que é sem ousar sê-lo [*nesse sentido, a existência humana é apenas embrionária em nós, não somos realmente homens*]. Não há acordo imaginável, e o homem, inevitavelmente, deve querer ser tudo, permanecer *ipse*. Torna-se cômico a seus próprios olhos se tem consciência disso: precisa, portanto, *querer* ser cômico, pois o é na medida em que é o homem (não se trata mais dos personagens expiatórios da comédia) – sem escapatória. [*Isso supõe uma dissociação de si mesmo angustiante, uma desarmonia, um desacordo definitivos – suportados com vigor – sem vãos esforços para paliá-los.*]

Em primeiro lugar – ele não pode evitar isto – o homem tem de combater, devendo responder à vontade que tem de ser só e ele mesmo tudo. Enquanto combate, o homem ainda não é cômico nem trágico, e tudo permanece suspenso nele: subordina tudo à ação pela qual precisa traduzir sua vontade (precisa portanto ser moral, imperativo). Mas uma escapatória pode se abrir.

O objeto do combate é uma composição cada vez mais vasta, e, nesse sentido, é difícil alcançar plenamente o universal. Mas, por meio do sucesso, o combate se aproxima dele (em conjuntos eminentes a vida humana tende a tomar um valor universal). Por pouco que o combate esmoreça – ou que uma vida, de algum modo, escape dele –, o homem alcança sua solidão última: nesse momento, a vontade de ser tudo o faz em pedaços.

Agora está em luta não mais com um conjunto igual àquele que ele próprio representa, e sim com o Nada. Nesse debate extremo, ele pode se comparar ao touro numa arena. O touro, na arena, ora se absorve pesadamente na indiferença animal – abandonando-se ao desfalecimento secreto da morte –, ora, tomado de raiva, precipita-se no vazio que um matador fantasma abre sem trégua diante dele. Mas esse vazio enfrentado é a nudez que ele esposa – NA MEDIDA EM QUE É UM MONSTRO – assumindo levianamente esse pecado. O homem não é mais como o bicho o brinquedo do Nada, mas o Nada é ele próprio seu brinquedo – o homem se abisma nele, mas ilumina sua escuridão com seu *riso*, que só atinge *embriagado* pelo próprio vazio que o mata.

Fevereiro de 1936

[*Irrito-me quando penso no tempo de "atividade" que passei – nos últimos anos de paz – esforçando-me por atingir meus semelhantes. Tive de pagar esse preço. O próprio êxtase é vazio considerado como exercício privado, importando apenas para um só.*

Mesmo quando se prega a convertidos, há, na prédica, um elemento de aflição. A comunicação profunda exige o silêncio. Em última instância, a ação, que a prédica significa, limita-se a isto: fechar sua porta a fim de deter o discurso (o barulho, a mecânica do fora).

A porta deve permanecer ao mesmo tempo aberta e fechada. – O que eu quis: a comunicação profunda dos seres, excluídos os laços necessários aos projetos que o discurso forma. Tornei-me, com o tempo, suscetível, cada dia intimamente mais ferido. Se me refugiei na solidão, foi forçado. Não me importa, agora, que tudo esteja morto – ou o pareça.

A guerra pôs fim à minha "atividade", e minha vida se viu muito menos separada do objeto de sua busca. Uma tela costuma separar desse objeto. No fim, consegui, tive a força: derrubei a tela. Nada mais subsistia de repousante que tornasse os esforços ilusórios. Tornava-se possível, uma vez, ligar-se à fragilidade cristalina, inexorável das coisas – sem preocupação de responder a espíritos carregados de questões vazias. Deserto, decerto não sem miragens, logo dissipadas...

Poucas circunstâncias foram mais favoráveis à embriaguez irônica. Raramente uma primavera me fez sentir melhor a felicidade do sol. Capinei meu jardim, não sem ardor, calculando alegremente as chances contrárias (elas pareciam numerosas... mas só se explicitaram em maio. Lembro de ter semeado dia 20 – estava provocando o destino, mas sem acreditar nele). A extrema angústia e a melancolia, a profunda serenidade desenganada davam então à vida muitos sentidos diversos (pouco conciliáveis). As condições se prestavam mal à expressão, contudo, meu pensamento se soltou de suas cadeias, chegou à maturidade. Deixei-me inebriar por um sentimento de conquista, e o mundo dilacerado se estendeu a minha frente como um domínio aberto. As poucas páginas a seguir me parecem hoje indecisas – impuros esvoaçares líricos as estorvam –, mas sob o choque da visão primeira, acreditei que revelavam a verdade profunda.

Havia cerca de dois anos que avançava na experiência interior. No sentido de que, ao menos, os estados descritos pelos místicos tinham deixado de estar fechados para mim. Essa experiência era independente, é verdade, dos pressupostos a que os místicos a imaginam ligada. Seus resultados convergiram um dia com aqueles que tinha extraído de longas reflexões sobre o erotismo e o riso – e também com aqueles que se seguiram a um estudo livresco e à experiência *temerária do sagrado. Só mais tarde abordei os problemas de método e por isso permaneci inicialmente no vago – ao menos do ponto de vista da ciência do saber, da filosofia. Quando, depois de mais de um ano, cheguei lá – falo disso em outro livro* – atingi a claridade excessiva, asquerosa – a seguir, não tinha nada a fazer, não podia conceber nenhum projeto, estava abandonado ao asco que descrevi sob o nome de "suplício".]*

A "comunicação"**

... De uma partícula simples a outra, não há diferença de natureza. Tampouco há diferença entre esta e aquela. Há *disso* que se produz aqui ou ali, cada vez sob forma de unidade, mas essa unidade não persevera em si mesma. Ondas, vagas, partículas simples não são mais, talvez, do que os múltiplos movimentos de um elemento homogêneo; possuem apenas uma unidade fugaz e não quebram a homogeneidade do conjunto.

Só os grupos compostos por numerosas partículas simples possuem este caráter heterogêneo que me diferencia de ti e isola nossas diferenças no resto do universo. Aquilo a que se chama um "ser" nunca é simples e, se apenas ele tem a unidade durável, só a possui imperfeita: ela é minada por sua profunda divisão interior, permanece mal fechada e, em certos pontos, atacável de fora.

É verdade que esse "ser" isolado, estranho ao que não é ele, é a forma sob a qual te apareceram de início a existência e a verdade. É a essa diferença irredutível – que tu és – que deves remeter o sentido de cada objeto. No entanto, a unidade que és foge de ti e se escapa: essa unidade não passaria de um sono sem sonhos se o acaso dispusesse dela de acordo com tua vontade mais ansiosa.

O que és se deve à atividade que une os inúmeros elementos que te compõem, à intensa comunicação desses elementos entre si. São

---

* *O culpado.* (N.T.)

** O que Bataille diz nos parágrafos anteriores permite situar a redação deste texto por volta de 1940. (N.T.)

contágios de energia, de movimento, de calor, ou transferências de elementos que constituem interiormente a vida de teu ser orgânico. A vida nunca está situada num ponto particular: ela passa rapidamente de um ponto a outro (ou de múltiplos pontos a outros pontos) como uma corrente ou como uma espécie de fluxo elétrico. Assim, onde querias capturar tua substância intemporal não encontras mais do que um deslizamento, do que os jogos mal coordenados de teus elementos perecíveis.

Mais profundamente, tua vida não se limita a esse inapreensível fluxo interior; ela flui também para fora e se abre incessantemente ao que escorre ou jorra para ela. O turbilhão duradouro que te compõe se choca contra turbilhões semelhantes com os quais forma uma vasta figura animada por uma agitação ritmada. Ora, viver significa para ti não apenas os fluxos e os jogos fugidios de luz que se unificam em ti, mas também as passagens de calor ou de luz de um ser a outro, de ti a teu semelhante ou de teu semelhante a ti (inclusive no instante em que me lês, o contágio de minha febre que te atinge): as palavras, os livros, os monumentos, os símbolos, os risos não são mais do que os caminhos desse contágio, dessas passagens. Os seres particulares contam pouco e encerram inconfessáveis pontos de vista, se consideramos aquilo que se anima, passando de um ao outro no amor, em trágicos espetáculos, em movimentos de fervor. Assim, não somos nada, nem tu nem eu, perto das palavras ardentes que poderiam ir de mim para ti, impressas numa folha: pois eu não terei vivido senão para escrevê-las, e, se é verdade que elas se endereçam a ti, viverás por ter tido a força de escutá-las. (Da mesma forma, o que significam os dois amantes, Tristão, Isolda, considerados sem seu amor, numa solidão que os abandonaria a alguma ocupação vulgar? dois seres pálidos, privados de maravilhoso, nada conta além do amor que os dilacera juntos.)

Eu não sou e tu não és, nos vastos fluxos das coisas, mais do que um ponto de parada favorável à rebentação. Não tardes a tomar uma exata consciência dessa posição angustiante: se te acontecesse de te apegares a metas encerradas nesses limites onde ninguém está em jogo além de ti mesmo, tua vida seria aquela da maioria, ela seria "privada de maravilhoso". Um curto momento de parada: o complexo, o suave, o violento movimento dos mundos fará para si de tua morte uma espuma esguichante. As glórias, a maravilha de tua vida se devem a essa rebentação da onda que se formava em ti no imenso barulho de catarata do céu.

As frágeis paredes de teu isolamento, onde se compunham as múltiplas paradas, os obstáculos da consciência, só terão servido para refletir por um instante o brilho desses universos no seio dos quais nunca cessaste de estar perdido.

Se não houvesse mais do que esses universos moventes, e estes nunca encontrassem remoinhos que captassem as correntes rápidas demais de uma consciência indistinta, quando ela liga não sabemos que brilhante interior, infinitamente vago, aos mais cegos movimentos da natureza, por falta de obstáculos, esses movimentos seriam menos vertiginosos. A ordem estabilizada das aparências isoladas é necessária à consciência angustiada das cheias torrenciais que a arrastam. Mas se é tomada pelo que parece, se encerra num apego medroso, essa ordem não passa da ocasião de um erro risível, mais uma existência definhada marcando um ponto morto, um absurdo apertinho, esquecido, por pouco tempo, em meio ao bacanal celeste.

De um extremo a outro dessa vida humana, que é nosso quinhão, a consciência do pouco de estabilidade, e mesmo da profunda falta de qualquer verdadeira estabilidade, libera os encantamentos do riso. Como se bruscamente essa vida passasse de uma solidez vazia e triste ao feliz contágio do calor e da luz, aos livres tumultos que as águas e os ares comunicam entre si: os estouros e os recrudescimentos do riso sucedem à primeira abertura, à permeabilidade de aurora do sorriso. Se um conjunto de pessoas ri de uma frase absurda ou de um gesto distraído, passa por elas uma corrente de intensa comunicação. Cada existência isolada sai de si mesma graças à imagem que revela o erro do isolamento estanque. Ela sai de si mesma numa espécie de estouro fácil, ela se abre ao mesmo tempo ao contágio de uma onda que se repercute, pois aqueles que riem se tornam juntos como as ondas do mar, não existem mais divisórias entre eles enquanto dura o riso, não estão mais separados do que duas ondas, sua unidade fica tão indefinida, tão precária quanto a da agitação das águas.

O riso comum supõe a ausência de uma verdadeira angústia e, no entanto, não tem outra fonte senão a angústia. Aquilo que o engendra justifica teu medo. Não se pode conceber que, caído, não sabes de onde, nessa imensidão desconhecida, abandonado à enigmática solidão, condenado, para terminar, a soçobrar no sofrimento, não sejas tomado de angústia. Mas do isolamento em que envelheces no seio de universos votados a tua perda tens a possibilidade de extrair essa consciência vertiginosa do que tem lugar, consciência, vertigem, às quais só chegas enlaçado por essa angústia. Não poderias te tornar o espelho de uma realidade dilacerante se não tivesses de *te quebrar*...

Na medida em que opões um obstáculo a forças transbordantes, estás fadado à dor, reduzido à inquietude. Mas ainda podes perceber o sentido dessa angústia em ti: de que maneira o obstáculo que és deve se negar a si mesmo e se querer destruído, pelo fato de ser parte das forças que o quebram. Isso só é possível sob esta condição: que teu dilaceramento não impeça tua reflexão de ter lugar, o que exige que um *deslizamento* se produza (que o dilaceramento seja apenas refletido e deixe por algum tempo o espelho intacto). O riso comum, supondo a angústia afastada, quando atinge ao mesmo tempo recrudescimentos, é, decerto, dessa trapaça, a forma principal: não é a quem ri que o riso fere, mas a um de seus *semelhantes* – ainda assim sem excesso de crueldade.

As forças que trabalham para nos destruir encontram em nós cumplicidades tão felizes – e, às vezes, tão violentas – que não podemos nos desviar delas simplesmente como nos dita o interesse. Somos levados a ceder a "parte do fogo". Raramente homens são capazes de se dar a morte – e não como o desesperado, mas como o hindu, jogando-se regiamente debaixo de um carro de festa. Mas sem chegar ao ponto de nos entregar, podemos entregar, de nós mesmos, uma parte: sacrificamos bens que nos pertencem ou – aquilo que nos prende por tantos laços, de que nos distinguimos tão mal: nosso semelhante. Certamente, esta palavra, "sacrifício", significa isto: que homens, por obra de sua vontade, fazem entrar alguns bens numa região perigosa, onde grassam forças destruidoras. Assim, *sacrificamos* aquele de que rimos, abandonando-o sem nenhuma angústia a uma degradação que nos parece leve (o riso decerto não tem a gravidade do sacrifício).

Só podemos descobrir *em outrem* como dispõe de nós a exuberância leviana das coisas. Mal percebemos a vaidade de nossa oposição e já somos arrebatados pelo movimento; basta que cessemos de nos opor e comunicamos com o mundo ilimitado dos que riem. Mas comunicamos sem angústia, cheios de alegria, sem imaginar que estamos abrindo o flanco ao movimento que, no entanto, disporá de nós, algum dia, com um rigor definitivo.

Sem dúvida alguma, aquele que ri é ele próprio risível e, no sentido profundo, mais do que sua vítima, mas pouco importa que um pequeno erro – um deslize – derrame a alegria no reino do riso. Aquilo que retira os homens de seu isolamento vazio e os mistura aos movimentos ilimitados – fazendo com que comuniquem entre si, precipitados com estrépito uns sobre os outros, como as ondas – só poderia ser a morte se o horror desse eu que se fechou sobre si mesmo fosse levado a consequências lógicas. A consciência de uma realidade exterior – tumultuosa e dilacerante – que nasce nas redobras da consciência de si – exige do homem que perceba a vaidade dessas redobras – "sabê-las", num pressentimento, já destruídas –, *mas exige também que elas durem*. A espuma que ela é na crista da onda exige esse deslizamento incessante: a consciência da morte (e das liberações que ela traz à imensidão dos seres) não se formaria se não nos aproximássemos da morte, mas cessa assim que a morte realiza sua obra. E é por isso que essa agonia, como que estanque, de tudo aquilo que é, que a existência humana no seio dos céus é – supõe a multidão espectadora daqueles que sobrevivem um pouco (a multidão sobrevivente amplifica a agonia, reflete-a nas facetas infinitas de consciências múltiplas, onde a lentidão estanque coexiste com uma rapidez de bacanal, onde o raio e a queda dos mortos são contemplados): é preciso ao sacrifício não apenas vítimas, mas também sacrificantes; o riso não exige apenas os personagens risíveis que somos, ele exige também a multidão inconsequente dos que riem...[8]

[*Escrevi (de abril a maio) bem mais coisa, mas sem nada acrescentar que me importe. Esgotava-me em vão* desenvolvendo.

Quando expressei o princípio do deslizamento – *como uma lei que preside à* comunicação – *acreditei ter atingido o fundo (fiquei surpreso, ao dar esse texto para as pessoas lerem, que ninguém tenha visto nele, como eu, a assinatura do criminoso, a tardia, e no entanto decisiva explicação do crime... É preciso dizer, não aconteceu nada disso).*

Imagino hoje não ter me enganado. Finalmente estava dando conta da comédia – *que a tragédia é – e reciprocamente. Afirmava ao mesmo tempo: que a existência é* comunicação – *que toda e qualquer representação da vida, do ser e, em geral, de "alguma coisa" deve ser revista a partir daí.*
Os crimes – e, por conseguinte, os enigmas – de que dava conta estavam claramente definidos. Eram o riso e o sacrifício (no que se seguia, que achei melhor não conservar, abordei o sacrifício, a comédia que quer que um só morra no lugar de todos os outros, e estava me preparando para demonstrar que a via da comunicação *(laço profundo dos povos) está na angústia (a angústia, o sacrifício unem os povos de todos os tempos)).*

O recurso aos dados científicos (a moda talvez – o atual, o perecível – em matéria de saber) me parece de importância secundária, estando dado o fundamento, a experiência extática de que partia.][9]

QUARTA PARTE
Postscriptum ao suplício
(ou a nova teologia mística)

A vida vai se perder na morte, os rios no mar e o conhecido no desconhecido. O conhecimento é o acesso ao desconhecido. O não-sentido é a culminação de cada sentido possível.

É uma tolice esgotante que lá onde, visivelmente, todos os meios faltam pretenda-se no entanto saber, em vez de conhecer sua ignorância, reconhecer o desconhecido; porém, mais triste é a fraqueza daqueles que, não tendo mais meios, confessam que não sabem, mas se acomodam bestamente naquilo que sabem. De qualquer modo, que um homem não viva com o pensamento incessante do desconhecido faz duvidar tanto mais da inteligência na medida em que ele é ávido, mas cegamente, de encontrar nas coisas a parte que o obriga a amar ou o sacode com um riso inextinguível, a parte do desconhecido. No entanto, o mesmo acontece com a luz: dela, os olhos têm apenas os reflexos.

"A noite logo lhe pareceu mais escura, mais terrível do que qualquer outra noite, como se tivesse realmente saído de uma ferida do pensamento que não se pensava mais, do pensamento tomado ironicamente como objeto por outra coisa que não o pensamento. Era A noite. Imagens que faziam sua escuridão o inundavam, e o corpo, transformado num espírito demoníaco, tentava representá-las. Não via nada e, longe de ficar abatido, fazia de sua ausência

de visões o ponto culminante de seu olhar. Seu olho, inútil para ver, adquiria proporções extraordinárias, desenvolvia-se de uma maneira desmesurada e, estendendo-se sobre o horizonte, deixava a noite penetrar em seu centro e criar uma íris para si. Por esse vazio, portanto, o olhar e o objeto do olhar se misturavam. Não apenas esse olho que não via nada apreendia a causa de sua visão. Ele via como um objeto, o que fazia com que não visse. Nele, seu próprio olhar entrava sob a forma de uma imagem no momento trágico em que esse olhar era considerado como a morte de toda imagem."

Maurice Blanchot, *Thomas, o obscuro*.

"A filosofia nunca parecera mais frágil, mais preciosa e mais apaixonante do que naquele instante em que um bocejo fazia desvanecer na boca de Bergson a existência de Deus."

Maurice Blanchot, *Thomas, o obscuro*.

Afora as notas deste volume, só conheço *Thomas, o obscuro* onde se façam instantes, ainda que ali permaneçam ocultas, as questões da nova teologia (que só tem o desconhecido por objeto). De modo totalmente independente de seu livro, oralmente, de maneira, contudo, que em nada tenha faltado ao sentimento de discrição que quer que ao seu lado eu tenha sede de silêncio, ouvi o autor postular o fundamento de toda vida "espiritual", que não pode:

– senão ter seu princípio e seu fim na ausência de salvação, na renúncia a toda esperança;

– senão afirmar da experiência interior que ela é a autoridade (mas toda autoridade se expia);

– senão ser contestação de si mesma e não-saber.

I
Deus

Deus se saboreia, diz Eckhart. É possível, mas aquilo que ele saboreia é, parece-me, o ódio que tem de si mesmo, ao qual nenhum, aqui embaixo, pode ser comparado (poderia dizer: esse ódio é o tempo, mas isso me aborrece. Por que diria o tempo? sinto esse ódio quando choro; não analiso nada). Se Deus faltasse um só instante a esse ódio, o mundo se tornaria lógico, inteligível, os tolos o explicariam (se Deus não se odiasse, ele seria o que acreditam os tolos deprimidos: prostrado, imbecil, lógico). Aquilo que, no fundo, priva o homem de toda e qualquer possibilidade de falar de Deus é que, no pensamento humano, Deus se torna necessariamente conforme ao homem, na medida em que o homem está cansado, faminto de sono e de paz. No fato de dizer: "[...] todas as coisas [...] o reconhecem como sua causa, seu princípio e seu fim [...]" há isto: um homem não aguenta mais SER, pede arrego, joga-se, extenuado, na degradação, assim como, não podendo mais, vamos dormir.

Deus não encontra repouso em nada e não se sacia com nada. Cada existência está ameaçada, já está no Nada de Sua insaciabilidade. E assim como não pode se apaziguar, Deus não pode *saber* (o saber é repouso). Ele ignora como tem sede. E, como *ignora*, ignora a Si mesmo. Se Ele se revelasse a Si mesmo, precisaria se reconhecer como Deus, mas Ele não pode nem por um instante Se conceder isso. Ele só tem conhecimento de Seu Nada, e é por isso que é ateu, profundamente: Ele cessaria imediatamente de ser Deus (não haveria mais no lugar de Sua pavorosa ausência que uma presença imbecil, abestalhada, se Ele se visse como tal).

Espectro em lágrimas	*Spectre en larmes*
ô Deus morto	*ô Dieu mort*
olho cavo	*œil cave*
bigode úmido	*moustache humide*
dente único	*dent unique*
ô Deus morto	*ô Dieu mort*
ô Deus morto	*ô Dieu mort*
Eu	*Moi*
te perseguia	*je te poursuivais*
com ódio	*de haine*
insondável	*insondable*
e morria de ódio	*et je mourais de haine*
como uma nuvem	*comme un nuage*
se desfaz.	*se défait.*

À proliferação de pensamentos que se desencadeiam – ávidos de possibilidades longínquas –, foi vão opor um desejo de repouso. Nada se detém, senão por um tempo. Pedro quis, no monte Tabor, instalar tendas, a fim de ciumentamente abrigar a luz divina. No entanto, sedento de paz radiante, seus passos já o conduziam ao Gólgota (ao vento sombrio, ao esgotamento do *lamá sabactâni*).

No abismo das possibilidades, seguindo lançada sempre mais longe, precipitada para um ponto onde o possível é o próprio impossível, extática, ofegante, assim a *experiência* abre um pouco mais a cada vez o horizonte de Deus (a ferida), alarga um pouco mais os limites do coração, os limites do ser, destrói, ao desvelá-lo, o fundo do coração, o fundo do ser.

Santa Ângela de Foligno diz: "Certa vez, minha alma foi elevada, e eu via Deus numa claridade e numa plenitude que jamais conhecera àquele ponto, de maneira tão plena. E não via ali nenhum amor. Perdi então aquele amor que levava em mim; fui feita o não-amor. E a seguir, depois disso, vi-o numa treva, pois ele é um bem tão grande que não pode ser pensado ou compreendido. E nada do que pode ser pensado ou compreendido o alcança ou se aproxima dele" (*Livre de l'expérience* I, 105). Um pouco mais adiante: "Quando vejo Deus assim na treva, não tenho riso nos lábios, não tenho nem devoção, nem fervor, nem amor fervente. O corpo ou a alma não têm estremecimento, e a alma permanece estanque em vez de ser levada por seu movimento ordinário. A alma vê um Nada e vê todas as coisas (*nihil videt et omnia videt*), o corpo está adormecido, a língua, cortada. E todas as amizades que Deus me deu, numerosas e indizíveis, e todas as palavras que me disse... estão, percebo-o, tão abaixo desse bem encontrado numa treva tão grande que não coloco minha esperança nelas, que minha esperança não repousa nelas" (*Livre de l'expérience* I, 106).

É difícil dizer em que medida a crença é um obstáculo para a experiência, em que medida a intensidade da experiência derruba esse obstáculo. A santa agonizante teve um grito estranho: "Ó Nada desconhecido!" (*o nihil incognitum!*) que ela teria repetido várias vezes. Não sei se estou errado em ver nisso uma escapada da febre para além dos limites divinos. O relato da morte lhe associa o conhecimento que temos de nosso próprio Nada... Mas a doente, concluindo seu pensamento, deu desse grito a única explicação profunda: "Mais ainda do que na vaidade deste mundo, existe uma ilusão na vaidade das coisas espirituais, como quando se fala de Deus, fazem-se grandes penitências, penetram-se as Escrituras e tem-se o coração absorto nas coisas espirituais" (*Livre de l'expérience*, III parte, VIII). Ela se expressou assim, depois repetiu seu grito duas vezes: "Ó Nada desconhecido!". Inclino-me a acreditar que a vaidade do que não é o "desconhecido" abrindo-se diante do êxtase aparecia para a moribunda, que só pôde traduzir o que sentia através de gritos. As notas tomadas na cabeceira atenuam talvez as palavras (tenho lá minhas dúvidas).

Às vezes, a experiência ardente faz pouco caso dos limites recebidos de fora. Falando de um estado de alegria intensa, Ângela de Foligno se diz angélica e amar até os demônios (*Livre de l'expérience*, 76).

A santa teve de início a vida de uma mulher cercada de um luxo frívolo. Viveu maritalmente, teve vários filhos e não ignorou o ardor da carne. Em 1285, aos 37 anos, mudou de vida, votando-se pouco a pouco à pobreza miserável. "No aspecto da cruz", diz ela de sua conversão, "foi-me dado um conhecimento maior: vi como o Filho de Deus morreu por nossos pecados com a maior dor. Senti que eu o tinha crucificado... Nesse conhecimento da cruz, um fogo tamanho me queimou que, de pé diante da cruz, pus-me nua e me ofereci inteira a ele. E, apesar de meu medo, prometi-lhe observar uma castidade perpétua" (*Livre de l'expérience* I, 11). Diz ainda, no mesmo relato: "Aconteceu-me então, segundo a vontade de Deus, que minha mãe morreu, que era para mim um grande obstáculo, em seguida meu marido morreu, e todos os meus filhos o seguiram em pouco tempo. Eu avançara na via de que falei e pedira a Deus para que eles morressem, assim, sua morte foi para mim uma grande consolação" (*Livre de l'expérience* I, 12). E mais adiante: "Havia em meu coração tamanho fogo de amor divino que eu não me cansava nem das genuflexões nem de nenhuma penitência. Esse fogo se tornou tão ardente que, se ouvia falar de Deus, gritava. Se alguém tivesse erguido um machado sobre mim para me matar, eu não teria podido me conter" (*Livre de l'expérience* I, 21).[10]

II
Descartes

Numa carta de maio de 1637, Descartes escreve a respeito da quarta parte do *Discurso* – em que afirma, a partir do *Cogito*, a certeza de Deus: "Detendo-se bastante tempo nessa meditação, adquire-se pouco a pouco um conhecimento muito claro, e, se ouso falar assim, intuitivo, da natureza intelectual em geral, cuja ideia, sendo considerada sem limitação, é a que Deus representa para nós e, limitada, a de um anjo ou de uma alma humana". Ora, esse movimento do pensamento é mais simples e muito mais necessário ao homem do que aquele de que Descartes extraiu, no *Discurso*, a certeza divina (que se reduz ao argumento de Santo Anselmo: o ser perfeito não pode deixar de ter por atributo a existência). E esse movimento vital é essencialmente o que morre em mim.

A intuição de Descartes funda o conhecimento discursivo. E, decerto, o conhecimento discursivo uma vez estabelecido, a "ciência universal", cujo *projeto* Descartes formulou, e que ocupa hoje tanto espaço, pode ignorar a intuição que se encontra no início (prescinde dela, querendo, se possível, evitar ser mais do que é). Mas o que quer dizer esse conhecimento de que nos envaidecemos tanto quando seu fundamento se solta? Descartes atribuíra por fim à filosofia: "um conhecimento claro e seguro daquilo que é útil à vida", mas, para ele, esse fim não podia estar separado do fundamento. A questão introduzida assim tange ao *valor* do conhecimento racional. Se é estranha à intuição inicial, é o sinal e o feito do homem que age. Mas e do ponto de vista da inteligibilidade do ser? ela não tem mais sentido.

É fácil para cada um de nós perceber que essa ciência, de que nos orgulhamos, mesmo completada com respostas a todas as questões que ela pode regularmente formular, acabaria nos abandonando ao não-saber; que a existência do mundo não pode, de modo algum, deixar de ser ininteligível. Nenhuma explicação das ciências (nem, mais geralmente, do conhecimento discursivo) poderia remediar isso. Decerto, as facilidades que nos foram dadas de compreender por todos os lados isto ou aquilo, de trazer soluções numerosas a problemas variados, deixam-nos a impressão de ter desenvolvido em nós a faculdade de compreender. Mas esse espírito de contestação, que foi o gênio atormentador de Descartes, se ele nos anima por nossa vez, não se detém mais em objetos secundários: trata-se menos, de agora em diante, do bem ou malfundado das proposições tidas por verdadeiras do que de decidir se, uma vez estabelecidas as proposições mais bem entendidas, a necessidade infinita de saber implicada na intuição inicial de Descartes poderia ser satisfeita. Em outros termos, o espírito de contestação chega agora a formular a afirmação última: "*Só sei uma coisa: que um homem nunca saberá nada*".

Se eu tivesse um "conhecimento muito claro" de Deus (dessa "natureza intelectual considerada sem limitação"), o saber imediatamente me pareceria saber, mas somente a esse preço. Esse conhecimento claro da existência de um saber infinito, mesmo que eu só dispusesse dele em parte, por certo me daria a segurança que me falta. No entanto, percebo que essa segurança foi em Descartes conhecimento necessário ao *projeto* (o primeiro título do *Discurso* era *Projeto de uma ciência universal...* fórmula em que o sistema e a ação do autor se resumem). Sem a atividade ligada ao *projeto*, Descartes não teria podido manter uma segurança profunda, que se perde assim que não estamos mais sob o feitiço do *projeto*. Na medida em que se realiza o *projeto*, distingo claramente os objetos diversos uns dos outros, mas, uma vez adquiridos, os resultados não interessam mais. E, não estando mais distraído por nada, não posso remeter a Deus o anseio de saber infinitamente.

Descartes imaginou o homem tendo um conhecimento de Deus prévio ao que tem de si mesmo (um conhecimento do infinito anterior ao do finito). Todavia, ele próprio estava tão ocupado que não pôde imaginar a existência divina – para ele, a mais imediatamente cognoscível – em seu estado de total inoperância. No estado de inoperância, essa espécie de inteligência discursiva que se liga em nós à atividade (como o diz, com rara felicidade, Claude Bernard, ao "prazer de ignorar" – que obriga a buscar) não é mais que a colher de pedreiro, inútil uma vez terminado o palácio. Por mais que esteja mal posicionado para isso, gostaria de fazer notar que, em Deus, *o saber verdadeiro só pode ter por objeto o próprio Deus*. Ora, esse objeto, qualquer que seja o acesso que Descartes tenha imaginado, permanece ininteligível para nós.

Mas, do fato de que a natureza divina conhecendo-se a si mesma em sua profundidade íntima escapa ao entendimento do homem, não decorre que ela escape ao de Deus.

O que fica claro no ponto aonde chego é que os homens introduzem aí uma confusão graças à qual o pensamento escorrega sem ruído do plano discursivo ao não discursivo. Deus, decerto, pode conhecer a si próprio, mas não de acordo com o modo de pensamento discursivo que nos é próprio. A "natureza intelectual sem limitação" encontra aqui sua limitação última. Posso, a partir do homem, figurar – antropomorficamente – a extensão sem limite de meu poder de compreender, mas não posso passar daí ao conhecimento que Deus deve ter de si mesmo (deve, pela boa razão de que ele é perfeito). Fica evidente assim que Deus, devendo conhecer a si mesmo, não é mais "natureza intelectual" no sentido em que podemos entender isso. Mesmo "sem limitação", o entendimento não pode ultrapassar a modalidade (discursiva) sem a qual ele não seria o que é.

Não podemos falar do conhecimento que Deus tem de si mesmo senão por meio de negações – negações sufocantes – imagens de língua cortada. Ora, enganamos assim a nós mesmos, passamos de um plano a outro: sufocação, silêncio derivam da experiência e não do discurso.

Não sei se Deus é ou não é, mas, supondo que ele seja, se lhe atribuo o conhecimento exaustivo de si mesmo e ligo a esse conhecimento os sentimentos de satisfação e de aprovação que se somam em nós à faculdade de compreender, um sentimento novo de insatisfação essencial se apodera de mim.

Se é necessário para nós em algum momento de nossa miséria postular Deus, seria sucumbir por uma fuga bem vã submeter o incognoscível à necessidade de ser conhecido. É dar à ideia de perfeição (a que se agarra a miséria) a primazia sobre toda dificuldade representável e, mais ainda, sobre tudo aquilo que é, de modo que, fatalmente, cada coisa profunda escorrega do estado impossível em que a experiência a percebe para facilidades que tiram sua profundidade daquilo que têm por fim suprimir.

Deus é em nós, primeiro, o movimento de espírito que consiste – depois de ter passado do conhecimento finito para o infinito – em passar como que por uma extensão dos limites a um modo de conhecimento diferente, não discursivo, de tal maneira que a ilusão nasça de uma satisfação encontrada num além de nós da sede de conhecer existente em nós.

III
Hegel

Conhecer quer dizer: referir ao conhecido, perceber que uma coisa desconhecida é a mesma que outra já conhecida. O que supõe seja um chão firme onde tudo repousa (Descartes), seja a circularidade do saber (Hegel). No primeiro caso, se o chão se furta...; no segundo, mesmo assegurados de ter um círculo bem fechado, percebemos o caráter insatisfatório do saber. A cadeia sem fim das coisas conhecidas não é para o conhecimento mais do que o completamento de si mesmo. A satisfação provém do fato de que um projeto de saber, que existia, foi levado a cabo, consumado, que nada mais resta a descobrir (ao menos de importante). Mas esse pensamento circular é dialético. Ele acarreta a contradição final (que afeta o círculo inteiro): *o saber absoluto, circular, é não-saber definitivo*. Supondo-se, de fato, que eu chegue a ele, sei que não saberia agora nada a mais do que sei.

Se "imito" o saber absoluto, eis-me aqui por necessidade eu próprio Deus (no sistema, não pode, nem mesmo em Deus, haver conhecimento que vá além do saber absoluto). O pensamento desse eu mesmo – do *ipse* – só pode se fazer absoluto tornando-se tudo. A *Fenomenologia do espírito* combina dois movimentos essenciais que completam um círculo: é completamento gradativo da consciência de si (do *ipse* humano) e devir tudo (devir Deus) desse *ipse* que completa o saber (e assim destrói sua própria particularidade, completando, portanto, a negação de si mesmo, tornando-se o saber absoluto). Mas se, dessa maneira, como que por contágio e por imitação, realizo em mim o movimento circular de Hegel, defino, para além dos limites atingidos, não mais um desconhecido e sim um incognoscível. Incognoscível não por causa da insuficiência da razão, mas por sua natureza (e mesmo, para Hegel, só poderíamos nos preocupar com esse além na falta do saber absoluto...). Supondo-se assim que eu seja Deus, que eu esteja no mundo tendo a segurança de Hegel (suprimindo a sombra e a dúvida), sabendo tudo e até mesmo por que o conhecimento completo exigia que o homem, as particularidades inumeráveis dos *eus* e a história se produzissem, nesse exato momento se formula a pergunta que faz entrar a existência humana, divina... mais fundo na obscuridade sem retorno; por que é preciso que haja *aquilo que sei*? Por que isso é uma necessidade? Nessa pergunta se esconde – ele não aparece logo de cara – um extremo dilaceramento, tão profundo que só o silêncio do êxtase responde a ele.

Essa pergunta é distinta da de Heidegger (por que há ser e não nada?) na medida em que só é feita depois de todas as respostas concebíveis, aberrantes ou não, às sucessivas perguntas formuladas pelo entendimento: assim, ela atinge o coração do saber.

Falta de orgulho evidente na obstinação em querer conhecer discursivamente até o fim. Parece, todavia, que a Hegel só faltou orgulho (que ele só foi doméstico) aparentemente.* Ele teve, decerto, um tom irritante de quem dá sua bênção, mas, num retrato dele idoso, imagino ler o esgotamento, o horror de estar no fundo das coisas – de ser Deus. Hegel, no momento em que o sistema se fechou, acreditou

---

* Ninguém estendeu tanto quanto ele em profundidade as possibilidades da inteligência (nenhuma doutrina é comparável à sua, ela é o ápice da inteligência positiva). Kierkegaard o criticou de maneira superficial, pois: 1° conheceu-o imperfeitamente; 2° só opõe o sistema ao mundo da revelação positiva, não ao do não-saber do homem. Nietzsche só conheceu de Hegel uma vulgarização básica. A *Genealogia da moral* é a prova singular da ignorância em que permaneceu e permanece a dialética do senhor e do escravo, cuja lucidez é assustadora (é o momento decisivo na história da consciência de *si* e, é preciso dizer, na medida em que devemos distinguir cada coisa que nos toca uma da outra – ninguém sabe nada de si se não tiver compreendido esse movimento que determina e limita as possibilidades sucessivas do homem). A passagem da *Fenomenologia do espírito* (IV, A) sobre o senhor e o escravo foi traduzida e comentada por A. Kojève no número da revista *Mesures* de 15 de janeiro de 1939 sob o título: "Autonomie et dépendance de la conscience de soi" [Autonomia e dependência da consciência de si]. (Reproduzido em: KOJÈVE, Alexandre. *Introduction à la lecture de Hegel*. Paris: Gallimard, 1947. p. 11-34. [Edição brasileira: *Introdução à leitura de Hegel*. Tradução Estela dos Santos Abreu. Rio de Janeiro: Contraponto; Eduerj, 2002.])

por dois anos ficar louco: talvez tenha tido medo por ter aceitado o mal – que o sistema justifica e torna necessário; ou, talvez, por ligar a certeza de ter atingido o saber absoluto ao completamento da história – à passagem da existência ao estado de vazia monotonia –, ele se viu, num sentido profundo, tornar-se morto; talvez mesmo essas tristezas diversas se combinassem nele no horror mais profundo de ser Deus. Parece-me, contudo, que Hegel, sentindo repugnância pela via extática (pela única resolução direta da angústia), *teve* de se refugiar numa tentativa, por vezes eficaz (quando ele escrevia ou falava), mas, no fundo, vã, de equilíbrio e acordo com o mundo existente, ativo, oficial.

Como qualquer outra, bem entendido, minha existência vai do desconhecido ao conhecido (reporta o desconhecido ao conhecido). Nenhuma dificuldade; acredito poder, tanto quanto qualquer pessoa, entregar-me a operações de conhecimento. Isso me é necessário – tanto quanto a outros. Minha existência é composta de atos, de movimentos que ela dirige aos pontos que convêm. O conhecimento está em mim, e isso transparece em cada afirmação deste livro, ligado a esses atos, a esses movimentos (estes últimos estão eles próprios ligados a meus temores, a meus desejos, a minhas alegrias). O conhecimento em nada é distinto de mim; *eu o sou*, ele é a existência que sou. Mas essa existência não é redutível a ele: essa redução exigiria que o conhecido fosse o fim da existência, e não a existência o fim do conhecido.

Há no entendimento um ponto cego: que recorda a estrutura do olho. No entendimento, como no olho, é muito difícil discerni-lo. Mas ao passo que o ponto cego do olho não tem maiores consequências, a natureza do entendimento quer que o ponto cego tenha nele mais sentido do que o próprio entendimento. Na medida em que o entendimento é auxiliar da ação, o ponto é nele tão negligenciável quanto no olho. Mas na medida em que se considera no entendimento o próprio homem, quero dizer, uma exploração do possível do ser, o ponto absorve a atenção: não é mais o ponto que se perde no conhecimento, e sim o conhecimento que se perde nele. A existência, dessa maneira, fecha o círculo, mas não pôde fazê-lo sem incluir a noite de que só sai para nela entrar de novo. Como ela ia do desconhecido ao conhecido, é-lhe preciso inverter-se no ápice e voltar ao desconhecido.

A ação introduz o conhecido (o fabricado); a seguir, o entendimento, que está ligado a ela, reporta, um a um, os elementos não fabricados, desconhecidos, ao conhecido. Mas o desejo, a poesia, o riso fazem incessantemente a vida escorregar no sentido contrário, indo do conhecido ao desconhecido. A existência no final discerne o ponto cego do entendimento e se absorve imediata e inteiramente nele. Só poderia ser de outra forma se uma possibilidade de repouso se oferecesse num ponto qualquer. Mas qual o quê: só o que resta é a agitação circular – que não se esgota no êxtase e recomeça a partir dele.

Última possibilidade. Que o não saber seja ainda saber. Eu exploraria a noite! Mas não, é a noite que me explora... A morte apazigua a sede de não-saber. Mas a ausência não é o repouso. Ausência e morte estão em mim sem réplica e me absorvem cruelmente, com certeza.

Mesmo no interior do círculo completo (incessante), o não-saber é fim, e o saber, meio. Na medida em que toma a si mesmo por fim, ele afunda no ponto cego. Mas a poesia, o riso, o êxtase não são os meios de outra coisa. No "sistema", poesia, riso, êxtase não são nada, Hegel se livra deles às pressas: o único fim que conhece é o saber. Sua imensa fadiga se liga, a meus olhos, ao horror pelo ponto cego.

O completamento do círculo era para Hegel o completamento do homem. O homem completo era para ele necessariamente "trabalho": ele podia sê-lo, ele, Hegel, sendo "saber". Pois o saber "trabalha", o que não fazem nem a poesia, nem o riso, nem o êxtase. Mas poesia, riso, êxtase não são o homem completo, não dão "satisfação". Por não morrermos deles, deixamo-los como um ladrão (ou como se deixa uma puta após o amor), abestalhados, rejeitados bestamente na ausência de morte: no conhecimento distinto, na atividade, no trabalho.

IV
O êxtase

Relato de uma experiência em parte falha

No momento em que o dia declina, em que o silêncio invade um céu cada vez mais puro, eu me encontrava só, sentado numa estreita varanda branca, nada vendo de onde estava além do telhado de uma casa, a copa de uma árvore e o céu. Antes de levantar para ir dormir, senti a que ponto a doçura das coisas me penetrara. Acabava de ter o desejo de um movimento de espírito violento e, nesse sentido, percebi que o estado de felicidade em que caíra não diferia inteiramente dos estados "místicos". Pelo menos, como passara bruscamente da desatenção à surpresa, senti esse estado com mais intensidade do que de costume e como se outra pessoa e não eu o experimentasse. Não podia negar que, salvo pela atenção, que só lhe faltou de início, aquela felicidade banal fosse uma experiência interior autêntica, distinta evidentemente do projeto, do discurso. Sem dar a essas palavras mais do que um valor de evocação, pensei que a "doçura do céu" se comunicava a mim, e eu podia sentir precisamente o estado que respondia a ela em mim mesmo. Eu a sentia presente dentro da cabeça como um jorro vaporoso, sutilmente apreensível, mas que participava da doçura do fora, colocando-me em posse dela, fazendo-me gozar dela.

Recordei ter conhecido uma felicidade de mesma ordem com muita nitidez num carro, um dia em que chovia e as fileiras de arbustos e as árvores, mal cobertas de uma folhagem tênue, saíam da bruma primaveril e vinham lentamente em minha direção. Apossava-me de cada árvore molhada e só a deixava tristemente por outra. Naquele momento, pensei que aquele gozo sonhador não cessaria de me pertencer e que viveria dali em diante munido do poder de gozar melancolicamente das coisas e de aspirar suas delícias. Tenho de convir hoje que esses estados de comunicação só me foram raramente acessíveis.

Estava longe de saber aquilo que vejo claramente hoje, que a angústia está ligada a eles. Não pude compreender isso naquele momento, em que uma viagem de que esperava muito só tinha me trazido mal-estar, em que tudo tinha sido hostil a mim, seres e coisas, mas sobretudo os homens, dos quais tive de ver, em vilarejos remotos, a vida vazia, a ponto de diminuir quem a percebe, ao mesmo tempo que uma realidade segura de si e malfazeja. Foi por escapar um instante, graças a uma solidão precária, de tanta pobreza, que percebi a ternura das árvores molhadas, a dilacerante estranheza de sua passagem: recordo que, no fundo do carro, eu me abandonara, estava ausente, gentilmente alegre, estava doce, absorvia docemente as coisas.

Lembro-me de ter feito a aproximação entre meu gozo e aqueles descritos nos primeiros volumes de *Em busca do tempo perdido*. Mas não tinha então de Marcel Proust senão uma ideia incompleta, superficial (*O tempo redescoberto* ainda não fora publicado[11]), e, jovem, sonhava apenas com ingênuas possibilidades de triunfo.

No momento de sair da varanda e ir para meu quarto, comecei em mim mesmo a contestar o valor único que atribuía então ao êxtase diante do desconhecido vazio. O estado em que acabava de entrar sem pensar nele, devia desprezá-lo? mas por quê? de onde tirava o direito de classificar, de situar tal outro êxtase acima de possibilidades um pouco diferentes, menos estranhas porém mais humanas e, parecia-me, tão profundas quanto?

Mas, ao passo que o êxtase diante do vazio é sempre fugidio, furtivo, e pouco se preocupa em "perseverar no ser", a felicidade em que estava só queria durar. Devia, por isso, ter ficado de sobreaviso: deliciei-me, pelo contrário, e, na tranquilidade de meu quarto, exerci-me em percorrer sua profundidade possível. O jorro de que falei logo se tornou mais intenso: eu me fundia numa felicidade mais grave em que captava, envolvendo-a, uma doçura difusa. Basta suscitar em si mesmo um estado intenso para ser liberado da importunidade agitadora do discurso: a atenção passa então dos "projetos" para o ser que se é e que, pouco a pouco, coloca-se em movimento, desprende-se da sombra; ela passa dos efeitos exteriores, possíveis ou reais (da ação projetada, ou refletida, ou efetuada), a essa presença interior que não podemos apreender sem um sobressalto do ser inteiro, que detesta o servilismo do discurso.

Essa plenitude do movimento interior se liberando da atenção prestada normalmente aos objetos do discurso é necessária à cessação deste último. É por isso que o controle desse movimento, que os hindus se esforçam por obter no *yoga*, aumenta as poucas chances que temos de sair da prisão. Mas essa plenitude não é ela própria mais do que uma chance. É verdade que, nela, perco-me, chego ao "desconhecido" do ser, mas *minha* atenção sendo necessária à plenitude, esse eu atento à presença do "desconhecido" só se perde em parte e se distingue também de si mesmo: sua presença duradoura exige ainda uma contestação das aparências conhecidas do sujeito que permaneci e do objeto que ela ainda é. Pois *eu* duro: tudo escapa se não tiver podido me aniquilar, aquilo que entrevi é reconduzido ao plano dos objetos conhecidos por mim.

Se chego apenas à simples intensidade do movimento interior, é evidente que o discurso só é rejeitado por um tempo, que ele permanece, no fundo, o senhor. Posso me entorpecer numa felicidade rapidamente acessível. Quando muito: não sou abandonado da mesma maneira à potência arbitrária da ação, a cadência de projetos que o discurso é se desacelera; o valor da ação permanece em mim contestado em proveito de um possível diferente cuja direção vejo. Mas o espírito atento ao movimento interior não chega ao fundo incognoscível das coisas senão: – caindo no completo esquecimento de si; – não se satisfazendo com nada, indo sempre mais longe no impossível. Eu o sabia. Contudo, demorava-me naquele dia no movimento que uma felicidade casual fizera nascer em mim: era gozo prolongado, agradável posse de uma doçura um pouco insossa. Não esquecia de mim de modo algum daquele jeito, tentava captar o objeto fixado, envolver sua doçura em minha própria doçura. Ao termo de um tempo bem curto, recusei aquela redução da experiência à pobreza que sou. Mesmo o interesse de minha "pobreza" exigia de mim que saísse dali. A revolta tem muitas vezes começos humildes, mas uma vez iniciada não se detém: quis primeiro voltar de uma contemplação que reconduzia o objeto a mim mesmo (como acontece normalmente quando gozamos de uma paisagem) à visão daquele objeto em que me perco outras vezes, a que chamo desconhecido e que não se distingue do Nada por nada que o discurso possa enunciar.

Primeira digressão sobre o êxtase diante de um objeto: o ponto

Se descrevo a "experiência" que tive aquele dia é porque ela teve um caráter em parte falho: a amargura, os extravios humilhantes que encontrei nela, os esforços ofegantes a que fui reduzido "para sair daquela" iluminam melhor a região onde a experiência tem lugar do que movimentos de mais fôlego, que atingem seu fim sem erro.

Entretanto, remeto para mais adiante esse relato (que, por outras razões, extenua-me, tanto quanto me extenuou a experiência falha). Gostaria, se possível, de não deixar nada na sombra.

Se a beatitude entorpecida está ligada, como é de se esperar, à faculdade que o espírito se confere de provocar em si mesmo movimentos interiores, é tempo de sairmos dela, ainda que nos tornemos presa da desordem. A experiência seria apenas um engodo se não fosse revolta, em primeiro lugar, contra o apego do espírito à ação (ao projeto, ao discurso – contra a servidão verbal do ser racional, do doméstico), em segundo lugar, contra os apaziguamentos, as docilidades que a própria experiência introduz.

O "eu" encarna em mim a cachorrice dócil, não na medida em que ele é *ipse*, absurdo, incognoscível, e sim em função de um equívoco entre a particularidade desse *ipse* e a universalidade da razão. O "eu" é, na verdade, a expressão do universal, ele perde a selvageria do *ipse* para dar ao universal uma figura domesticada; em razão dessa posição equívoca e submissa, formamos uma representação do próprio universal à imagem daquele que o expressa, em oposição à selvageria, como um ser domesticado. O "eu" não é nem a desrazão do *ipse* nem a do todo, e isso demonstra a tolice que a ausência de selvageria é (a inteligência comum).

Na experiência cristã, a cólera revoltada oposta ao "eu" ainda é equívoca. Mas os termos do equívoco não são os mesmos que na atitude razoável. É muitas vezes o *ipse* selvagem (o senhor orgulhoso) que é humilhado, mas às vezes é o "eu" servil. E na humilhação do "eu" servil, o universal (Deus) é restituído ao orgulho. Daí a diferença entre uma teologia mística (negativa) e a positiva (mas, no fim das contas, a mística é subordinada, a atitude cristã é doméstica: na crença vulgar o próprio Deus é um perfeito doméstico).

O *ipse* e o todo se furtam ambos às pretensões da inteligência discursiva (que sujeita); só os meios-termos são assimiláveis. Mas em sua desrazão, o *ipse* orgulhoso, sem ter de se humilhar, pode, rejeitando os meios-termos para a sombra, atingir numa só e brusca renúncia de si mesmo (enquanto *ipse*) a desrazão do todo (nesse caso, o conhecimento ainda é mediação – entre eu e o mundo –, mas negativa: é a rejeição do conhecimento, a noite, o aniquilamento de qualquer meio-termo que constituem essa mediação negativa). Mas o todo, nesse caso, só é chamado todo provisoriamente; o *ipse*, ao se perder nele, vai em direção a ele como em direção a um oposto (um contrário), mas não deixa de ir do desconhecido ao desconhecido, e, decerto, ainda há conhecimento, no limite, na medida em que o *ipse* se distingue do todo, mas, na renúncia do *ipse* a si mesmo, há fusão: na fusão não subsistem nem o *ipse* nem o todo, é o aniquilamento de tudo aquilo que não é o "desconhecido" último, o abismo onde se soçobrou.

Assim entendida, a plena comunicação, que a experiência que tende ao "extremo" é, faz-se acessível na medida em que a existência se desnuda sucessivamente de seus meios-termos: daquilo que procede do discurso e, então, se o espírito entra numa interioridade não discursiva, de tudo aquilo que retorna ao discurso pelo fato de permitir um conhecimento distinto – em outros termos, de tudo aquilo que um "eu" equívoco pode transformar em objeto de "posse servil".

Nessas condições, também fica claro isto: o diálogo de pessoa a pessoa, da alma a Deus, é uma mistificação (de si mesmo) voluntária e provisória. A existência se comunica normalmente, sai de sua ipseidade ao encontro de semelhantes. Há comunicação, de um ser a outro (erótica) ou de um a vários outros (sagrada, cômica). Mas o *ipse*, ao encontrar, numa última manobra, em vez de um semelhante, seu contrário, tenta mesmo assim encontrar os termos das situações em que costumava comunicar, perder-se. Sua fraqueza quer que ele esteja disponível para um semelhante, mas não consiga dar o primeiro passo para o salto no impossível (pois o *ipse* e o todo são contrários, ao passo que o "eu" e Deus são semelhantes).

Para quem é estranho à experiência o que precede é obscuro – mas não lhe é destinado (escrevo para quem, entrando em meu livro, cairia nele como num buraco, não sairia mais). E, das duas uma: ou o "eu" fala em mim (e a maioria lerá o que escrevo como se "eu", vulgarmente, o tivesse escrito) ou o *ipse*. O *ipse* tendo de comunicar – com outros que se lhe assemelhem – recorre a frases aviltantes. Ele soçobraria na insignificância do "eu" (o equívoco) se não tentasse comunicar. Dessa maneira, a existência poética em mim se dirige à existência poética em outros e é um paradoxo, decerto, se espero de semelhantes ébrios de poesia aquilo que não esperaria se os soubesse lúcidos. Ora, não posso ser eu mesmo *ipse* sem ter lançado esse grito para eles. Só por meio desse grito tenho o poder de aniquilar em mim o "eu", como eles o aniquilarão em si mesmos se me ouvirem.

Quando o espírito rejeita a feliz monotonia dos movimentos interiores, ele próprio pode ser rejeitado para o desequilíbrio. Só tem sentido a partir de então na audácia irracional, só pode se apoderar de visões fugidias, irrisórias, ou ainda: suscitá-las.

Uma necessidade cômica obriga a dramatizar. A experiência permaneceria inacessível se não soubéssemos dramatizar – forçando-nos. (O estranho é que, aplicando ao pensamento, como à experiência, um rigor que ninguém pôde ter antes, expresso-me com uma desordem inigualável. E só a desordem é possível, ao passo que o rigor – este caráter: "não dá pra escapar, o homem terá de passar por aí" – é ao preço de um esforço igual a minha desordem que se o compreenderá. E, no entanto, não encontro para minha construção rigorosa, que se adapte a ela, senão uma expressão desordenada, não desejada tal, mas tal.)

Com o passar das horas, fico enojado com a ideia de que estou escrevendo, de que devo prosseguir. Nunca tenho segurança, certeza. Tenho horror à continuidade. Persevero em desordem, fiel a paixões que verdadeiramente ignoro, que me desregram em todos os sentidos.

Na felicidade dos movimentos interiores, só o sujeito é modificado: essa felicidade, nesse sentido, não tem objeto. Os movimentos transcorrem numa existência exterior: perdem-se nela, "comunicam", ao que parece, com o fora, sem que este tome uma figura determinada e seja percebido como tal.

Conseguirei alguma vez?... esgoto-me: em alguns momentos, tudo se esquiva. Esforço a que se opõem tantos esforços contrários, como se eu odiasse nele um desejo de gritar – de maneira que o grito, que no entanto soltarei, perdeu-se no pavor. Mas nada de delirante, de forçado. Tenho pouca chance de me fazer entender. A desordem em que estou é a medida do homem, para sempre sedento de ruína moral.

Volto ao êxtase diante do objeto.

O espírito, ao despertar para a vida interior, está, contudo, em busca de um objeto. Renuncia ao objeto que a ação propõe por um objeto de natureza diferente, mas não pode prescindir de objeto: sua existência não pode se fechar sobre si mesma. (Os movimentos interiores não são de modo algum objetos, tampouco são sujeitos na medida em que são o sujeito que se perde, mas o sujeito pode, no final, reconduzi-los a si próprio, e dessa forma eles são equívocos; no final, a necessidade de um objeto, ou seja: a necessidade de sair de si, faz-se imperiosa.)

Direi isto de obscuro: o objeto na experiência é de início projeção de uma perda de si dramática. É a imagem do sujeito. O sujeito tenta primeiro ir a seu semelhante. Mas, adentrado na experiência interior, está em busca de um objeto como ele próprio, reduzido à interioridade. Além do mais, o sujeito, cuja experiência é em si mesma e desde o início dramática (é perda de si), precisa objetivar esse caráter dramático. A situação do objeto que o espírito busca precisa ser objetivamente dramatizada. A partir da felicidade dos movimentos, é possível fixar um ponto vertiginoso que supostamente deve conter interiormente aquilo que o mundo encerra de dilacerado, o incessante deslizar de tudo para o Nada. Se quiserem, o tempo.

Mas se trata aí apenas de um semelhante. O ponto, a minha frente, reduzido à mais pobre simplicidade, é uma pessoa. A cada instante da experiência, esse ponto pode irradiar braços, gritar, pôr-se em chamas.

A projeção objetiva de si mesmo – que assume dessa maneira a forma de um ponto – não pode, contudo, ser tão perfeita a ponto de que o caráter de semelhante – que lhe pertence – possa ser mantido sem mentira. O ponto não é o todo, tampouco é o *ipse* (quando Cristo é o ponto, o homem nele já não é *ipse*, porém se distingue ainda do todo: é um "eu", mas que foge ao mesmo tempo nos dois sentidos).

Resta isto do ponto, mesmo apagado, que ele deu a forma óptica à experiência. A partir do momento em que postula o ponto, *o espírito é um olho* (ele se torna olho na experiência como se tornara na ação).

Na felicidade dos movimentos interiores, a existência está em equilíbrio. O equilíbrio se perde na busca ofegante, por muito tempo vã, do objeto. O objeto é a projeção arbitrária de si mesmo. Mas o eu postula necessariamente diante de si esse ponto, seu profundo semelhante, pelo fato de que não pode sair de si mesmo senão no amor. É somente uma vez saído de si mesmo que ele chega ao não-amor.

É, entretanto, sem artifício que a existência, no desequilíbrio e na angústia, chega ao "ponto" que a libera. Antes disso, esse ponto está diante de mim como um possível, e a experiência não pode prescindir disso. Na projeção do ponto, os movimentos interiores têm o papel da lupa que concentra a luz num pequenino foco incendiário. É somente numa tal concentração – para além de si própria – que a existência tem a possibilidade de perceber, sob forma de brilho interior, "o que ela é", o movimento de comunicação dolorosa que ela é, que vai tanto de dentro para fora quanto de fora para dentro. E, decerto, trata-se de uma projeção arbitrária, mas o que fica claro dessa maneira é a objetividade profunda da existência desde que esta não é mais um corpúsculo apertado em si mesmo, mas uma vaga de vida se perdendo.

O fluxo vaporoso dos movimentos interiores é nesse caso a lupa ao mesmo tempo que a luz. Mas, no fluxo, ainda não havia nada de berrante, ao passo que, a partir do "ponto" projetado, a existência desfalece num berro. Se eu tivesse sobre isso mais que conhecimentos incertos, seria levado a crer que a experiência dos budistas não transpõe o limiar, ignora o berro, limita-se à efusão dos movimentos.

Só se atinge o ponto dramatizando. Dramatizar é o que fazem as pessoas devotas que seguem os *Exercícios* de Santo Inácio (mas não só elas). Que nos figuremos o lugar, os personagens do drama e o próprio drama: o suplício a que Cristo é conduzido. O discípulo de Santo Inácio oferece a si mesmo uma representação de teatro. Está num quarto tranquilo: pedem-lhe para ter os sentimentos que teria no Calvário. Esses sentimentos, dizem-lhe que, apesar da tranquilidade de seu quarto, ele *deveria* tê-los. Querem-no saído de si mesmo, dramatizando de propósito essa vida humana, da qual se sabe de antemão que tem chances de ser uma futilidade meio ansiosa, meio entorpecida. Mas não tendo ainda uma vida propriamente interior, antes de ter quebrado em si mesmo o discurso, pedem-lhe para projetar esse ponto de que falei, semelhante a ele – mas ainda mais àquilo que ele quer ser – na pessoa de Jesus agonizante. A projeção do ponto, no cristianismo, é tentada antes que o espírito disponha de seus movimentos interiores, antes que ele tenha se liberado do discurso. É somente uma vez a projeção esboçada que se tenta, a partir dela, atingir a experiência não discursiva.

De qualquer forma, só podemos projetar o ponto-objeto por meio do drama. Eu recorri a imagens transtornadoras. Em particular, fixava a imagem fotográfica – ou, às vezes, a lembrança que tenho dela – de um chinês que deve ter sido supliciado depois de eu já ter nascido.* Desse suplício, tive, outrora, uma série de fotos sucessivas. No final, o paciente, com o peito esfolado, retorcia-se, braços e pernas cortados nos cotovelos e nos joelhos. Os cabelos arrepiados na cabeça, hediondo, desvairado, coberto de sangue, belo como uma vespa.

Escrevo "belo"!... alguma coisa me escapa, foge-me, o medo me furta a mim mesmo, e, como se eu tivesse querido fixar o sol, meus olhos deslizam.

Recorria ao mesmo tempo a um modo de dramatização despojado. Não partia como o cristão apenas do discurso, mas também de um estado de comunicação difusa, de uma felicidade dos movimentos interiores. Esses movimentos, que eu apreendia em seu escorrer de riacho ou de rio, podia partir deles para condensá-los num ponto onde a intensidade aumentada fizesse passar do simples vazamento de água à precipitação evocatória de uma queda, de um brilho de luz ou de

---

* Dumas, que, no *Traité de psychologie*, reproduziu duas das fotos (das cinco que foram tiradas a partir do começo do suplício e que tive por muito tempo em minha casa), atribui o suplício a um tempo relativamente distante. Elas datam na verdade da Guerra dos Boxers (1899-1900).

relâmpago. Essa precipitação podia se produzir justamente quando eu projetava à minha frente o rio de existência escorrendo de mim. O fato de que a existência, dessa maneira, condensava-se em brilho, dramatizava-se, devia-se à repulsa que logo passou a me inspirar o langor de escoamentos de que podia dispor tranquilamente.

No langor, a felicidade, a comunicação é difusa: nada se comunica de um termo a outro, mas de si mesmo a uma extensão vazia, indefinida, onde tudo se afoga. Nessas condições, a existência tem naturalmente sede de comunicações mais perturbadas. Que se trate de amor mantendo os corações sem fôlego ou de impudente lascívia, que se trate de amor divino, por toda parte a nosso redor encontrei o desejo estendido para um ser semelhante: o erotismo é ao nosso redor tão violento, embriaga os corações com tanta força – para terminar, seu abismo é em nós tão profundo – que não há escapada celeste que não lhe tome emprestadas sua forma e sua febre. Quem dentre nós não sonha em forçar as portas do reino místico, que não se imagina "morrendo por não morrer", consumindo-se, arruinando-se de tanto amar? Se é possível a outros, a orientais cuja imaginação não arde aos nomes de Teresa, de Heloísa, de Isolda, abandonar-se sem outro desejo à infinidade vazia, nós só podemos conceber o extremo desfalecimento no amor. Somente a esse preço, parece-me, chego ao extremo do possível, e, se não, alguma coisa ainda falta à trajetória em que terei de queimar tudo – até o esgotamento da força humana.

O jovem e sedutor chinês de que falei, entregue ao trabalho do carrasco, eu o amava com um amor em que o instinto sádico não tomava parte: ele me comunicava sua dor, ou antes, o excesso de sua dor, e era justamente o que eu buscava, não para gozar, mas para arruinar em mim aquilo que se opõe à ruína.

Diante do excesso de crueldade, seja dos homens, seja da sorte, é natural se rebelar, gritar (o coração nos falta): "Isso não deve mais ser!" e chorar, e descontar em algum bode expiatório. É mais difícil dizer para si mesmo: aquilo que em mim chora e maldiz é minha sede de dormir em paz, minha fúria por ter sido incomodado. Os excessos são os sinais, de repente intensificados, do que o mundo existe soberanamente.

É a sinais desse gênero que o autor dos *Exercícios* recorreu, querendo "incomodar" seus discípulos. Isso não o impediu, a ele e aos seus, de maldizer o mundo: eu só posso amá-lo, até a borra e sem esperança.

Cito agora, de memória, uma notícia policial que apareceu no *Le Journal* há 15 anos (cito de memória, mas não acrescento nada): numa cidadezinha ou talvez num vilarejo francês, um trabalhador pobre chega a sua casa no fim da semana trazendo seu pagamento em notas. Um menininho de poucos anos de idade encontra as notas, brinca com elas e as joga no fogo. Percebendo-o tarde demais, o pai perde a cabeça, pega um machado e em seu desvario corta as duas mãos da criança. A mãe estava dando banho na sua filhinha na peça vizinha. Ela entra, atraída pelos gritos, e cai morta. A menininha se afoga no banho. O pai enlouquece subitamente, foge e passa a errar pelo campo.*

Embora não pareça, quis fazer escutar algo semelhante nas frases seguintes, escritas há três anos:[12]

"Fixo um ponto diante de mim e imagino esse ponto como o lugar geométrico de toda existência e de toda unidade, de toda separação e de toda angústia, de todo desejo insaciado e de toda morte possíveis.

"Vou aderindo a esse ponto, e um profundo amor pelo que está nele me queima até eu recusar estar vivo por outra coisa que não o que está ali, por esse ponto que, sendo junto vida e morte de um ser amado, tem um estrondo de catarata.

"E, ao mesmo tempo, é necessário desnudar o que está ali de suas representações exteriores, até que não haja mais que interioridade pura, queda puramente interior num vazio: esse ponto absorvendo

---

* Devo aproximar dessa passagem, publicada na primeira edição (1943), a seguinte notícia que apareceu no jornal *Ce Soir* em 30 de setembro de 1947: "Praga, 29 de setembro. – Um drama horrível acaba de acontecer no domicílio de um lenhador de Chomutov. O comerciante contava sua receita do dia... quando teve de se ausentar por um instante. Seu filho, de 5 anos de idade, para se divertir, pôs fogo nas notas. A mulher do lenhador, ocupada em dar banho no seu outro filho, de 1 ano, não pôde intervir, mas seus gritos alertaram o pai, que... pegou seu machado e cortou o punho do menino. Diante desse espetáculo, a mãe caiu no chão, morta por uma embolia, e o bebê que ela estava banhando se afogou na banheira. O lenhador fugiu". Aparentemente, simples repetição de um tema perfeito, sem interesse de meu ponto de vista. Tinha, no entanto, de mencionar o fato.

indefinidamente essa queda no que nele é Nada, ou seja, 'passado', e, nesse mesmo movimento, prostituindo indefinidamente sua aparição furtiva, mas fulgurante, no amor."

Escrevia ao mesmo tempo, graças a uma angústia estranhamente apaziguada:
"Se imagino numa visão e num halo que o transfigura o rosto extasiado de um ser que morre, aquilo que irradia desse rosto ilumina com sua necessidade a nuvem do céu, cuja luminosidade cinzenta se torna então mais penetrante que aquela do próprio sol. Nessa representação, a morte se mostra da mesma natureza que a luz que ilumina, na medida em que esta se perde a partir de seu foco irradiador: fica claro que é preciso uma perda não menor do que a morte para que o brilho da vida atravesse e transfigure a existência opaca, já que é somente seu arrancamento livre que *se torna em mim* a potência da vida e do tempo. Assim deixo de ser mais que um espelho da morte, da mesma forma que o universo é o espelho da luz."

Estas passagens de "A amizade"* descrevem o êxtase diante do "ponto".
"Tive de parar de escrever. Fui, como faço frequentemente, sentar-me diante da janela aberta: mal sentei, senti-me arrastado numa espécie de movimento extático. Dessa vez, não podia mais duvidar, como fizera dolorosamente na véspera, de que tal brilho fosse mais desejável do que a volúpia erótica. Não vejo nada: *isso* não é nem visível nem sensível de qualquer maneira que se imagine, nem inteligível. *Isso* torna doloroso e pesado não morrer. Se penso em tudo aquilo que amei com angústia, seria preciso supor as realidades furtivas a que meu amor se apegava como nuvens atrás das quais se dissimulava *aquilo que está ali*. As imagens de arrebatamento traem. *O que está ali* está à altura do pavor, o pavor o faz vir. Foi necessário um estrondo tão violento para que *isso estivesse ali*."

"[...] dessa vez, de repente, recordando *o que está ali*, tive de soluçar. Levanto com a cabeça esvaziada – de tanto amar, de tanto estar *arrebatado*..."

---

* Texto publicado por Bataille em abril de 1940 na revista *Mesures* sob o pseudônimo de Dianus e posteriormente incorporado a *O culpado*. (N.T.)

Segunda digressão sobre o êxtase no vazio

A impaciência, a contestação transmitem brilhos de iluminação, suaves ou fulgurantes, a uma noite cada vez mais amarga.

No final do primeiro desses textos transcritos, eu acrescentava:

"Em vão o amor quer capturar aquilo que vai cessar de ser.

"A impossibilidade da saciedade no amor é um *guia* para o *salto que completa*, ao mesmo tempo que, de antemão, ela é o sepultamento de cada ilusão possível."

Aquilo que chamo de contestação não tem apenas o aspecto de atitude intelectual (de que falo a propósito de Hegel, de Descartes – ou nos princípios da introdução). Muitas vezes até, esse aspecto está ausente (em Ângela de Foligno, ao que parece). A "contestação" é ainda movimento essencial para o amor – que nada pode saciar. O que há de presunçoso na frasezinha, tão citada, de Santo Agostinho não é a primeira afirmação: "nosso coração vive inquieto", mas a segunda: "até o momento em que repousa em Ti". Pois há no coração de um homem tanta inquietude no fundo que não está em poder de nenhum Deus – nem de nenhuma mulher – apaziguá-lo. Aquilo que o apazigua a cada vez é apenas por algum tempo tal mulher ou Deus: a inquietude logo estaria de volta se não fosse o cansaço. Deus, decerto, no imenso furtar-se de domínios vagos, pode longamente remeter para mais adiante o novo apaziguamento de uma inquietude recomeçada. Mas o apaziguamento morrerá antes da inquietude.

Disse (na segunda parte): "O não-saber comunica o êxtase". Afirmação gratuita e frustrante. Ela se funda na experiência – se a vivemos... Senão, fica suspensa.

Do êxtase, é fácil dizer que não se pode falar. Há nele um elemento que não podemos reduzir, que permanece "inefável", mas o êxtase, nisso, não difere de outras formas: dele, tanto quanto – ou mais que – do riso, do amor físico – *ou das coisas* –, posso ter, comunicar o conhecimento preciso; a dificuldade, todavia, é que, sendo menos comumente experimentado que o riso ou as coisas, aquilo que digo não pode ser familiar, facilmente reconhecível.

O não-saber comunica o êxtase – mas somente se a possibilidade (o movimento) do êxtase pertencer já, em algum grau, àquele que se despe do saber. (A restrição é tanto mais aceitável dado que quis desde o início o extremo do possível, dado que não há possível humano a que eu não deva, nessas condições, recorrer.) O movimento anterior ao êxtase do não-saber é o êxtase diante de um objeto (seja este o ponto puro – como o quer a renúncia às crenças dogmáticas, ou alguma imagem transtornadora). Se esse êxtase diante do objeto é inicialmente dado (como um possível), e se suprimo, *a posteriori*, o objeto – como a "contestação" fatalmente o faz –, se, por essa razão, entro na angústia – no horror, na noite do não-saber – o êxtase está próximo e, quando sobrevém, abisma-me mais longe do que qualquer coisa que se possa imaginar. Se tivesse ignorado o êxtase diante do objeto, não teria atingido o êxtase na noite. Mas, *iniciado* como eu estava ao objeto – e minha iniciação representara a penetração mais longínqua do possível –, não podia, na noite, senão encontrar um êxtase mais profundo. A partir de então, a noite, o não-saber, será a cada vez o caminho do êxtase em que me perderei.

Dizia mais acima da postulação de um ponto que, a partir dela, o espírito é um olho. A experiência passa a ter então um quadro óptico, na medida em que distinguimos um objeto percebido de um sujeito que percebe, como um espetáculo é diferente de um espelho. O aparelho da visão (o aparelho físico) ocupa nesse caso, aliás, o lugar mais importante. É um espectador, são olhos que procuram o ponto, ou, ao menos, nessa operação, a existência espectadora se condensa nos olhos. Esse caráter não cessa se a noite cai. Aquilo que se encontra então na escuridão profunda é um áspero desejo de ver, quando, diante desse desejo, tudo se esquiva.

Mas o desejo da existência assim dissipada na noite incide sobre um objeto de êxtase. O espetáculo desejado, o objeto, na expectativa do qual a paixão se exorbita é aquilo pelo que "eu morro por não morrer". Esse objeto se apaga, e a noite está ali: a angústia me prende, resseca-me, mas e essa noite que substitui o objeto e agora responde só ela à minha expectativa? de repente, sei-o, adivinho-o sem grito, não era por um objeto, era por ELA que eu esperava! Se não tivesse buscado o objeto, nunca a teria encontrado. Foi preciso que o objeto contemplado fizesse de mim esse espelho sequioso de brilho, que eu me tornara, para que a noite se oferecesse finalmente a minha sede. Se não tivesse ido em direção a ELA como os olhos vão ao objeto de seu amor, se a expectativa de uma paixão não a tivesse buscado, ELA não seria mais que ausência de luz. Ao passo que meu olhar exorbitado A encontra, abisma-se nela, e não somente não lamento o objeto amado até o grito, mas também falta pouco para que esqueça – não reconheça, avilte – esse objeto sem o qual, no entanto, meu olhar não teria podido "se exorbitar", descobrir a noite.

A contemplar a noite, não vejo nada, não amo nada. Permaneço imóvel, estanque, absorto NELA. Posso imaginar uma paisagem de terror, sublime, a terra aberta em vulcão, o céu repleto de fogo ou qualquer outra visão que possa "arrebatar" o espírito; por mais bela e transtornadora que seja a visão, a noite supera esse possível limitado e, no entanto, ELA não é nada, não há nada de sensível NELA, nem mesmo, no final, a escuridão. NELA, tudo se apaga, mas, exorbitado, atravesso uma profundidade vazia, e a profundidade vazia me atravessa, a mim. NELA, comunico com o "desconhecido" oposto ao *ipse* que sou, torno-me *ipse*, a mim mesmo desconhecido, dois termos se confundem num mesmo dilaceramento, pouco diferindo de um vazio – não podendo por meio de nada que eu possa apreender se distinguir de um vazio –, diferindo dele, no entanto, mais do que o mundo com suas mil cores.

Retomada e fim do relato

O que eu desejava:
... era Vênus inteira à sua presa agarrada...

porém, mais longe:
... já até meu coração o veneno chegado
Nesse coração que expira lança um frio desconhecido...
.. ..
E a morte, a meus olhos, furtando a claridade...*

---

* Versos da *Fedra* de Racine. (N.T.)

"Quis", como estava dizendo, "primeiro voltar de uma contemplação que reconduzia o objeto a mim mesmo (como acontece normalmente quando gozamos de uma paisagem) à visão daquele objeto em que me perco outras vezes, que chamo desconhecido e que não se distingue do Nada por nada que o discurso possa enunciar." Nessa frase, em que se detém o relato interrompido, eu dava à noite o nome de objeto, mas pouco importa. Entretempo, mostrei o caminho que vai geralmente do estado comum, em que conhecemos o mundo, ao "desconhecido". Mas no dia da experiência semifalha que estou contando, em meu esforço para reencontrar o acesso a esse vazio, esgotei-me em vão. Não ocorreu, ao termo de um longo tempo, mais do que isto: percebia a posse de um jorro da existência em mim e diante de mim, como se ela tivesse lugar trancada por dois ramos que se cruzavam (como os tentáculos de minha avareza). No final, como se os ramos se cruzassem ainda mais, os fluxos que eu dirigia escaparam para além dela, no prolongamento da cruz de Santo André que se formava. Nesse momento, esses fluxos se perderam numa corrente viva e livre, essa corrente fugia diante de mim, solta, de repente, de um abraço avaro, e eu permanecia sublevado, em suspenso, sem fôlego. Essa escapada era vazia de conteúdo intelectual, e somente hoje imagino que ela respondia à postulação do "ponto", mas o deslizamento de mim mesmo ao "ponto", a confusão precipitada eram nela mais vivos; e mais do que diante do "ponto", eu permanecia sem fôlego pelo que ele tinha de inapreensível. Abro aqui este parêntese para completar, se puder, o que disse anteriormente: na medida mesma em que esse deslizamento não era apreensível, ele era cativante; era-o no último grau da tensão. De tal modo que vejo nele agora o que sempre há no "ponto", ao menos aquilo que começa sempre nele: uma fuga furtiva, desvairada, rumo à noite, mas, naquele momento que não durou quase nada, o movimento de fuga era tão rápido que a posse do "ponto", que o limita normalmente, fora desde o início superada, de modo que, sem transição, eu passara de um abraço ciumento ao inteiro desapossamento. E essa palavra "desapossamento" é tão verdadeira que em pouco tempo encontrei-me esvaziado, tentando retomar em vão o inapreensível que acabava decididamente de escapar; senti-me então idiota.

Encontrei-me num estado comparável àquele de um homem tomado de fúria contra uma mulher amada por ele e que, de repente, vê um acaso privá-lo de qualquer saída: como a chegada de uma visita. A visita era diretamente a hebetude, tão difícil quanto esta de mandar embora, mas tanto menos aceitável naquele momento, visto que estava em jogo o desejo do inapreensível. Poderia ter ficado por ali mesmo, desencorajar-me, mas até essa solução falhou: como aquele que a fúria dominou, estava excitado e não podia relaxar. Dizendo-me, com razão, que era vão buscar o que acabava de me escapar, abandonei o campo ao intenso transcorrer de movimentos interiores que tão levianamente suscitara. E, cansado, como se adormece, resignei-me à lei que acreditava ser a desses movimentos: pensei que só uma posse voluptuosa estaria à altura de seus recursos.

Esses jorros são em nós de uma plasticidade desarmante. Imaginar basta, e a forma sonhada toma vagamente corpo. Foi assim que, há vários anos, quando esses jorros permaneciam difusos em mim, sem objeto, senti-me, na escuridão de meu quarto, virar uma árvore, e mesmo uma árvore fulminada: meus braços tinham se erguido pouco a pouco, e seu movimento se enlaçou como aquele de fortes galhos quebrados quase no tronco. Aliás, essas loucuras devem sua possibilidade à indiferença que se tem por elas. Se tivesse formulado este projeto – virar uma árvore –, ele teria fracassado. Tornara-me árvore como se sonha, sem outra consequência, mas estava acordado, gozava de não ser mais eu mesmo, de ser diferente, de deslizar. Se disponho hoje desses jorros interiores, eles não podem me alterar, mas se tornam um objeto distinto de mim. Quando, lasso, dissera-me que só uma posse voluptuosa se abriria para mim, obscuramente evoquei uma presença que a doçura, a nudez, a noite dos seios teriam formado: imediatamente, essa doçura, essa nudez, essa noite morna se reuniram, feitas do escorrer leitoso que emanava de mim. Longamente, minha ternura matou sua sede com essa pura encarnação do pecado. Depois se cansou. A figura que se seguiu à da feminilidade foi "divina", uma majestade interiormente violenta a compunha, deixando-me a lembrança de um céu sombrio rasgado pela vazia plenitude do vento. Essa nova figura permanecia apreensível: abracei esse vasto vazio e seu barulho, só sentia sua presença transido: mas ela me pertencia inteiramente sendo minha coisa. E, podendo apenas ternamente gozar dela, no final me insurgi.

A comédia durou, não podia me liberar dela, tamanha era minha inquietude. Tinha sede de outra coisa e sofria com minha teimosia. Acontecia de o cansaço físico me deter, e, como estava doente havia algumas semanas e, por obra dos médicos, só dispunha de um pulmão, tinha de deitar de tempos em tempos, esforçando-me por esquecer, ou pelo menos recuperar o fôlego.

O desespero, a impaciência, o horror por mim mesmo, enquanto tentava ora reencontrar o caminho extraviado do êxtase, ora acabar logo com ele, deitar, dormir, com o tempo me liberaram. De repente, estava de pé, e fui inteiramente tomado. Como virei outrora uma árvore, mas a árvore ainda era eu mesmo – e aquilo que virei não diferia menos de mim do que um dos "objetos" que acabava de possuir –, virei chama. Mas "chama", digo-o apenas por comparação. Quando virara árvore, tinha, clara e distinta, uma ideia de vegetal lenhoso. Ao passo que a nova mudança não correspondia a nada que se tivesse podido evocar de antemão. A parte superior de meu corpo – acima do plexo solar – desaparecera, ou pelo menos não dava mais lugar a sensações isoláveis. Só as pernas, que se mantinham firmes, ligando aquilo que me tornara ao assoalho, guardavam um elo com aquele que eu fora: o resto era jorro inflamado, *excedente*, livre até de sua própria convulsão. Um caráter de dança e de leviandade decompositora (como que feita das mil futilidades distraídas e das mil gargalhadas da vida) situava essa chama "fora de mim". E como numa dança tudo se mistura, não havia nada que não viesse ali se consumir. Eu era jogado nesse fogo: só restava de mim esse fogo. O próprio fogo era ele todo jorro para fora de mim.

No dia seguinte, escrevi dessa chama: "Ela não se conhece a si mesma, está absorta em seu próprio desconhecido; nesse desconhecido, ela se perde, aniquila-se. Sem essa sede de não-saber, ela cessaria imediatamente. A chama é Deus, mas abismado na negação de si mesmo".

Pode ser que essas primeiras frases deem conta melhor da chama, da absorção silenciosa, do deslizamento para alhures. O que pude dizer a seguir permanece exato, mas embaraçado pela exatidão. E se, agora, terminado o relato, volto a mim mesmo, sinto-me triste como acontece quando, ardendo, adivinhamos em nós mesmos o que ainda não foi consumido e não poderá sê-lo, não estando à altura do fogo. E isso que pouco me importo comigo mesmo, com a impossível aranha, ainda não esmagada, que sou, tão mal dissimulada em sua teia. Apesar de si mesma, a aranha, escondida num cantinho, é o horror feito ser, a tal ponto que, sendo a noite, ela irradia, contudo, como um sol...

Ao sentimento de uma inapagável vergonha soma-se o de ter pouca força. Posso me imaginar remediando, através de uma conversa, a obscuridade de meu livro. Posso até me dizer que esse é o único remédio, que se verdades descem à complexidade das vidas humanas, nada pode fazer com que elas sejam dadas de uma vez claramente, por maior que seja a clareza naquele que se obstina em dizê-las. Mas devo recordar que um diálogo é miserável, que, mais até do que um livro, ele reduz seus objetos à pobreza do discurso. Como não me sentiria esgotado, sabendo dessa clareza desejada que a chamo esperando a obscuridade de que tenho sede, de que o homem tem sede, no entanto, a ponto de morrer – embora seus olhos fujam dela –, como fogem do brilho do sol?

V
A fortuna

"Ó infelicidade de todos aqueles que dão! Ensombrecimento de meu sol!
Ó desejo do desejo! Ó fome que me devora no seio da saciedade!"

(Zaratustra, "O canto da noite")

O que normalmente não vemos ao falar: que o discurso, mesmo negando seu próprio valor, não supõe apenas quem o emite, mas também quem o escuta... Não encontro em mim mesmo nada que seja, mais do que eu mesmo, propriedade de meu semelhante. E esse movimento de meu pensamento que me foge, não apenas não posso evitá-lo, mas também não há instante secreto a ponto de que ele não me anime. Assim, falo, tudo em mim se dá a outros.

Mas, sabendo disso, não o esquecendo mais, a necessidade que sinto de me dar me decompõe. Posso saber que sou um ponto, uma vaga perdida em outras vagas, rir de mim mesmo, da comédia de "originalidade" que permaneço, ao mesmo tempo só posso me dizer: estou sozinho, amargo...

E, para terminar: solidão de luz, de deserto...

Miragem de existências penetráveis em que nada de turvo surgiria senão na ressaca de uma fulguração, em que o sangue espalhado, a morte, só destilariam veneno, baba, com vistas a um êxtase mais lento.

Mas em vez de apreender esse desencadeamento de si mesmo, um ser detém em si a torrente que o dá à vida, e se dedica, na esperança de evitar a ruína, no medo de glórias excedentes, à posse das coisas. E as coisas o possuem quando ele acredita possuí-las.

Ó deserto das "coisas" que falam! Hediondez da existência: o medo de ser transforma um homem num dono de boteco.

A servidão, degradação inextricável: o escravo se libera do senhor pelo trabalho (o movimento essencial da *Fenomenologia do espírito*), mas o produto de seu trabalho se torna seu senhor.

O que morre é a possibilidade da festa, a comunicação livre dos seres, a Idade de Ouro (a possibilidade de uma mesma embriaguez, de uma mesma vertigem, de uma mesma volúpia).

O que o refluxo abandona: fantoches desamparados, arrogantes, que se repelem, odeiam-se, recusam-se uns aos outros. Afirmam se amar, caem na hipocrisia carola, daí a nostalgia de tempestades, de maremotos.

Levada pela miséria, a vida, de contestação em contestação, fadada à exigência sempre maior – e sempre mais longe da Idade de

Ouro (da ausência de recusa). Uma vez percebida a feiura, a beleza rarefazendo o amor...

A beleza exigente de riqueza, mas a riqueza por sua vez recusada, o homem glorioso sobrevivendo à completa ruína de si mesmo, sob a condição de uma perda insensata de repouso. Como um raio, a chance – luminosidade nos escombros – escapando só ela à avara comédia.

Para terminar, a solidão (em que estou) – no limite de um soluço que o ódio de si mesmo estrangula. O desejo de comunicar crescendo à medida que são recusadas comunicações fáceis, irrisórias.

A existência levada ao extremo, em condições de loucura, esquecida, desprezada, acossada. Contudo, nessas condições de loucura, arrancada ao isolamento, quebrando-se como uma gargalhada, devolvida a impossíveis saturnais.

O mais difícil: renunciando ao homem "médio" pelo extremo, recusamos uma humanidade degradada, afastada da Idade de Ouro, avareza e mentira. Recusamos ao mesmo tempo tudo que não seja o "deserto" onde o extremo tem lugar, "deserto" onde se desencadeiam saturnais de solitário!... o ser é ali ponto ou onda, mas é, ao que parece, o único ponto, a única onda; em nada o solitário está separado do "outro", mas o outro não está ali.

E se o outro estivesse ali?

O deserto estaria por isso menos vazio? a orgia, menos "desolada"?

Assim, falo, tudo em mim se dá a outros!...

VI
Nietzsche

Sobre um sacrifício em que tudo é vítima

Enquanto escrevia, o tédio veio. O relato começado permanecia, sob meus olhos, pretejado de rasuras, ávido de tinta. Mas tê-lo concebido me bastava. Por ter de terminá-lo e nada esperando dele, estava desconcertado.

Lembrando-me das *Poesias* de Lautréamont, inventei de inverter os termos do *Pai-Nosso*. Como uma *história contínua*, imaginei este diálogo:

Durmo. Embora mudo, Deus se dirige a mim, insinuando, como no amor, em voz baixa:

– Ó meu pai, tu, sobre a terra, o mal que está em ti me liberta. Sou a tentação de que és a queda. Insulta-me como insulto aqueles que me amam. Dá-me a cada dia o pão de amargor. Minha vontade está ausente nos céus como na terra. A impotência me prende. Meu nome é insosso.

Hesitante, perturbado, respondo:
– Assim seja.

"É para com nosso Deus que temos menos probidade: não lhe damos o direito de pecar!"

(Além do bem de do mal, 65a)

Remeto-me a Deus para que ele se negue a si mesmo, execre-se, rejeite aquilo que ele ousa, aquilo que ele é, para a ausência, para a morte. Quando sou Deus, nego-o até o fundo da negação. Se não sou mais do que eu, ignoro-o. Na medida em que subsiste em mim o conhecimento claro, nomeio-o sem conhecê-lo: ignoro-o. Tento conhecê-lo: imediatamente, eis-me não-saber, eis-me Deus, ignorância desconhecida, incognoscível.

"Há uma grande escala de crueldade religiosa, com muitos níveis, mas três desses níveis são os mais importantes. Antigamente, sacrificavam-se homens a deus, talvez justamente os mais amados. Foi assim das oferendas das primícias, em todas as religiões pré-históricas, e ainda dos sacrifícios do imperador Tibério na grota de Mitra, na ilha de Capri, o mais espantoso de todos os anacronismos romanos. Mais tarde, durante a época moral da humanidade, os homens sacrificavam a deus seus instintos mais violentos, sacrificavam sua própria "natureza"; essa alegria de festa brilha no olhar cruel do asceta, do iluminado "contra-natureza". E, enfim, o que restava ainda para sacrificar? Não era preciso sacrificar, para terminar, tudo aquilo que consolava, santificava e curava, toda esperança, toda fé numa harmonia escondida? Não era preciso sacrificar o próprio

Deus e, por crueldade para consigo mesmo, adorar a pedra, a burrice, o peso, o destino, o Nada? Sacrificar Deus ao Nada – esse mistério paradoxal da última crueldade foi reservado a nossa geração ascendente, todos já sabemos algo disso."

(Além do bem e do mal, 55)

Acho que sacrificamos os bens de que abusamos (usar não é mais do que um abuso fundamental).

O homem é ávido, obrigado a sê-lo, mas condena a avidez, que é a necessidade padecida – e coloca no alto o dom, de si mesmo ou dos bens possuídos, que, só ele, torna glorioso. Fazendo das plantas e dos animais seu alimento, reconhece, no entanto, seu caráter sagrado, semelhante a si, de tal forma que não podemos destruí-los e consumi-los sem ofensa. Diante de cada elemento que absorve (em seu proveito) o homem sentiu a obrigação de confessar o abuso que faz dele. Certo número de homens entre os outros foi encarregado de reconhecer uma planta, um animal que tinham se tornado vítimas. Esses homens tinham com a planta ou o animal relações sagradas, não comiam deles, *davam-nos* para os homens de outro grupo comer. Se comiam deles, era com uma parcimônia reveladora: tinham reconhecido de antemão o caráter ilegítimo, grave e trágico da consumação. Não é a própria tragédia que o homem só possa viver sob a condição de destruir, matar, absorver?

E não apenas plantas, animais, mas também outros homens.

Nada pode conter a marcha humana. Só haveria saciedade (se não para cada homem – a maior parte dos indivíduos deve abandonar por sua própria conta –, ao menos para o conjunto) se nos tornássemos o todo.

Nesse caminho, foi um passo, mas apenas um passo, um homem ter sujeitado outros, feito de seu semelhante sua coisa, possuída, absorvida, como o são o animal ou a planta. Mas o fato de o homem ter se tornado a coisa do homem teve esta repercussão: o senhor, cuja coisa o escravo se tornava – o soberano –, retirou-se da comunhão, quebrou a comunicação dos homens entre si. A infração do soberano à regra comum começou o isolamento do homem, sua separação em pedaços que não puderam mais ser reunidos senão raramente de início, depois, nunca mais.

A posse por senhores de prisioneiros que podiam ser comidos ou de escravos desarmados situou o próprio homem, como natureza submissa à apropriação (não mais indevidamente, mas tanto quanto o animal ou a planta), entre o número dos objetos que era preciso de tempos em tempos sacrificar. Aconteceu, além do mais, que os homens sofriam pela ausência de comunicação resultante da existência separada de um rei. Deviam executar não o escravo, e sim o rei, para assegurar o retorno à comunhão de todo o povo. Entre os homens, deve ter parecido assim que não se podia escolher alguém mais digno da faca do que o rei. Mas, tratando-se de chefes militares, o sacrifício deixava de ser possível (um chefe de guerra era forte demais). Substituíram-nos pelos reis de carnaval (prisioneiros disfarçados, mimados antes da morte).

As saturnais em que se imolavam esses falsos reis permitiam o retorno temporário à Idade de Ouro. Invertiam-se os papéis: o senhor, por uma vez, servia o escravo, e tal homem que encarnava o poder do senhor, de onde procedia a separação dos homens entre si, era executado, assegurando a fusão de todos numa só dança (também numa só angústia e, depois, numa só corrida ao prazer).

Mas a apropriação pelo homem de todo recurso apropriável não se limitou de modo algum aos organismos vivos. Não falo tanto da exploração recente e impiedosa dos recursos naturais (fico espantado que se percebam tão pouco os infortúnios – o desequilíbrio – que essa indústria introduz junto com a prosperidade), mas do espírito do homem em proveito do qual toda a apropriação tem lugar – diferente neste ponto do estômago, que digere os alimentos sem nunca digerir a si mesmo –, que acabou ele próprio se transformando em coisa (em objeto apropriado). O espírito do homem se tornou seu próprio escravo e, pelo trabalho de autodigestão que a operação supõe, consumiu-se a si mesmo, sujeitou-se, destruiu-se. Engrenagem entre as engrenagens que dispôs, ele faz de si mesmo um abuso cujo efeito lhe escapa – na medida em que esse efeito é o de que, no fim, nada subsiste nele que não seja coisa útil. Nem mesmo Deus escapa de ser reduzido à servidão. Um trabalho de roedores vai pouco a pouco retalhando-o, atribuindo-lhe posições, depois, como tudo é móvel, constantemente remanejado, priva-o delas, demonstra sua ausência ou inutilidade.

Quando se diz que "Deus morreu", alguns pensam em Jesus, cuja imolação trouxe de volta a Idade de Ouro (o reino dos céus) assim como a dos reis (mas só Jesus morria, Deus, que o abandonou, aguardava-o, no entanto, e o fez se sentar à sua direita); outros pensam no abuso que acabo de evocar, que não deixa subsistir valor – o espírito reduzido, segundo a fórmula de Descartes, ao "conhecimento claro e seguro daquilo que é útil à vida". Mas que "Deus tenha morrido", vítima de um sacrifício, só pode ter um sentido profundo e difere tanto da elusão de um Deus numa noção do mundo clara e servil quanto um sacrifício humano, santificando a vítima, difere da escravidão que faz dela um instrumento de trabalho.

Cada dia um pouco mais, compreendi a respeito das noções tiradas de livros eruditos – como o totemismo, o sacrifício – que elas levam a uma servidão intelectual: posso cada vez menos evocar um fato histórico sem ficar desarmado pelo abuso que há em falar dele como de coisas apropriadas ou digeridas. Não que me afete a parte de erro: ela é inevitável. Mas tenho tanto menos medo de errar visto que o aceito. Sou humilde e não desperto sem mal-estar um passado há muito tempo morto. Os vivos, seja qual for a ciência que tenham dele, não possuem o passado como acreditam: este, se acreditam pegá-lo, escapa-lhes. Dou-me estas desculpas: construindo minha teoria, não esquecia que ela conduz a um movimento que se esquiva; só assim podia situar o sacrifício que nos incumbe.

Em razão do servilismo crescente em nós das formas intelectuais, cabe-nos realizar um sacrifício mais profundo do que os dos homens que nos precediam. Não precisamos mais compensar por meio de oferendas o abuso que o homem fez das espécies vegetais, animais, humanas. A redução dos próprios homens à servidão recebe agora (na verdade, há muito tempo) consequências na ordem política (é bom, em vez de tirar daí consequências religiosas, abolir os abusos). Mas o supremo abuso que o homem faz tardiamente de sua razão exige um último sacrifício: a razão, a inteligibilidade, o chão mesmo sobre o qual pisa, o homem deve rejeitá-los; nele, Deus deve morrer, é o fundo do pavor, o extremo onde ele sucumbe. *O homem só pode se encontrar sob a condição de se furtar ele próprio, sem descanso, à avareza que o domina.*

Digressão sobre a poesia e Marcel Proust

Se sinto o peso de que falei, costuma ser cegamente – não é raro. Quero me liberar, a poesia já... mas à altura de uma absorção completa, a poesia?

É verdade que o efeito, mesmo o do sacrifício de um rei, nunca é mais do que poético: executa-se um homem, não se liberta nenhum escravo. Agrava-se inclusive o estado das coisas, acrescentando um assassinato às servidões. Logo se tornou esse o sentimento comum. O sacrifício humano, longe de aliviar, passou a horrorizar: eram necessárias outras soluções, que o cristianismo trouxe. Consumado na cruz de uma vez por todas, o sacrifício foi, de todos os crimes, o mais negro: se é renovado, é só em imagem. Além disso, o cristianismo iniciou a negação real da servidão: colocou Deus – servidão consentida – no lugar do senhor – servidão padecida.

Mas, para terminar, não podemos imaginar correção real de abusos que são sempre inevitáveis (eles o são desde o início, não se pode conceber o desenvolvimento do homem se não tivesse havido a escravidão – na sequência, mas quando com o tempo ela deixou de ser o que era inicialmente, inevitável, acabaram com ela, e foi antes o envelhecimento de uma instituição do que uma mudança voluntária). O sentido do sacrifício é manter tolerável – viva – uma vida que a avareza necessária incessantemente reconduz à morte. Não se pode suprimir a avareza (se o tentamos, aumentamos a hipocrisia). Mas, se o sacrifício não é a supressão do mal, nem por isso deixa de diferir da poesia, na medida em que não se limita, normalmente, ao domínio das palavras. Se é preciso que o homem chegue ao extremo, que sua razão desfaleça, *que Deus morra*, as palavras, seus jogos mais doentes, não podem bastar.

Da poesia, direi agora que ela é, acredito, o sacrifício em que as palavras são vítimas. As palavras, nós as utilizamos, fazemos delas os instrumentos de atos úteis. Nada teríamos de humano se a linguagem em nós tivesse de ser inteiramente servil. Tampouco podemos prescindir das relações eficazes que as palavras introduzem entre os homens e as coisas. Mas nós as arrancamos dessas relações num delírio.

Se palavras como "cavalo" ou "manteiga" entram num poema, fazem-no liberadas das preocupações interessadas. Por mais que essas palavras: "manteiga", "cavalo" sejam aplicadas a fins práticos, o uso que a poesia faz delas libera a vida humana desses fins. Quando a mocinha da fazenda diz *a manteiga* ou o rapaz do estábulo *o cavalo*, eles conhecem a manteiga, o cavalo. O conhecimento que têm disso esgota mesmo em certo sentido a ideia de conhecer, pois eles podem à vontade fazer manteiga, arrear um cavalo. A fabricação, a criação, o emprego completam e mesmo fundam o conhecimento (os laços essenciais do conhecimento são relações de eficácia prática; conhecer um objeto é, segundo Janet, saber como agir para fazê-lo). Mas, ao contrário, *a poesia leva do conhecido ao desconhecido.* Ela pode aquilo que não podem o rapaz e a mocinha, introduzir um cavalo de manteiga. Ela situa, dessa maneira, diante do incognoscível. Decerto, mal enuncio as palavras, e as imagens familiares dos cavalos e das manteigas já se apresentam, mas são solicitadas apenas para morrer. No que a poesia é sacrifício, porém o mais acessível. Pois se o uso ou o abuso das palavras, a que as operações do trabalho nos obrigam, tem lugar no plano ideal, irreal, da linguagem, o mesmo acontece com o sacrifício de palavras que a poesia é.

Se digo honesta, ingenuamente, do desconhecido que me cerca, de onde venho, para onde vou, que ele é mesmo desconhecido; que, de sua noite, não sei nem posso nada saber, supondo-se que esse desconhecido se preocupe ou se zangue com o sentimento que temos dele, imagino que ninguém está mais de acordo do que eu com o cuidado que ele exige. Imagino-o, mas não que eu precise me dizer: "fiz tudo o que podia, agora posso descansar", porém, não se pode sofrer exigência maior. Não posso de modo algum figurar o desconhecido ocupado comigo (disse "supondo-se": mesmo que seja verdade, é absurdo, mas, enfim: não sei nada), para mim é algo ímpio pensar nisso. Do mesmo modo, em presença do desconhecido, é ímpio ser moral (vergonhoso, como um pecador, xavecar o desconhecido). A moral é o freio que um homem inserido numa ordem conhecida se impõe (o que ele conhece, são as consequências de seus atos), o desconhecido arromba o freio, abandona às consequências funestas.

Decerto, a fim de melhor arruinar o conhecimento, levei-o mais longe do que um outro, e, do mesmo modo, a exigência a que me conduziu o horror pela moral não é senão uma hipertrofia da moral. (Se é preciso renunciar à salvação, seja qual for a forma que se lhe atribua. A moral só teria sido interessada?) Mas eu estaria onde estou se ignorasse os meandros do mais pobre dédalo? (E, na vida de todos os dias, a lealdade, a pureza de coração, numa palavra, as verdadeiras leis morais só são verdadeiramente infringidas pelos homens tacanhos.)

O plano da moral é o plano do *projeto*. O contrário do projeto é o sacrifício. O sacrifício cai nas formas do projeto, mas só em aparência (ou na medida de sua decadência). Um rito é a adivinhação de uma necessidade oculta (que permanece obscura para sempre). E, ao passo que só o resultado conta para o projeto, é o próprio ato que, no sacrifício, concentra em si o valor. Nada no sacrifício é remetido a mais tarde, ele tem o poder de colocar tudo em causa no instante em que ocorre, de afetar tudo, de tornar tudo presente. O instante crucial é o da morte; no entanto, desde que a ação começa, tudo está em causa, tudo está presente.

O sacrifício é imoral, a poesia é imoral.*

E mais isto: no desejo de um desconhecido inacessível, que a qualquer custo devemos situar fora de alcance, chego a esta febril contestação da poesia – em que, acredito, contestarei a mim mesmo com os outros. Mas, da poesia, aleguei inicialmente apenas uma forma estreita – o simples holocausto de palavras. Agora lhe darei um horizonte mais vasto, e mais vago: o das modernas *Mil e uma noites* que são os livros de Marcel Proust.

Não tenho mais do que um débil interesse pelas filosofias do tempo – que fornecem aparentes respostas sob a forma de análise do tempo. Acho mais ingênuo dizer: na medida em que as coisas

---

* Isso é tão pouco paradoxal que o sacrifício da missa é em sua essência o maior de todos os crimes. Os hindus e os gregos antigos conheciam a profunda imoralidade do sacrifício.

ilusoriamente conhecidas são, entretanto, as presas indefesas do tempo, elas são devolvidas à obscuridade do desconhecido. Não apenas o tempo as adultera, aniquila-as (quando muito, o conhecimento poderia segui-las um pouco nessas alterações), mas também o mal que é nelas o tempo, que as domina de cima, quebra-as, nega-as, é o próprio incognoscível, que, a cada sucessão de instante, abre-se nelas, como se abre em nós que o viveríamos se não nos esforçássemos por fugir dele em subterfúgios de conhecimento. E, na medida em que a obra de Proust é um esforço de prender o tempo, de conhecê-lo – em outras palavras, em que ela não é, segundo o desejo do autor, poesia –, sinto-me longe dela.

Mas Proust escreve do amor que ele é "o tempo tornado sensível ao coração", e o amor que ele vive, no entanto, é um grande suplício, um engodo em que aquilo que ele ama se furta indefinidamente à sua posse.

De Albertine, que talvez tenha sido Albert, Proust chegou a dizer que ela era "como uma grande deusa do Tempo" (*La Prisonnière*, II, 250); o que queria dizer é, parece-me, que ela lhe permaneceu, o que quer que ele tenha feito, inacessível, desconhecida, que ela ia lhe escapar. A qualquer preço, no entanto, ele queria fechá-la, possuí-la, "conhecê-la", e é muito pouco dizer que queria: a tal ponto o desejo era forte, excedente, que se tornou a garantia da perda. Satisfeito, o desejo morria: se ela cessava de ser o desconhecido, Proust cessava de estar sedento por conhecer, cessava de amar. O amor voltava com a suspeita de uma mentira, pela qual Albertine se esquivava ao conhecimento, à vontade de posse. E a definitiva aflição do amor – que, na verdade, não é do amor, mas somente da posse –, Proust imaginou captá-la escrevendo: "A imagem que eu buscava, em que repousava, apoiado na qual teria querido morrer, não era mais de Albertine tendo uma vida desconhecida, era uma Albertine tão conhecida de mim quanto possível (e é por isso que aquele amor não podia ser duradouro a menos que permanecesse infeliz, pois, por definição, ele não contentava a necessidade de mistério), era uma Albertine que não refletia um mundo distante, que não desejava nada de outro – havia instantes em que, de fato, parecia assim – além de estar comigo, semelhante a mim, uma Albertine imagem do que precisamente era meu e não do desconhecido" (*La Prisonnière*, I, 100). Mas o extenuante esforço tendo se revelado vão: "[...] essa beleza que, pensando nos anos sucessivos em que conhecera Albertine, seja na praça de Balbec, seja em Paris, encontrara nela havia pouco e que consistia em que minha amiga se desenvolvia em tantos planos e continha tantos dias transcorridos, essa beleza adquiria para mim algo de dilacerante. Então, sob aquele rosto rosado, eu sentia se cavar como um abismo o inexaurível espaço das noites em que não conhecera Albertine. Eu podia muito bem sentar Albertine em meus joelhos, segurar sua cabeça em minhas mãos; podia acariciá-la, passar minhas mãos nela por horas, mas, como se manejasse uma pedra que encerra a salina dos oceanos imemoriais ou o raio de uma estrela, sentia que tocava apenas o invólucro fechado de um ser que, pelo interior, chega ao infinito. Quanto eu sofria com essa posição a que nos reduziu o esquecimento da natureza que, instituindo a divisão dos corpos, não pensou em tornar possível a interpenetração das almas (pois se o seu corpo estava em poder do meu, seu pensamento escapava às garras de meu pensamento). E me dava conta de que Albertine não era mesmo, para mim, a maravilhosa cativa com que acreditara enriquecer minha morada, ainda que escondendo tão perfeitamente sua presença nela – mesmo daqueles que vinham me visitar e que não suspeitavam que ela estivesse, no fim do corredor, no quarto vizinho – quanto aquele personagem que, à revelia de todos, mantinha fechada numa garrafa a princesa da China; convidando-me de forma premente, cruel e sem saída, à busca do passado, ela era antes como uma grande deusa do Tempo" (*La Prisonnière*, II, 250). A moça nesse jogo não é aquilo que a avidez do homem, desde tempos imemoriais, devia capturar? o ciúme, a via estreita que, no final, leva apenas ao desconhecido?

Há outras vias que levam ao mesmo ponto; o desconhecido, que, em definitivo, a vida revela, que o mundo é, a todo instante se encarna em algum objeto novo. É em cada um deles a parte de desconhecido que confere o poder de seduzir. Mas o desconhecido (a sedução) se esquiva se quero possuir, se tento conhecer o objeto: ao passo que Proust nunca se cansou de querer usar, abusar dos objetos que a vida propõe. De tal forma que, do amor, ele praticamente só conheceu o ciúme impossível, e não a comunicação em que o sentimento de si amolece, em que, no excesso do desejo, entregamo-nos. Se a verdade que uma mulher propõe a quem a ama é o desconhecido (o inacessível), ele não pode conhecê-la nem atingi-la, mas ela pode quebrá-lo: se ele está quebrado, o que ele próprio se torna, senão aquilo que dormia nele de desconhecido, de inacessível? Mas de tal jogo nem o amante nem a amante jamais poderão nada apreender, nem fixar, nem tornar duradouro à vontade. Aquilo que comunica (é penetrado em cada um deles pelo outro) é a parte cega que não se conhece nem conhece. E, decerto, não há amantes que não encontremos ocupados, obstinados em matar o amor, tratando de limitá-lo, de se apropriar dele, de lhe pôr muros. Mas raramente a obsessão de possuir, de conhecer, decompõe ao ponto que Proust descreveu em *A prisioneira*; raramente ela se une a tanta lucidez desagregadora.

A lucidez que o dilacerava diante do ser amado deve, no entanto, ter lhe faltado quando, com não menor angústia, acreditou apreender, captar para sempre, "impressões" fugidias: ele não diz ter apreendido o inapreensível?

"Tantas vezes", diz ele, "ao longo de minha vida, a realidade me decepcionara porque, no momento em que a percebia, minha imaginação, que era meu único órgão para gozar da beleza, não podia se aplicar a ela em virtude da lei inevitável que quer que só se possa imaginar aquilo que está ausente. E eis que, de repente, o efeito dessa dura lei se encontrara neutralizado, suspenso, por um expediente maravilhoso da natureza, que fizera espelhar uma sensação – barulho do garfo e do martelo, mesma desigualdade de pavimentos – ao mesmo tempo no passado, o que permitia a minha imaginação saboreá-la, e no presente, em que o abalo efetivo de meus sentidos pelo barulho, o contato, acrescentara aos sonhos da imaginação aquilo de que costumam estar desprovidos, a ideia de existência – e graças a esse subterfúgio, permitira a meu ser obter, isolar, imobilizar – pela duração de um relâmpago – aquilo que ele nunca apreende: um pouco de tempo em estado puro" (*Le Temps retrouvé*, II, 15).

Imagino que a pronunciada avidez de gozo de Marcel Proust estava ligada ao fato de que ele só conseguia gozar de um objeto tendo sua posse assegurada. Mas esses momentos de intensa comunicação que temos com o que nos cerca – trate-se de uma fileira de árvores, de uma sala ensolarada – são em si mesmos inapreensíveis. Só gozamos deles na medida em que *comunicamos*, em que estamos perdidos, desatentos. Se deixamos de estar perdidos, se nossa atenção se concentra, deixamos também de *comunicar*. Buscamos compreender, captar o prazer: ele nos escapa.

A dificuldade (que tentei mostrar na introdução) se deve principalmente ao fato de que, querendo apreender, resta-nos na mão apenas o objeto nu, sem a impressão que o acompanhava. A intensa liberação de vida que se fizera, como no amor, indo ao objeto, perdendo-se nele, escapa-nos, porque, para apreendê-la, nossa atenção se volta naturalmente para o objeto, não para nós mesmos. Sendo o mais das vezes discursiva, sua atitude é redutível a encadeamentos de palavras, e o discurso, as palavras que nos permitem atingir facilmente objetos, atingem mal os estados interiores, que permanecem bizarramente incognoscíveis para nós. Esses estados, temos consciência deles, mas de maneira fugidia, e querer nos deter neles, fazê-los entrar no campo da atenção, é no primeiro movimento querer conhecê-los, e só tomamos consciência deles na medida em que se relaxa em nós a mania discursiva de conhecer! Mesmo animados de boa vontade, não podemos fazer nada; querendo voltar a atenção para o interior, ela escorrega, no entanto, para o objeto. Só saímos disso a partir de estados procedentes de objetos eles próprios pouco apreensíveis (o silêncio, o sopro). A memória – sobretudo aquela não voluntária, não expressamente suscitada – desempenhou, para reconduzir a atenção de Proust ao interior, um papel que lembra o do sopro, na atenção suspensa que um monge da Índia presta a si mesmo.

Se a impressão não é atual e ressurge na memória – ou, querendo, na imaginação –, ela é a mesma comunicação, a mesma perda de si, o mesmo estado interior que da primeira vez. Mas esse estado, podemos apreendê-lo, detê-lo por um instante, pois ele próprio se tornou "objeto" na memória. Podemos conhecê-lo – ao menos reconhecê-lo –, portanto possuí-lo, sem alterá-lo.

Essa felicidade das reminiscências, opondo-se ao inapreensível vazio das impressões primeiras, parece-me que ela se deveu ao caráter do autor. Proust se figurou descobrindo uma maneira de sair: mas a saída que valeu para ele não fez sentido, acredito, para nenhum outro. Ela deriva em todo caso disto: que o *reconhecimento*, que não é discursivo – e não destrói nada –, dava à vontade de posse de Proust um apaziguamento suficiente, análogo àquele do *conhecimento*, que, ele, é discursivo e destrói.

Essa oposição entre conhecimento e reconhecimento é, aliás, a oposição entre a inteligência e a memória. A inteligência se abre ao porvir, mesmo quando o objeto de sua análise está no passado, ela nada mais é do que a faculdade de projeto, e assim negação do tempo; já a memória, consistindo na união entre o passado e o presente, é em nós o próprio tempo. O que devo indicar, não obstante, é que, preguiçosamente, Proust só conheceu a oposição pela metade, pois, logo depois de dizer que o "expediente maravilhoso" da memória permitiu a seu ser "obter, isolar, imobilizar – pela duração de um relâmpago – aquilo que ele nunca apreende: um pouco de tempo em estado puro", acrescenta: "o ser que renascera em mim quando com tal arrepio de felicidade eu escutara o barulho comum ao mesmo tempo à colher que toca o prato e ao martelo que bate na roda, à desigualdade para os passos das lajotas do pátio de Guermantes e do batistério de Saint-Marc, esse ser só se alimenta da essência das coisas, só nelas encontra sua subsistência, suas delícias. Enlanguesce na observação do presente em que os sentidos não podem trazer essa essência para ele, na consideração de um passado que a inteligência resseca, na expectativa de um porvir que a vontade constrói com fragmentos do presente e do passado dos quais retira parte da realidade conservando apenas aquilo que convém ao fim utilitário, estreitamente humano, que lhes atribui. Mas basta que um barulho, que um cheiro, já ouvido e respirado outrora o sejam de novo, ao mesmo tempo no presente e no passado, reais sem serem atuais, ideais sem serem abstratos, e, imediatamente, a essência permanente e habitualmente escondida das coisas se vê liberada, e nosso verdadeiro eu que, por vezes, havia muito tempo, parecia morto, mas não estava tanto assim, desperta, anima-se ao receber o celeste alimento que lhe é trazido. Um minuto alforriado da ordem do tempo recriou em nós, para senti-lo, o homem alforriado da ordem do tempo. E este, compreendemos que esteja confiante em sua alegria, compreendemos que a palavra morte não tenha sentido para ele; situado fora do tempo, o que poderia temer do porvir?" (*Le Temps retrouvé*, II, 15-16). Assim, o "tempo em estado puro" é, na página seguinte, "alforriado da ordem do tempo". Tamanho é o *trompe-l'œil* da memória que o desconhecido insondável do tempo – que, profundamente, ela confessa – é confundido nela com seu contrário, o conhecimento, por meio do qual temos às vezes a ilusão de escapar do tempo, de alcançar o eterno. A memória costuma estar ligada à faculdade de projeto, à inteligência, que nunca opera sem ela, mas a lembrança evocada pelo barulho, o contato, era memória pura, livre de todo projeto. Essa pura memória em que se inscreve nosso "verdadeiro eu", *ipse* diferente do "eu" do projeto, não libera nenhuma "essência permanente e habitualmente escondida das coisas", e sim a comunicação, estado em que somos lançados quando, arrancados do conhecido, não apreendemos mais das coisas senão o desconhecido normalmente oculto nelas.

O conhecido – o ideal, alforriado do tempo – pertence tão pouco aos momentos de felicidade que, a respeito de uma frase do *Septuor* de Vinteuil (que se situa perto de outra da qual diz: "Essa frase era o que melhor teria podido caracterizar – como rompendo com todo o resto de minha vida, com o mundo visível – aquelas impressões que em intervalos afastados eu encontrava em minha vida como os pontos de referência, os esboços, para a construção de uma vida verdadeira: a impressão sentida diante dos campanários de Martinville, diante de uma fileira de árvores perto de Balbec..."), ele diz isto: "Eu (a) vi repassar cinco, até seis vezes, sem que pudesse perceber seu rosto, mas tão acariciante, tão diferente... do que nenhuma mulher jamais me fizera desejar, que aquela frase, que me oferecia, com voz tão doce, uma felicidade que teria realmente valido a pena obter, é talvez – essa criatura invisível cuja linguagem eu não conhecia e que compreendia tão bem – a única Desconhecida que algum dia me foi dado encontrar" (*La Prisonnière*, II, 78). Aquilo que uma mulher tinha de desejável, ele o diz de vinte maneiras diferentes, era, aos olhos de Proust, a parte dela de desconhecido (se a coisa fosse possível, gozá-la teria sido extrair dela "como que a raiz quadrada de seu desconhecido"). Mas sempre o conhecimento matava o desejo, destruindo o desconhecido (que "frequentemente não resistia a uma simples apresentação"). No domínio das "impressões", pelo menos, o conhecimento nada podia reduzir, nada dissolver. E o desconhecido compunha seu atrativo como aquele dos seres desejáveis. Uma frase de um septuor, um raio de sol de verão furtam à vontade de saber um segredo que nenhuma reminiscência jamais tornará penetrável.

Mas na "impressão" reconduzida à memória, como na imagem poética, permanece um equívoco devido à possibilidade de apreender aquilo que por essência se esquiva. No embate a que se entregam, opondo-se, a vontade de pegar e a de perder – o desejo de se apropriar e aquele, contrário, de comunicar –, a poesia está no mesmo nível que os estados de "consolação", que as visões, as palavras dos místicos. Quando muito, as "consolações" traduzem um elemento inacessível (impossível) em formas familiares. Nas "consolações", a alma devota que goza do divino o possui. Quer solte gritos, quer se pasme, ela não tem a língua cortada, não atinge o fundo, o vazio obscuro. As imagens da poesia mais interior – e que mais nos perde –, as "impressões" de que Proust pôde dizer "de tal modo que fiquei em êxtase sobre o calçamento desnivelado..." ou "se o lugar atual não tivesse sido logo vencedor, acho que teria perdido conhecimento..." ou "elas forçam... nossa vontade... a tropeçar... no pasmo de uma incerteza semelhante àquela que experimentamos por vezes diante de uma visão inefável, no momento de adormecer..." – as imagens poéticas ou as "impressões" reservam, mesmo quando o transbordam, um sentimento de proprietário, a persistência de um "eu" que refere tudo a si próprio.

A parte de inacessível nas "impressões" – a espécie de insaciável fome que as precede – aparece melhor nestas páginas de *À l'ombre des jeunes filles en fleur* (II, 18-21) do que nos comentários de *Le Temps retrouvé*:

"De repente, fui preenchido por aquela felicidade profunda que poucas vezes sentira desde Combray, uma felicidade análoga àquela que tinham me dado, entre outros, os campanários de Martinville. Mas, desta vez, ela permaneceu incompleta. Eu acabara de perceber, recuadas em relação à estrada acidentada que seguíamos, três árvores que deviam servir de entrada para uma alameda coberta e formavam um desenho que eu não via pela primeira vez – não podia chegar a reconhecer o lugar de que tinham como que se soltado, mas sentia que ele me fora familiar outrora; de modo que meu espírito tendo tropeçado entre algum ano distante e o momento presente, os arredores de Balbec vacilaram, e me perguntei se todo aquele passeio não era uma ficção, Balbec um lugar aonde jamais fora senão pela imaginação, madame de Villeparisis um personagem de romance e as três velhas árvores a realidade que encontramos ao erguer os olhos do livro que estávamos lendo e que nos descrevia um ambiente para o qual tínhamos acabado por nos acreditar efetivamente transportados.

"Olhava as três árvores, via-as bem, mas meu espírito sentia que elas recobriam alguma coisa sobre a qual ele não tinha domínio, como sobre esses objetos situados longe demais, de que nossos dedos, esticados na ponta de nosso braço estendido, apenas roçam por instantes o invólucro sem chegar a pegar nada. Então descansamos um momento para lançar os braços pra frente num impulso mais forte e tratar de alcançar mais longe. Mas para que meu espírito pudesse assim se concentrar, tomar seu impulso, eu teria de estar sozinho. Como teria querido poder me afastar, como fazia nos passeios para o lado de Guermantes quando me isolava de meus pais! Parecia-me mesmo que deveria fazê-lo. Eu reconhecia aquele gênero de prazer que requer, é verdade, certo trabalho do pensamento sobre ele próprio, mas ao lado do qual os agrados da preguiça que nos faz renunciar a ele parecem bem medíocres. Esse prazer, cujo objeto era apenas pressentido, que eu mesmo deveria criar, eu só o experimentava raras vezes, mas a cada uma delas parecia-me que as coisas que tinham se passado no intervalo praticamente não tinham importância, e que me apegando unicamente à sua realidade eu poderia começar enfim uma verdadeira vida. Pus a mão por um instante diante dos olhos para poder fechá-los sem que madame de Villeparisis percebesse. Fiquei sem pensar em nada, então, de meu pensamento concentrado, retomado com mais força, saltei mais adiante na direção das árvores, ou antes naquela direção interior no extremo da qual eu as via em mim mesmo. Senti novamente por trás delas o mesmo objeto conhecido mas vago e que não pude reconduzir até mim. No entanto, todas as três, à medida que o carro avançava, eu as via se aproximarem. Onde já as vira? Não havia nenhum lugar ao redor de Combray onde uma alameda se abrisse assim. O local que elas me recordavam, tampouco havia espaço para ele na estação de águas alemã aonde fora um ano com minha avó. Devia acreditar que elas vinham de anos já tão distantes de minha vida que a paisagem que as cercava fora inteiramente abolida em minha memória e que, como essas páginas que ficamos de repente emocionados ao encontrar num livro que acreditávamos nunca ter lido, elas sobrenadavam sozinhas do livro esquecido de minha primeira infância? Não pertenciam, ao contrário, senão àquelas paisagens do sonho, sempre as mesmas, ao menos para mim em que seu aspecto estranho era apenas a objetivação em meu sono do esforço que fazia durante a vigília seja para atingir o mistério num lugar por trás da aparência do qual eu o pressentia, como me acontecera tantas vezes para os lados de Guermantes, seja para tentar reintroduzi-la num lugar que desejara conhecer e que, desde o dia em que o conhecera, parecera-me totalmente superficial, como Balbec? Não eram elas senão uma imagem totalmente nova, liberada de um sonho da noite precedente mas já tão apagada que me parecia vir de muito mais longe? Ou será que jamais as vira, e elas escondiam atrás de si, como tais árvores ou tal tufo de ervas que eu vira para os lados de Guermantes, um sentido tão obscuro, tão difícil de apreender quanto um passado distante, de modo que, solicitado por elas a aprofundar meu pensamento, acreditava dever reconhecer uma lembrança? Ou, ainda, elas sequer escondiam pensamentos e era um cansaço de minha visão que me fazia vê-las duplas no tempo como se vê às vezes duplo no espaço? Eu não sabia. Entretanto, elas vinham em minha direção; talvez aparição mítica, roda de bruxas ou de nornas que me propunha seus oráculos. Acreditei antes que fossem fantasmas do passado, companheiros queridos de minha infância, amigos desaparecidos que invocavam nossas lembranças comuns. Como sombras, elas pareciam me pedir que as levasse comigo, que as devolvesse à vida. Em sua gesticulação ingênua e apaixonada eu reconhecia o lamento impotente de um ser amado que perdeu o uso da palavra e sente que não poderá nos dizer o que ele quer e que não sabemos adivinhar. Logo, num cruzamento de estradas, o carro abandonou-as. Ele me arrastava para longe daquilo que eu acreditava ser a única verdade, daquilo que teria me feito verdadeiramente feliz, parecia minha vida.

"Vi as árvores se afastarem agitando seus braços desesperados, parecendo me dizer: o que não aprenderes de nós hoje não saberás jamais. Se nos deixares cair de novo no fundo desse caminho de onde tentávamos nos içar até ti, toda uma parte de ti mesmo que te trazíamos cairá para sempre no Nada. De fato, se na sequência voltei a encontrar o gênero de prazer e de inquietação que acabava de sentir mais uma vez, e se uma noite – tarde demais, mas para sempre – me agarrei a ele, dessas árvores elas próprias, em revanche, nunca soube o que tinham querido me trazer, onde as vira. E quando, o carro tendo bifurcado, dei-lhes as costas e parei de vê-las, enquanto madame de Villeparisis me perguntava o porquê daquele ar sonhador, estava triste como se acabasse de perder um amigo, de morrer eu próprio, de renegar um morto ou de não reconhecer um Deus."

A ausência de satisfação não é aqui mais profunda do que o sentimento de triunfo do fim da obra?

Mas Proust, sem o sentimento de triunfo, não teria razão para escrever... O que ele diz longamente, em *O tempo redescoberto*: o fato de escrever visto como uma repercussão infinita de reminiscências, de impressões...

Mas, à parte de satisfação, de triunfo, opõe-se uma parte contrária. O que a obra tenta traduzir, tanto quanto os instantes de felicidade, é o inesgotável sofrimento do amor. Não fosse assim, que sentido teriam estas afirmações: "Quanto à felicidade, ela tem quase uma só utilidade, tornar a infelicidade possível"; ou: "Pode-se quase dizer que as obras, como os poços artesianos, sobem tanto mais alto quanto mais profundamente o sofrimento escavou o coração" (*Le Temps retrouvé*, II, 65 e 66)? Acho mesmo que a ausência última de satisfação foi, mais do que uma satisfação momentânea, a mola propulsora e a razão de ser da obra. Há no último volume como que um equilíbrio entre a vida e a morte – entre as impressões redescobertas, "alforriadas do tempo", e os personagens envelhecidos que figuram, no salão Guermantes, um rebanho de passivas vítimas desse mesmo tempo. A intenção visível era dar ainda maior realce ao triunfo do tempo redescoberto. Mas, às vezes, um movimento mais forte excede a intenção: esse movimento transborda a obra inteira, garante-lhe uma unidade difusa. Os espectros reencontrados no salão Guermantes, gastos e envelhecidos após longos anos, eram já como esses objetos, roídos por dentro, que se desfazem em pó assim que os tocamos. Mesmo jovens, eles sempre apareceram arruinados, vítimas das manobras ardilosas do autor – tanto mais intimamente corruptoras por serem conduzidas com simpatia. Dessa forma, os próprios seres a que atribuímos habitualmente a existência que eles imaginam para si – de possuidores de si mesmos e de uma parte dos outros – não tinham mais do que uma existência poética, de campo onde se exercem caprichosas devastações. Pois, desse movimento, que completam a execução da Berma por seus filhos, e depois a do autor por sua obra, o mais estranho é que ele contém o segredo da poesia. A poesia não é mais do que uma devastação reparadora. Ela devolve ao tempo que rói aquilo que uma hebetude vaidosa arranca dele, dissipa os falsos semblantes de um mundo ordenado.

Não quis dizer que *Em busca do tempo perdido* seja uma expressão da poesia mais pura ou mais bela do que outra. Inclusive, encontramos nela os elementos da poesia decompostos. O desejo de conhecer se mistura incessantemente ali ao desejo contrário, de extrair de cada coisa a parte de desconhecido que ela contém. Mas a poesia não é redutível ao simples "holocausto de palavras". Da mesma forma, seria pueril concluir que só escapamos da hebetude (da tolice) passivamente – se somos ridículos. Pois, a esse tempo que nos desfaz, que só pode desfazer aquilo que queremos fortalecer, temos o recurso de oferecer nós mesmos um "coração a devorar". Orestes ou Fedra destruídos são para a poesia aquilo que a vítima é para o sacrifício.

O triunfo das reminiscências tem menos sentido do que se imagina. É, ligado ao desconhecido, ao não-saber, o êxtase que se libera de uma grande angústia. Graças a uma concessão feita à necessidade de possuir, de conhecer (enganada, se quisermos, pelo *reconhecimento*), um equilíbrio se estabelece. Frequentemente, o desconhecido nos causa angústia, mas ele é a condição do êxtase. A angústia é medo de perder, expressão do desejo de possuir. É uma parada diante da comunicação que excita o desejo, mas que mete medo. Se despistamos a necessidade de possuir, a angústia, imediatamente, vira êxtase.

O apaziguamento dado à necessidade de possuir deve ainda ser grande o bastante para cortar entre nós e o objeto desconhecido qualquer possibilidade de laços discursivos (a estranheza – o desconhecido – do objeto revelado à expectativa não deve ser resolvida por nenhuma investigação). No caso das reminiscências, a vontade de possuir, de saber, recebe uma resposta suficiente. "A visão deslumbrante e indistinta roçava em mim como se me dissesse: 'Capta-me de passagem se tens força para isso e trata de resolver o enigma da felicidade que te proponho'. E quase imediatamente eu a reconheci, era Veneza..." (*Le Temps retrouvé*, II, 8).

Se a poesia é a via pela qual em todos os tempos seguiu o desejo sentido pelo homem de reparar o abuso feito por ele da linguagem, ela tem lugar, como disse, no mesmo plano. Ou naqueles, paralelos, da expressão.

Ela difere nisso das reminiscências cujos jogos ocupam em nós o domínio das imagens – que assaltam o espírito antes que ele as expresse (sem que elas se tornem por isso expressões). Se entra nesses jogos algum elemento de sacrifício, seu objeto é ainda mais irreal do que o da poesia. Na verdade, as reminiscências estão tão próximas da poesia que o próprio autor as liga à sua expressão, que só em princípio ele poderia não lhes ter dado. Aproximaremos o domínio das imagens daquele da experiência interior, mas, entendida como eu disse, a experiência coloca tudo em causa, no que ela atinge dos diversos objetos o menos irreal (e se ele parece, contudo, tão pouco real é porque ela não o atinge fora do sujeito com que o une). Além de tudo, como a poesia tende ela própria a fazer, as reminiscências (menos asperamente) tendem a colocar tudo em causa, mas o evitam ao mesmo tempo que tendem para isso – e sempre pela mesma razão. Como a poesia, as reminiscências não implicam a recusa de possuir; pelo contrário, elas mantêm o desejo e só podem, em consequência, ter um objeto particular. Mesmo um poeta maldito se obstina em possuir o mundo movente de imagens que expressa e por meio do qual enriquece a herança dos homens.

A imagem poética, se leva do conhecido ao desconhecido, apega-se, entretanto, ao conhecido que lhe dá corpo, e, embora o dilacere e dilacere a vida nesse dilaceramento, mantém-se nele. Daí se segue que a poesia é quase inteiramente poesia decaída, gozo de imagens, é verdade, retiradas do domínio servil (poéticas como nobres, solenes) mas recusadas à ruína interior que o acesso ao desconhecido é. Mesmo as imagens profundamente arruinadas são domínio de posse. É triste não possuir mais do que ruínas, mas não é o mesmo que não possuir mais nada, é reter com uma mão o que a outra dá.

Mesmo espíritos simplórios sentiram obscuramente que Rimbaud esgarçou o possível da poesia abandonando-a, sacrificando-a completamente, sem equívoco, sem reserva. Que isso tenha resultado numa absurdez desencorajadora (sua existência africana) foi de importância secundária aos olhos deles (no que não estavam errados, um sacrifício se paga, é tudo). Mas esses espíritos não podiam seguir Rimbaud: podiam apenas admirá-lo, Rimbaud tendo, através de sua fuga, ao mesmo tempo, ampliado o possível para si mesmo e suprimido esse possível para os outros. Por admirarem Rimbaud apenas por amor à poesia, alguns continuaram a gozar da poesia ou a escrever, mas com má consciência; outros se trancaram num caos de inconsequências em que se satisfizeram e, deixando-se ir, não hesitaram diante de nenhuma afirmação categórica. E, como acontece muitas vezes, "uns e outros" reunidos – em numerosos exemplares, cada vez sob uma forma diferente – numa só pessoa, compuseram um tipo de existência definido. A má consciência podia de repente se traduzir em atitude humilde, pueril mesmo, mas num outro plano que não o da arte, o plano social. No mundo da literatura – ou da pintura – sob a condição de observar certas regras de inconveniência, voltou-se a hábitos em que o abuso (a exploração) era difícil de distinguir da reserva dos melhores. Não quero dizer nada de hostil, mas apenas que nada restou, ou quase, da contestação sem rodeios de Rimbaud.

O sentido de um além está longe de escapar àqueles mesmos que designam a poesia como uma "terra de tesouros". Breton (no *Segundo manifesto*) escreveu: "É claro que o surrealismo não está interessado em dar muita bola para tudo aquilo que se produz ao seu lado sob pretexto de arte, ou mesmo de antiarte, de filosofia ou de antifilosofia, numa palavra, de tudo aquilo que não tem por fim o aniquilamento do ser num brilhante interior e cego, que não seja mais a alma do gelo do que a do fogo". O "aniquilamento" tinha desde as primeiras palavras um "belo" aspecto, e não havia por que falar dele se não fosse para contestar os meios destinados a esse fim.

Se quis falar longamente de Marcel Proust foi porque ele teve uma experiência interior, limitada talvez (quão sedutora, no entanto, por tanta frivolidade misturada, tanta indolência feliz), mas liberada de entraves dogmáticos. Acrescentarei a amizade, por sua maneira de esquecer, de sofrer, um sentimento de cumplicidade soberana. E mais isto: o movimento poético de sua obra, qualquer que seja sua fraqueza, toma o caminho pelo qual a poesia toca o "extremo" (o que veremos mais longe).

Dos diversos sacrifícios, a poesia é o único de que podemos manter, renovar o fogo. Mas sua miséria é ainda mais sensível do que as dos outros sacrifícios (se consideramos a parte deixada à posse *pessoal*, à ambição). O essencial é que, por si só, o desejo da poesia torna intolerável nossa miséria: certos da impotência em que estão os sacrifícios de objetos de nos liberar verdadeiramente, sentimos com frequência a necessidade de ir mais longe, até o sacrifício do sujeito. O que pode não ter consequências, mas, se sucumbe, o sujeito suspende o peso da avidez, a vida escapa à avareza. O sacrificador, o poeta, tendo de levar sem descanso a ruína ao mundo inapreensível das palavras, logo se cansa de enriquecer um tesouro literário. Está condenado a ele: se perdesse o gosto pelo tesouro, cessaria de ser poeta. Mas não pode deixar de ver o abuso, a exploração feita do gênio pessoal (da glória). Dispondo de uma parcela de gênio, um homem chega a acreditar que ela é "dele", como uma parcela de terra é de um agricultor. Mas como nossos antepassados, mais tímidos, sentiram diante das colheitas, dos rebanhos – que tinham de explorar para viver – que havia nessas colheitas, nesses rebanhos, um elemento (que cada um reconhece num homem ou numa criança), que não pode ser "utilizado" sem escrúpulos, da mesma forma repugnou, primeiro a alguns poucos, que se "utilizasse" o gênio poético. E quando a repugnância é sentida, tudo escurece, é preciso vomitar o mal, é preciso "expiá-lo".

Se pudéssemos, o que desejaríamos, sem dúvida alguma, seria suprimir o mal. Mas o desejo de suprimir teve por efeito apenas (o gênio permanece obstinadamente pessoal) a expressão do desejo. Atestam isso estas frases, cujas repercussões íntimas se devem a uma eficácia exterior que elas não têm: "Todos os homens", disse Blake, "são semelhantes pelo gênio poético". E Lautréamont: "A poesia deve ser feita por todos, não por um". Quero, de verdade, que se tente, honestamente, como for possível, dar consequências a essas intenções: mas a poesia alguma vez deixou de ser o feito de alguns poucos que o gênio visita?

O gênio poético não é o dom verbal (o dom verbal é necessário, já que se trata de palavras, mas ele muitas vezes extravia): é a adivinhação das ruínas secretamente esperadas, a fim de que tantas coisas fixadas se desfaçam, percam-se, comuniquem. Nada é mais raro. Esse instinto que adivinha, e o faz na certa, exige mesmo, de quem o detém, o silêncio, a solidão: e quanto mais inspira, mais cruelmente isola. Mas como ele é instinto de destruições exigidas, se a exploração que mais pobres fazem de seu gênio quer ser "expiada", um sentimento obscuro guia de repente o mais inspirado para a morte. Outro, não sabendo, não podendo morrer, pela impossibilidade de se destruir inteiramente, destrói nele ao menos a poesia.

(O que não se percebe: que a literatura não sendo nada se não for poesia, a poesia sendo o contrário de seu nome, a linguagem literária – expressão de desejos ocultos, da vida obscura – é a perversão da linguagem um pouco mais até do que o erotismo é a perversão das funções sexuais. Daí o "terror" que, no fim, impera "nas letras",* como a busca de vícios, de excitações novas, no fim da vida de um depravado.)

A ideia – que engana alguns e lhes permite enganar os outros – de uma existência unânime reencontrada que a sedução interior da poesia produziria me surpreende tanto mais que:

---

* Referência ao livro *Les Fleurs de Tarbes ou la Terreur dans les lettres* (As flores de Tarbes ou o Terror nas letras) (1936-1941), de Jean Paulhan, deflagrador de uma polêmica em que se inserem textos como *Comment la littérature est-elle possible* (Como a literatura é possível?) (1942), de Maurice Blanchot, e *Qu'est-ce que la littérature* (O que é a literatura) (1947), de Jean-Paul Sartre. (N.T.)

Ninguém mais do que Hegel deu importância à separação dos homens entre si. A esse fatal dilaceramento ele foi o único a dar seu lugar – todo o lugar – no domínio da especulação filosófica. Mas não foi a poesia romântica, e sim o "serviço militar obrigatório" que lhe pareceu garantir o retorno a essa vida comum, sem a qual não havia, segundo ele, saber possível (ele viu nisso o sinal dos tempos, a prova de que a história se completava).

Vi Hegel muitas vezes citado – como ao acaso –, muitas vezes por aqueles que a fatalidade de uma "Idade de Ouro" poética obseda, mas se costuma negligenciar o fato de que os pensamentos de Hegel são solidários, a ponto de que não se pode apreender seu sentido senão na necessidade do movimento que é sua coerência.

E essa imagem cruel de uma "Idade de Ouro" dissimulada sob a aparência de uma "Idade de Ferro", tenho algumas razões ao menos para propô-la à meditação de espíritos ágeis. Por que continuar enganando a nós mesmos? conduzido por um instinto cego, o poeta sente que se afasta lentamente dos outros. Quanto mais entra nos segredos *que são aqueles dos outros assim como os seus*, mais se separa, mais está só. Sua solidão no fundo de si recomeça o mundo, mas só o recomeça para ele próprio. O poeta, levado longe demais, triunfa sobre sua angústia, mas não sobre a dos outros. Não pode ser desviado de um destino que o absorve, longe do qual feneceria. Precisa ir sempre um pouco mais longe, está aí seu único país. Ninguém pode curá-lo de não ser a multidão.

Ser conhecido! como ele poderia ignorar que ele é *o desconhecido*, sob a máscara de um homem entre outros.

Execução do autor por sua obra. "A felicidade é salutar para o corpo, mas é a mágoa que desenvolve as forças do espírito. Aliás, mesmo que não descobrisse uma lei para nós a cada vez, a mágioa não deixaria de ser indispensável para nos recolocar a cada vez na verdade, forçar-nos a tomar as coisas a sério, arrancando a cada vez as ervas daninhas do hábito, do ceticismo, da leviandade e da indiferença. É fato que essa verdade, que não é compatível com a felicidade, com a saúde, nem sempre o é com a vida. A mágoa acaba por matar. A cada nova dor forte demais, sentimos mais uma veia que salta e desenvolve sua sinuosidade mortal ao longo de nossa têmpora, sob nossos olhos. E é assim que pouco a pouco se fazem essas terríveis figuras destruídas, do velho Rembrandt, do velho Beethoven de quem todos zombavam. E isso não seria mais do que olheiras e rugas na testa se não houvesse o sofrimento do coração. Mas como as forças podem se transformar em outras forças, já que o ardor que dura se torna luz e que a eletricidade do relâmpago pode fotografar, já que nossa surda dor no coração pode elevar acima de si, como um pavilhão, a permanência visível de uma imagem a cada nova mágoa, aceitemos o mal físico que nos causa em troca do conhecimento espiritual que ela nos traz: deixemos se desagregar nosso corpo já que cada nova parcela que se solta dele vem, dessa vez luminosa e legível, para completar a custas de sofrimentos de que outros, mais dotados, não precisam, para torná-la mais sólida à medida que as emoções pulverizam nossa vida, acrescentar-se a nossa obra." Os deuses para quem sacrificamos são eles próprios sacrifícios, lágrimas choradas até morrer. Essa *Busca do tempo perdido*, que o autor não teria escrito se não tivesse, quebrado por sua dores, cedido a elas, dizendo: "Deixemos se desagregar nosso corpo...", o que é ela senão o rio de antemão correndo para o estuário que é a própria frase: "Deixemos..."? e o largo a que se abre o estuário é a morte. De tal forma que a obra não foi apenas o que conduziu o autor ao túmulo, mas a maneira como ele morreu; ela foi escrita no leito de morte... O próprio autor quis que o adivinhássemos morrendo a cada frase um pouco mais. E é a si próprio que descreve falando de todos aqueles, convidados, "que não estavam ali, porque não podiam, que seus secretários, tentando dar a ilusão de que ainda estavam vivos, tinham desculpado com um daqueles telegramas que eram remetidos de tempos em tempos à Princesa". Basta, e até sobra, substituir por um manuscrito o rosário desses "doentes que estão morrendo há anos, que não se levantam mais, não se mexem mais, e, mesmo em meio à assiduidade frívola de visitantes atraídos por uma curiosidade de turista, ou uma confiança de peregrinos, de olhos fechados, segurando seu rosário, levantando um pouco seu lençol, já mortuário, parecem jazentes que o mal esculpiu até o esqueleto numa carne rígida e branca como o mármore, e estendeu sobre seu túmulo".

Sobre um sacrifício em que tudo é vítima
(continuação e fim)

"*Vocês não ouviram falar daquele louco que acendia uma lanterna em pleno meio-dia, depois se punha a correr pela grande praça gritando sem parar: 'Estou procurando Deus! estou procurando Deus!'? Como muitos daqueles que tinham se reunido ali eram dos que não acreditam em Deus, ele provocou uma grande gargalhada. Será que alguém o extraviou? dizia um. Ele se perdeu como uma criança? dizia o outro. Assim exclamavam, assim riam entre si. O louco saltou no meio deles e os trespassou com seus olhares: 'Para onde foi Deus?', gritou, 'vou lhes dizer: nós o matamos — vocês e eu! Nós todos, somos seus assassinos!'.*

"*'— Mas como fizemos isso? Como pudemos esgotar o mar? Quem nos deu a borracha para apagar o horizonte inteiro? O que fizemos quando soltamos essa terra de seu sol? Para onde ela se dirige agora? Para onde nos dirigimos nós? Para longe de todos os sóis? Não estamos caindo sem parar? Para trás, de lado, para frente, para todos os lados? Há ainda um em cima e um embaixo? Não somos carregados ao acaso num Nada sem fim? Não estamos no sopro do espaço vazio? Não faz cada vez mais frio? A noite não vem sem cessar e se faz cada vez mais noite? Não é preciso acender lanternas em pleno meio-dia? Não estamos escutando nada do alvoroço dos coveiros que estão enterrando Deus? Não sentimos o fedor da putrefação divina?*

"*'— Pois os deuses também apodrecem! Deus morreu! Deus continuou morto! e fomos nós que o matamos! Como nos consolar, a nós, os assassinos dos assassinos? Aquilo que o mundo possuía de mais sagrado sangrou debaixo de nossas facas: quem nos lavará desse sangue? Em que água poderíamos ser purificados? Que festas expiatórias, que jogos sagrados não deveríamos inventar? A grandeza dessa ação não é grande demais para nós? Não somos obrigados a nos tornar nós mesmos deuses, a fim de parecer dignos dela?*

"*'NUNCA HOUVE AÇÃO MAIOR, E AQUELES QUE NASCERÃO DEPOIS DE NÓS PERTENCERÃO POR NOSSA CAUSA A UMA HISTÓRIA MAIS ALTA DO QUE NENHUMA JAMAIS FOI ATÉ NÓS.'"*

(*A gaia ciência*)

Esse sacrifício *que nós consumamos* se distingue dos outros nisto: o próprio sacrificador é atingido pelo golpe que desfere, sucumbe e se perde com sua vítima. Mais uma vez: o ateu está satisfeito com um mundo completo sem Deus; esse sacrificador está, pelo contrário, na angústia diante de um mundo inacabado, inacabável, para sempre ininteligível, que o destrói, dilacera-o (e esse mundo se destrói, dilacera a si mesmo).

Outra coisa que me detém: esse mundo que se destrói, que se dilacera... não o faz normalmente com estardalhaço, mas num movimento que escapa daquele que fala. A diferença entre esse mundo e o orador se deve à ausência de vontade. O mundo é louco profundamente, sem desígnio. O louco de início é histrião. Acontece de um de nós se inclinar para a loucura, sentir-se devir tudo. Como o camponês que, chutando um montinho de terra, induz a presença da toupeira e não pensa nem um pouco na ceguinha, mas no meio de destruí-la, assim, por alguns sinais, os amigos do infeliz deduzem a "megalomania", e se perguntam a que médico confiarão o doente. Prefiro me ater à "ceguinha", que, no drama, tem o papel principal, o de agente do sacrifício. É a loucura, a megalomania do homem que o lança na goela de Deus. E aquilo que o próprio Deus faz com uma simplicidade ausente (em que só o louco percebe que é tempo de chorar) esse louco faz com os gritos da impotência. E esses gritos, essa loucura desencadeada afinal, o que são senão o sangue de um sacrifício em que, como nas velhas tragédias, todo o palco, quando a cortina cai, está coberto de mortos?

É quando desfaleço que salto. Nesse momento: até a verossimilhança do mundo se dissipa. Seria preciso, no final, tudo ver com olhos sem vida, devir Deus, de outra forma não saberíamos o que é soçobrar, não saber mais nada. Nietzsche se segurou por muito tempo na escarpa. Quando chegou a hora para ele de ceder, quando compreendeu que estavam terminados os preparativos do sacrifício, só pôde dizer alegremente: Eu sou Dionísio, etc.

O que atrai a curiosidade: Nietzsche teve do "sacrifício" uma compreensão fugidia? ou carola? ou tal? ou tal outra?

Tudo tem lugar na confusão divina! A vontade cega, a "inocência", só elas nos salvam dos "projetos", dos erros, a que o olho avaro do discernimento nos conduz.

Tendo do eterno retorno a visão que sabemos, a intensidade dos sentimentos de Nietzsche o fazia às vezes rir e tremer. Ele chorou demais: eram lágrimas de júbilo. Percorrendo a floresta, ao longo do lago de Silvaplana, parou "perto de um enorme rochedo que se erguia em forma de pirâmide, não longe de Surlej". Imagino a mim mesmo chegando à beira do lago e, só de imaginar, já choro. Não que tenha encontrado na ideia de eterno retorno algo que possa me emocionar por minha vez. O mais evidente sobre uma descoberta que devia tirar o chão de nossos pés – aos olhos de Nietzsche só uma espécie de homem transfigurado conseguiria superar seu horror – é que ela deixa a melhor vontade indiferente. Só que o objeto de sua visão, aquilo que o fez rir e tremer, não era o retorno (e nem mesmo o tempo), mas aquilo que o retorno desnudou, o fundo impossível das coisas. E esse fundo, que se o atinja por uma ou outra via, é sempre o mesmo, já que é noite e que, percebendo-o, só nos resta desfalecer (agitar-se até a febre, perder-se no êxtase, chorar).

Fico indiferente tentando apreender o conteúdo intelectual da visão e, através dele, como Nietzsche foi dilacerado; em vez de perceber que, por meio de uma representação do tempo que colocava a vida em causa até no pouco sentido que ela tem, ele terminou de perder as estribeiras e viu dessa maneira o que só vemos desfalecendo (como o vira pela primeira vez no dia em que compreendeu que Deus tinha morrido, que ele próprio o matara). Posso à vontade inscrever o tempo numa hipótese circular, mas nada mudou: cada hipótese a respeito do tempo é esgotante, vale como meio de acesso ao desconhecido. O menos surpreendente é que, numa ida ao êxtase, eu tenha a ilusão de conhecer e de possuir, como se fizesse obra de ciência (envolvo o desconhecido num conhecido qualquer, como posso).

O riso nas lágrimas. – A execução de Deus é um sacrifício que, fazendo-me tremer, deixa-me, no entanto, rir, pois, nele, não sucumbo menos do que a vítima (ao passo que o sacrifício do Homem salvava). De fato, aquilo que sucumbe com Deus, comigo, é a má consciência que tinham os sacrificadores ao se esquivarem diante do sacrifício (a perturbação da alma fugidia, porém teimosa, segura da salvação eterna, mas gritando, evidentemente, que não é digna dela).

Esse sacrifício da razão é em aparência imaginário, não tem consequência sangrenta nem nada de análogo. Difere, no entanto, da poesia por ser total, não reservar gozo, senão por deslizamento arbitrário, que não se pode manter, ou por riso abandonado. Se deixa uma sobrevivência de acaso, é esquecida de si mesma, como, após a colheita, a flor dos campos.

Esse sacrifício estranho, que supõe um último estado de megalomania – sentimo-nos devir Deus –, tem, todavia, consequências ordinárias num caso: se o gozo for furtado por deslizamento e a megalomania não for inteiramente consumida, permanecemos condenados a nos fazer "reconhecer", a querer ser um Deus para a massa; condição favorável à loucura, mas só a ela. Em todos os casos, a consequência última é a solidão, a loucura só podendo torná-la ainda maior, pela falta de consciência que tem disso.

Se alguém se satisfaz com a poesia, não tem a nostalgia de ir mais longe, está livre para imaginar que um dia todos conhecerão sua realeza e, tendo se reconhecido nele, o confundirão consigo próprios (um pouco de ingenuidade abandona sem volta a este encanto fácil: saborear a posse do porvir). Mas ele pode, se quiser, ir mais longe. O mundo, a sombra de Deus, aquilo que, poeta, ele próprio é podem de repente lhe parecer marcados pela ruína. De tal modo que o desconhecido, o impossível que são no final, faz-se ver. Mas então se sentirá tão sozinho que a solidão será para ele como uma outra morte.

Se vamos até o fim, é preciso nos apagar, aguentar a solidão, sofrer duramente dela, renunciar a ser *reconhecido*: estar lá em cima, como ausente, insensato, aguentar sem vontade e sem esperança, estar alhures. O pensamento (por causa daquilo que tem no fundo de si), é preciso enterrá-lo vivo. Publico-o sabendo-o de antemão não reconhecido, devendo não sê-lo. É preciso que sua agitação termine, que ele permaneça escondido, ou quase, velhinha num cantinho, sem honra. Não posso, ele não pode comigo, senão soçobrar a esse ponto no não-sentido. O pensamento arruína, e sua destruição é incomunicável à massa, endereça-se aos menos fracos.

Aquilo que no riso está oculto deve permanecer assim. Se nosso conhecimento vai mais longe e conhecemos esse oculto, o desconhecido que destrói o conhecimento, esse conhecimento novo que nos torna cegos, é preciso deixá-lo na sombra (onde estamos), de modo que os outros permaneçam cegos ingenuamente.

O extremo movimento do pensamento deve se dar por aquilo que é: estranho à ação. A ação tem suas leis, suas exigências, às quais responde o pensamento prático. Prolongado para além na busca de um longínquo possível, o pensamento autônomo só pode reservar o domínio da ação. Se a ação é "abuso", e o pensamento não útil, sacrifício, o "abuso" deve ter lugar, tem todos os direitos. Inserido num ciclo de fins práticos, um sacrifício tem por meta, longe de condenar, tornar o abuso possível (o uso avaro da colheita é possível uma vez terminadas as prodigalidades das primícias). Mas assim como o pensamento autônomo se recusa a julgar o domínio da ação, em troca, o pensamento prático não pode opor regras que valem para ele ao prolongamento da vida nos longínquos limites do possível.

Consequência da solidão. – "Ao redor de todo espírito profundo cresce e se desenvolve sem cessar uma máscara graças à interpretação sempre falsa, ou seja, *plana*, de cada uma de suas palavras, de cada uma de suas atitudes, do menor sinal de vida que ele dá."
(*Além do bem e do mal*, 40)

Observação sobre um lado tônico da solidão. – "[...] eles consideram o próprio sofrimento como algo que é preciso *suprimir*. Nós que vemos as coisas sob uma outra face, nós que abrimos nosso espírito à questão de saber onde e como a planta 'homem' se desenvolveu mais vigorosamente até aqui, acreditamos que foi preciso para isso condições totalmente contrárias, que, no homem, o perigo da situação deve ter feito crescer, até a enormidade, o gênio de invenção e de dissimulação (o 'espírito'), que, sob uma pressão e uma coação prolongadas, ele se desenvolveu em ousadia e sutileza, e a vontade de viver se elevou até a absoluta vontade de potência. Pensamos que a dureza, a violência, a escravidão, o perigo, na alma e na rua, que a dissimulação, o estoicismo, os artifícios e os sortilégios de toda espécie, que tudo que é mau, terrível, tirânico, tudo aquilo que no homem tem a ver com o animal de rapina e com a serpente serve tão bem à elevação do gênero homem quanto seu contrário."

(Além do bem e do mal, 44)

Há solidão mais sufocada, mais insonora, mais debaixo da terra? No desconhecido obscuro, o sopro falta. A borra das agonias possíveis é o sacrifício.

Se soube fazer em mim o silêncio dos outros, *eu sou*, eu, Dionísio, *eu sou* o crucificado. Mas se esqueço minha solidão...

Extremo brilho: estou cego, extrema noite: continuo cego. De um à outra, sempre ali, objetos que vejo, uma pantufa, uma cama.

Última e pura zombaria da febre. — No silêncio nebuloso do coração e na melancolia de um dia cinzento, nesta deserta extensão de olvido que não oferece à minha fadiga mais do que um leito de doença, logo de morte, essa mão que em sinal de aflição eu deixara cair a meu lado, pendendo com os lençóis, um raio de sol que desliza até mim pede-me suavemente para retomá-la, erguê-la até meus olhos. E, como se despertassem em mim, aturdidas, loucas, saindo de repente do longo nevoeiro onde tinham se acreditado mortas, vidas como uma multidão no empurra-empurra do instante de milagre de uma festa, minha mão segura uma flor e a leva a meus lábios.[13]

QUINTA PARTE
*Manibus date
lilia plenis**

---
* Dai lírios a mancheias (VIRGÍLIO, *Eneida*, VI, 883). (N.T.)

Gloria in excelsis mihi*

No mais alto dos céus,
os anjos, ouço suas vozes, me glorificam.
Sou, sob o sol, formiga errante,
pequena e preta, uma pedra rolada
me atinge,
me esmaga,
morta,
no céu
o sol está em fúria,
cega,
grito;
"não ousará"
ousa.

Gloria in excelsis mihi

Au plus haut des cieux,
les anges, j'entends leur voix, me glorifient.
Je suis, sous le soleil, fourmi errante,
petite et noire, une pierre roulée
m'atteint,
m'écrase,
morte,
dans le ciel
le soleil fait rage,
il aveugle,
je crie :
« il n'osera pas »
il ose.

---

* Glória a mim nas alturas. (N.T.)

Quem sou	*Qui suis-je*
não "eu" não não	*pas « moi » non non*
mas o deserto a noite a imensidão	*mais le désert la nuit l'immensité*
que sou	*que je suis*
que é	*qu'est-ce*
deserto imensidão noite besta	*désert immensité nuit bête*
logo Nada sem volta	*vite néant sans retour*
e sem nada ter sabido	*et sans rien avoir su*
Morte	*Mort*
resposta	*réponse*
esponja escorrendo de sonho	*éponge ruisselante de songe*
solar	*solaire*
crava-me	*enfonce-moi*
que eu não saiba mais	*que je ne sache plus*
que estas lágrimas.	*que ces larmes.*

Estrela   *Étoile*
sou-a   *je la suis*
ó morte   *ô mort*
estrela de trovão   *étoile de tonnerre*
louco sino de minha morte   *folle cloche de ma mort.*

Poemas
não corajosos
mas doçura
ouvido de delícia
uma voz de ovelha urra
além vai além
tocha apagada.

Poèmes
pas courageux
mais douceur
oreille de délice
une voix de brebis hurle
au delà va au delà
torche éteinte.

Deus	**Dieu**
Tem a mão quente	*A la main chaude*
morro morres	*je meurs tu meurs*
onde ele está	*où est-il*
onde estou	*où suis-je*
sem rir	*sans rire*
estou morto	*je suis mort*
morto e morto	*mort et mort*
na noite de tinta	*dans la nuit d'encre*
flecha atirada	*flèche tirée*
sobre ele	*sur lui.*

Método de meditação

Se o homem não fechasse soberanamente
os olhos, acabaria por não ver mais aquilo
que vale a pena ser olhado.

René Char

Advertência

[14]Minha ambição – nas páginas seguintes – é a mais longínqua que já se teve.

Por mais digna de interesse que possa ser uma tarefa política – ou qualquer outra à altura de ideias ousadas – (quando a esse respeito, penso, avalio a olho, imbuído do sentimento dos meus limites: a humildade de um personagem cômico, a indiferença a si mesmo, uma negação feliz daquilo que não é movimento rápido acabam com minha hesitação): nada percebo do que um homem possa se propor que não se reduza por alguma inflexão a uma operação subordinada (que difere em algum ponto daquela que me concerne, que seria *operação soberana*).

Enfraqueceria, imagino, a afirmação de meu desígnio, explicando-me mais longamente. Limitaria de bom grado esta advertência a estas primeiras palavras, mas acho que chegou o momento de dissipar, se for possível, mal-entendidos que a desordem dos meus livros criou – que tangem aos assuntos abordados mais adiante.[15]

I
Situo meus esforços na esteira, ao lado do surrealismo

Uma exigência ousada, provocante, manifestou-se sob o nome de surrealismo. Era confusa, é verdade, muitas vezes largando a presa pela sombra.* A confusão atual, a prostração geral (quem formula hoje a menor exigência?) me parecem às vezes preferíveis. Acredito, não obstante, que se a ambição surrealista subsistisse, eu não poderia dizer exatamente o que acabo de dizer. E, de qualquer jeito, fico espantado com aquilo que agora se descobre: salvo raríssimas exceções, não vejo à minha volta nem consciência intelectual, nem temeridade, nem desejo, nem força. Contudo, só posso me endereçar à exasperação.**

II
Meu método está nos antípodas do *yoga*

Um método de meditação, em princípio, deveria retomar os ensinamentos do *yoga* (exercícios hindus de concentração).

Seria ótimo se existisse um manual que despojasse as práticas dos *yogis* de excrescências morais ou metafísicas. Os métodos, além do mais, poderiam ser simplificados.

A calma, a respiração profunda, prolongada, mas como quando se dorme, à maneira de uma dança encantatória, a concentração

---

* Talvez o melhor equivalente em português de "*lâcher la proie pour l'ombre*" seja "tomar a nuvem por Juno", ou, ainda, "comprar gato por lebre". Mas preferi manter a literalidade: largar a presa, a caça, e agarrar sua sombra. A sombra são as obras (livros, pinturas...); a presa, a experiência. É o que Bataille deixa claro num artigo de 1946, "À propos d'assoupissements" (Sobre dormir no ponto), que assim começa: "Mas como se veio a confundir com a coisa mesma a expressão que lhe dão a pintura ou a poesia?" (*Troisième Convoi*, n. 2, jan. 1946). Além disso, Bataille brinca com o "conselho" do próprio Breton em "Lâchez tout" (publicado em abril de 1922 na revista *Littérature*): "Largai tudo./Largai Dadá./Largai vossa mulher, largai vossa amante./Largai vossas esperanças e vossos temores./Semeai vossos filhos no canto de um bosque./*Largai a presa pela sombra*./Largai, se preciso for, uma vida folgada, o que vos dão por uma situação de futuro./Parti pelas estradas". (N.T.)

** Não pude evitar expressar meu pensamento de um modo filosófico. Mas não me dirijo aos filósofos. O que quis dizer, aliás, não é muito difícil de entender. Mesmo deixar para lá as passagens obscuras, em razão da intensidade do sentimento, acarretaria menores mal-entendidos do que ler como professor.

lenta, irônica, dos pensamentos em direção a um vazio, o escamoteio hábil da mente sobre temas de meditação, em que sucessivamente desabam o céu, o chão, o sujeito, poderiam ser objeto de ensinamento. Uma descrição desnudada dessa disciplina ajudaria a chegar ao "êxtase dos *yogis*".

O interesse posto em jogo é apreciável, já que não há meio mais curto de escapar da "esfera da atividade" (ou, querendo, do mundo real).

Mas é justamente por ser o melhor *meio*, que, a respeito do *yoga*, a questão se coloca incisivamente: se *recorrer a meios* define a esfera da atividade, como arruiná-la quando, desde o início, fala-se de *meio*? Ora, o *yoga* nada é se não for essa ruína.

III
Minhas reflexões se fundam numa experiência "privilegiada": "ir o mais longe possível", no entanto, só faz sentido uma vez reconhecido o primado de um *continuum*

Entendo por *continuum* um meio contínuo que o conjunto humano é, opondo-se a uma representação rudimentar de indivíduos, insecáveis e decididamente separados.*

Das críticas feitas a *A experiência interior*, aquela que dá ao "suplício" um sentido exclusivamente individual revela o limite, em relação ao *continuum*, dos indivíduos que a fizeram. Que existe um ponto do *continuum* onde a prova do "suplício" é inevitável, não apenas não pode ser negado, como esse ponto, situado no extremo, define o ser humano (o *continuum*).

---

* A separação dos seres, o abismo que separa o *tu* do *eu*, costuma ter um sentido primordial. Em nossa esfera de vida, no entanto, a diferença de um a outro é apenas um aprofundamento de possibilidades precárias. Se é verdade que, num caso, num tempo dado, a passagem de *ti* a *mim* tem um caráter contínuo, a aparente descontinuidade dos seres não é mais uma qualidade fundamental.
É o caso dos gêmeos univitelinos. Mark Twain dizia que um dos gêmeos tendo se afogado, jamais se soube qual dos dois. O zigoto, que fui, podia se cindir em dois indivíduos diferentes um do outro na medida em que um deles dizendo "eu" teria assim excluído radicalmente o outro, mas não sei em que cada um deles diferia desse eu que não é um nem outro. Na verdade, essa diferença que aprofundamos como uma chaga não é mais que um *continuum* perdido.

IV
Não me separo em nada do homem em geral e tomo sobre mim a totalidade daquilo que é

A exclusão comumente feita do pior (a tolice, o vício, a indolência...) me parece traduzir o servilismo. A inteligência *servil* está a serviço da tolice, mas a tolice é *soberana*: não posso fazer nada para mudar isso.

V
O essencial é inconfessável

O que não é servil é inconfessável: uma razão para rir, para...: o mesmo se dá com o êxtase. O que não é útil deve se esconder (sob uma máscara). Um criminoso, ao morrer, foi o primeiro a formular este *mandamento*, dirigindo-se à multidão: "Não confesseis jamais".

VI
O aparente relaxamento do rigor pode expressar um rigor ainda maior, a que era preciso responder em primeiro lugar

Esse princípio deve ainda ser invertido.
O aparente rigor afirmado pra lá e pra cá é apenas o efeito de um profundo relaxamento, do abandono de um essencial que, de qualquer maneira, a SOBERANIA DO SER é.

PRIMEIRA PARTE
Contestação

A ideia do silêncio (é o inacessível) é desarmante!
Não posso falar de uma ausência de sentido senão dando-lhe um sentido que ela não tem.
O silêncio é rompido, já que falei...
Sempre algum *lamá sabactâni* acaba a história, e grita nossa impotência de nos calar: devo dar um sentido àquilo que não o tem: o ser, ao final, nos é dado como impossível!

Essa imensa tolice, a infantilidade arrogante, a grosseira futilidade do riso e toda uma ignorância coagulada em raivas servis me devolvem de toda parte uma mesma resposta: *impossível*! O ser que está ali, o homem, é o *impossível* encarnado em todos os sentidos. Ele é o inadmissível e só admite, só tolera aquilo que é tornando sua essência mais profunda: inadmissível, intolerável! Perdido num dédalo de aberrações, de surdezes, de horrores, ávido de torturas (de olhos, de unhas arrancados), interminavelmente abismado na contemplação satisfeita de uma ausência.
Que se ouse esperar uma saída, corrigindo isso, maldizendo aquilo, denunciando, condenando, decapitando, ou excomungando, privando (ao que parece) de valor (de sentido) aquilo que outros... isso leva a uma nova platitude, a uma ferocidade nova, a uma nova hebetude hipócrita.

Mas como (dirijo-me a todos os homens) eu poderia renunciar à tolice de vocês? Quando sei que, sem ela, eu não seria! Que seria eu – aquilo que as pedras ou o vento são – se não fosse cúmplice dos erros de vocês?

Sou um grito de alegria!
Não há um erro, não há um horror que não eleve minhas chamas.

Penso como uma puta tira seu vestido.
Na extremidade de seu movimento, o pensamento é o impudor, a obscenidade encarnada.

Sob nenhum aspecto uma conflagração excedente é contrária ao assassino, ao usurário, à professorinha. Ela não abandona nem a mulher perdida nem o "homem mundano".
Ela completa o movimento da bestice, da zombaria insípida, da covardia.

Meditação I

Personagem importante, exijo uma audiência.
Dando um chute no meu traseiro, o ministro me expulsa com estardalhaço.
Entro em êxtase na antecâmara: o chute me maravilha, esposa-me, penetra-me; abre-se em mim como uma rosa.

Meditação II

Encontro entre dois túmulos um pirilampo.
Coloco-o, na noite, em minha mão.
O luzecu me olha dali, penetra-me até a vergonha.
E nos perdemos ambos em sua luzinha: confundimo-nos ambos com a luz.
O vaga-lume maravilhado ri de mim e dos mortos, e eu me maravilho também, rindo de ser adivinhado pelo verme luminoso e pelos mortos.

Meditação III

O sol entra no meu quarto.
Tem o pescoço magrelo das flores. Sua cabeça parece um crânio de pássaro.

Pega o botão do meu casaco.
Empunho, mais bizarramente, um botão de calça.
E nos olhamos como crianças:

> "Eu te pego,
> tu me pegas,
> pela barbichinha.
> O primeiro..."*

*

Todo problema, em certo sentido, é um problema de *emprego do tempo*.

Que implica a questão preliminar:

– O que tenho a fazer (o que devo fazer ou o que é de meu interesse fazer ou o que tenho vontade de fazer) aqui (neste mundo onde tenho minha natureza humana e pessoal) e agora?

Escrevendo, queria tocar o fundo dos problemas. E tendo me atribuído essa ocupação, *adormeci*.

Minha resposta expressava o cansaço do dia. Mas é também a fiel imagem de minha maneira de ver o mundo. O que se expressa tão profundamente é a natureza do ser na operação de conhecimento: não pode ser indiferente que uma inclinação contrarie o desejo de conhecer.

A filosofia, se é o ser se esforçando por atingir seus limites, tem antes de tudo na pessoa do filósofo um primeiro problema a resolver: essa ocupação (esforçar-se por atingir seus limites) é urgente? para mim? para o homem em geral?

O fato de que ela não o seja para um grande número de homens é atribuído habitualmente ao *primum vivere* ("comer"), por um lado; por outro, a alguma insuficiência daqueles que teriam tempo para isso (pouca inteligência, caráter fútil).

---

* Canção e brincadeira infantil francesa: os dois participantes se seguram pelo queixo e ficam cantando e se olhando: o primeiro que rir leva um tapinha na cara. (N.T.)

Se a filosofia não é mais do que uma ciência entre as outras, tendo apenas um domínio diferente, a urgência deve ser considerada como nas tarefas *subordinadas*, em que o cálculo dos inconvenientes e das vantagens é reportado a juízos estranhos ao problema em jogo. Mas se ela é o conhecimento que é um fim em si mesmo, os cálculos reportados a outros fins privam a operação de seu caráter excepcional (castram-na, colocam-na no mesmo patamar que as atividades menores e voluntariamente limitadas do conhecimento). Daí a tradição professoral da filosofia e essa acumulação de materiais que de modo algum se parece com a operação soberana. E esses tipos de trabalho não apenas não conduzem à operação: desviam dela (cegam, impedem de perceber sua urgência).

A crítica que Hegel endereçava a Schelling (no prefácio da *Fenomenologia*) não se torna por isso menos embaraçosa. Os trabalhos preliminares da operação não estão ao alcance de uma inteligência despreparada (como diz Hegel: da mesma forma, seria insensato fazer um calçado sem ser sapateiro). Esses trabalhos, pelo modo de aplicação que lhes é próprio, inibem, contudo, a operação soberana (o ser indo o mais longe que pode). É justamente o caráter soberano que exige a recusa de submeter a operação à condição das preliminares. A operação só ocorre se sua urgência aparece: se esta aparece, não há mais tempo de proceder a trabalhos cuja essência é serem subordinados a fins exteriores a eles próprios, não serem fins em si mesmos.

O trabalho científico é mais que servil: é estropiado. As necessidades a que responde são estranhas ao conhecimento. São elas:
1) a curiosidade dos fazedores de palavras cruzadas: uma verdade encontrada não interessa mais, a busca das verdades, como é praticada, supõe um "prazer de ignorar" (Claude Bernard): esse é o fundamento das verdades científicas, que só têm valor apreciável quando *novas*: medimos a *novidade* das velhas descobertas depois de séculos;
2) a necessidade do colecionador (acumular e organizar raridades);
3) o amor pelo trabalho, o rendimento intenso;
4) o gosto por uma rigorosa honestidade;
5) as preocupações do professor (carreira, honra, dinheiro).

Na origem, muitas vezes um desejo de conhecimento soberano, de ir até onde se pode ir: esse desejo, logo depois de nascido, anulando-se pelo fato de se aceitarem tarefas subordinadas. O caráter desinteressado – a independência em relação à aplicação – e o emprego persistente de palavras ocas ludibriam. A ciência é feita por homens em quem o desejo de conhecer morreu.

Não tento, por enquanto, definir a operação soberana. Pode ser que tenha falado dela sem conhecê-la. E admitiria até que falar dela como fiz seja pueril (indique uma impotência de medir esforços com o possível). Resta-me, não obstante, ainda que só por tê-la imaginado, o ter me revelado o engodo de operações que se subordinam.

Preciso agora retomar:

O servilismo, ordinariamente, define seus limites: contribuir para o avanço das ciências matemáticas, ou outras... De limite em limite, chega-se a postular, no ápice, alguma operação soberana. E acrescento: a via que conduz a ela não é a operação subordinada. É necessário escolher: não podemos ao mesmo tempo nos subordinar a algum resultado ulterior e "ser soberanamente". (Pois "ser soberanamente" significa "não poder esperar".) Não posso, no entanto, prescindir de operações subordinadas das quais uma soberania autêntica exige que elas *tenham sido* tão completas quanto possível. No ápice da inteligência há um impasse onde parece decididamente se alienar a "soberania imediata do ser": uma região de suprema tolice, de sono.

Passado um certo ponto, o sentimento da tolice se torna sem saída. A inteligência me dá a certeza de ser estúpido (uma calma certeza). A ideia disso é vertiginosa. Basta, no entanto, ser indiferente: começa uma amizade pelos falatórios odiosos, pelos silêncios, pelos terrores, pelos caprichos. Amizade que não se imagina. Nada me parece mais tolo do que um soberano desprezo pelos outros a que minha posição me condena. Esse sentimento em mim, perdendo-me num vazio, abre a iluminação à leveza "sem forma e sem modo". Definiria de bom grado o êxtase assim: o sentimento alegre mas angustiado – de minha estupidez desmesurada.

*

Não suporto mais essa emoção pungente, essa embriaguez leve e como que aérea, ligada a excessivas tensões.

Meu sentimento me encerra já como um túmulo, e, todavia, mais alto, imagino um canto semelhante à modulação da luz, de nuvem em nuvem, à tarde, na vastidão insustentável dos céus...

Como evitar indefinidamente o horror íntimo do ser?... Esse coração gritando de mil alegrias ternas, como não abri-lo ao vazio?

Minha alegria estende ao infinito um inapreensível jogo. Mas, sei, a noite vem. De todos os lados caem cortinados pretos.

A longa e triste morte, o silêncio abafado de um túmulo, debaixo de uma vegetação viva de vermes, sustentam esse sentimento de alegria aérea, essa jovialidade perdida à altura de estrelas.

E nada...

*

ANDO COM A AJUDA DOS PÉS, FILOSOFO COM A AJUDA DOS TOLOS. ATÉ COM A AJUDA DOS FILÓSOFOS.

Encarnei o inapreensível.
Se levo à extremidade da reflexão o ser e a incompreensão que ele tem de si, como a vastidão estrelada, infinita, da noite, ADORMEÇO.

E o IMPOSSÍVEL *está ali. (Eu O sou.)*
Como eu não seria reconhecido aos filósofos de todos os tempos cujos gritos sem fim (a impotência) me dizem: ÉS O IMPOSSÍVEL?

Como não teria, o que mais é, uma adoração por essas vozes que repercutem nos silêncios de vastidão infinita a incompreensão que os homens têm de si mesmos e do mundo?

Sono da razão!... e, como disse Goya: O SONO DA RAZÃO PRODUZ MONSTROS.

O essencial é a aberração. O que houver de mais cômico...

Qual é a pior aberração?
Aquela em que a ignoramos, tomando-a com gravidade por sabedoria?
Aquela em que, percebendo-a, sabemos que não há saída?

*

Do saber extremo ao conhecimento vulgar – o mais geralmente repartido – a diferença é nula. O conhecimento do mundo, em Hegel, é o do homem normal (o *homem normal*, não Hegel, decide por Hegel a questão-chave: concernente à diferença entre a loucura e a razão: o "saber absoluto", nesse ponto, confirma a noção vulgar, está fundado nela, é uma de suas formas). O conhecimento vulgar é em nós como um outro *tecido*! O ser humano não é feito apenas de tecidos visíveis (ósseo, muscular, adiposo); um tecido de conhecimento, mais ou menos extenso, sensivelmente o mesmo em cada um de nós, encontra-se igualmente no adulto.

Os trabalhos preparatórios à filosofia são críticas (negativos) ou acréscimos ao tecido.

Em certo sentido, a condição sob a qual eu *veria* seria sair, emergir, do "tecido".

E, decerto, logo devo dizer: essa condição sob a qual *veria* seria a de morrer.

Não teria, em nenhum momento, a possibilidade de *ver*!

Dos filósofos que costumam opor a mim, que não são, na trama do tecido, mais do que maneiras de tecer, a estupidez é a única contribuição que me agrada. A estupidez (ligando-os a essas séries de rupturas, de que rimos sem cessar, que desfazem a miragem em que a atividade nos encerra) no limite é a janela, através da qual *eu veria*, se ela não fosse, desde o início, um sono (uma morte) da inteligência (do aparelho da visão).

A esfera dos elementos conhecidos onde nossa atividade se inscreve é apenas o produto desta.

Um carro, um homem entram num vilarejo: não vejo nem um nem outro, mas o tecido tramado por uma atividade em que tomo parte. Lá onde imagino *ver* "o que é", *vejo* os *laços que subordinam* a essa atividade aquilo que está lá. Não vejo: estou num tecido de conhecimento, que reduz a si mesmo, à sua servidão, a liberdade (a soberania e a não subordinação primordiais) daquilo que é.

Esse mundo de objetos que me transcende (na medida em que é vazio em mim) me encerra em sua esfera de transcendência, encerra-me de certa forma em minha *exterioridade*, tece em meu interior uma rede de exterioridade. Dessa forma, minha própria atividade me aniquila, introduz em mim mesmo um vazio *a que sou subordinado*. Sobrevivo, no entanto, a essa alteração, estabelecendo laços de imanência (reportando-me à imanência indefinida, que não admite superioridade em parte alguma):

1) *eróticos;* consigo ver uma mulher, retiro-a, ao desnudá-la, da esfera dos objetos ligados à atividade – os *obscœna* são a própria imanência: estamos geralmente absorvidos, integrados na esfera dos objetos, mas, pelo sexo, ainda estamos ligados a uma imanência indefinida (como que por uma indestrutível raiz, hedionda, dissimulada); (senão os sexos, os laços eróticos, é verdade, são perecíveis: qualquer que seja o ser com quem os atamos, a atividade comum tende a substituí-los por aqueles dos objetos que nos subordinam...);

2) *cômicos;* somos arrastados pelo rio da hilaridade: o riso é o efeito de uma ruptura no encadeamento dos laços transcendentes; esses laços cômicos com nossos semelhantes, incessantemente rompidos e incessantemente reatados, são os mais frágeis, os menos pesados;

3) *de parentesco;* nascemos ligados a nossos pais, ligamo-nos a seguir com nossos filhos;

4) *sagrados;* que nos unem à imanência fundamental de um conjunto de que somos parte; ao além, como em cada relação de imanência, à imanência indefinida (a limitação de um grupo define um caráter híbrido dos conjuntos unidos por laços de imanência); à maneira de objetos finitos, esses conjuntos têm a possibilidade de transcender (a comunidade transcende seus membros, Deus, a alma do fiel, introduzindo assim novos vazios no interior do domínio da atividade); eles substituem a pura atividade, subordinam-se ao encadeamento dos objetos, propõem-se como fim, mas, concebidos segundo o modo transcendental do mundo objetivo da atividade, a longo prazo não diferem mais dela, tornam-se seus dobletes suntuosos);

5) *românticos;* tangendo ao amor pela natureza (pela natureza selvagem, hostil, estranha ao homem); à exaltação do erotismo do coração, o culto da poesia, do dilaceramento poético; dando o valor à ficção em detrimento da *ordem das coisas*, do mundo oficial e real.

*

A dominação da atividade é consumada, mais do que alterada, pela dominação do Estado, esse "bloco vazio" que introduz na consciência inerte uma parte dominante de elementos mornos (transcendentes, de outra natureza, incolores).

Em mim mesmo, o Estado abre um vazio triste e dominante, que, verdadeiramente, atribui-me um caráter viciado.

A atividade nos domina (da mesma forma, o Estado), tornando aceitável – possível – aquilo que sem ela seria impossível (se ninguém laborasse, se não tivéssemos nem polícia nem leis...). A dominação da atividade é a dominação do *possível*, de um vazio triste, um definhamento na esfera dos objetos.

Subordinar-nos ao POSSÍVEL *é nos deixar banir do mundo soberano das estrelas, dos ventos, dos vulcões.*

Deus se subordina ao POSSÍVEL, *afasta a álea, abandona o partido de exceder os limites. A estrela excede a inteligência divina. O tigre tem a grandeza silenciosa e perdida que falta a Deus. O homem é genuflexão...*

O medo estende a sombra de Deus sobre o mundo como uma camisola de internato sobre a nudez de uma adolescente viciosa.

Qualquer que seja a febre que o sustente, o amor por Deus anuncia: 1) uma aspiração ao estado de objeto (à transcendência, à imutabilidade definitiva); 2) a ideia de uma superioridade de tal estado. A ordem das coisas desejada por Deus, não arbitrária e sim essencialmente, está SUBMETIDA *ao princípio do* POSSÍVEL: *o* IMPOSSÍVEL *não é mais minha desvantagem, é meu crime.*

Diz-se da palavra "Deus" que seu conteúdo excede os limites do pensamento – mas não! ela admite num ponto uma definição, limites. O aspecto estreito é o que mais se impõe: Deus condena a vergonha da criança (se o anjo da guarda a vê no guarda-roupa), condena o direito ilimitado à tolice e o riso infinito, discordante: aquilo que, não sendo nem Deus nem a matéria, nem identidade entre Deus e a matéria — sendo insustentável e, no entanto, estando ali, impossível — de fazer gritar! Impossível — de querer morrer!

★

Remedia-se o caráter vazio do mundo transcendente pelo sacrifício. Pela destruição de um objeto de importância vital (mas cuja adulteração, resultante de um emprego utilitário, era dolorosamente sentida), rompia-se num ponto o limite do *possível*: o *impossível* era, nesse ponto, liberado por um crime, posto a nu, desvelado.

Mais acima, disse: "[...] minha própria atividade me aniquila, introduz em mim mesmo um vazio a que sou subordinado. Sobrevivo, no entanto, a essa alteração, estabelecendo laços de imanência 1) eróticos [...]; 2) cômicos [...]; 3) de parentesco [...]; 4) sagrados [...]; 5) românticos [...]". Não demonstrei à parte que era necessário, a fim de formar esses laços, "romper num ponto o limite do possível". Um laço de imanência exige um dilaceramento prévio da rede transcendente da atividade: como o desnudamento, o parto, a execução... (no plano do cômico, uma zombaria revela o impossível no seio do possível. O movimento romântico erige o dilaceramento em princípio, não sem vã ostentação.)

★

No limite do silêncio, falar na pesada dissolução do pensamento, escorregar levemente para o sono — sem tristeza, sem ironia, sem surpresa —, já, suavemente atender ao pedido da noite traz não a ausência, mas a desordem dos procedimentos.

Com bastante frequência, tenho a ocasião de ordenar meu pensamento, de obedecer às regras. Mas expresso hoje este movimento: "o sono me invade...": é mais difícil! Dito de outro modo, toco na operação soberana, em que o pensamento não aceita nenhum objeto subordinado e, perdendo-se ele próprio num objeto soberano, aniquila em si a exigência do pensamento.

Se meu livro significa: "você, o homem mais inteligente, esse novo Hegel... (ou algum outro), não deixa por isso de ser o mais tolo, estreitamente, e por inércia, limitado ao 'possível'..." (como dissimular que, em geral, a *existência me parece debaixo das águas, prostrada na tolice – no erro – que é sua condição; é a condição da consciência, no limite do erro que a denuncia...): não quero dizer que eu... "Você é mais inteligente, mas adormeço minha inteligência para me consolar por um instante da sua."*

Tranquilizado: "o homem aspira à tolice... mais do que à filosofia (um bebê nos deixa maravilhados)".

*

Não me preocupo muito comigo mesmo: gostaria de contar com outrem (a repartição do ser em indivíduos numerosos tem pouca importância).

Mas nunca encontrei interrogação mais exaustiva do que a minha.

Percebo de todos os lados, como um fruto do trabalho, um ingênuo sentimento de potência ligado às grandes capacidades do homem que exerce sua inteligência!

Atribuímos à existência, com um estouvamento pueril, a *possibilidade* (o caráter possível) que tudo ao final contradiz: é o resultado, é o postulado do trabalho. Quando rio ou quando gozo, o *impossível* está diante de mim. Estou feliz, mas cada coisa é *impossível*.

A simples verdade:
A atividade *servil* é *possível* (sob a condição de permanecer sujeitada, subordinada – a outros homens, a princípios, ou mesmo à necessidade de produzir –, a existência humana tem à sua frente um *possível*);
Mas uma existência soberana, de modo algum, nem mesmo por um instante, está separada do *impossível*; só viverei *soberanamente* à *altura de impossível*, e o que significa este livro senão:

DEIXA O POSSÍVEL PARA AQUELES QUE GOSTAM DELE.

Apesar de tudo, minha vida foi também um imenso trabalho: conheci, pagando esse preço, uma parte, a meu ver suficiente, do *possível* humano (que me permite dizer hoje: "*possível*, sim, eu baixava a cabeça!"). O que, no entanto, deu-me o poder de escrever foi ter preferido, às vezes, *não fazer nada*.

Tenho pouca coisa a ver com a preguiça (tenho antes, imagino, um excesso de vitalidade). Aos 13 (?) anos, porém, perguntei a um colega quem era, de nossa sala, o mais preguiçoso: era eu; mas e de todo o liceu? sempre eu. Naquela época, tornei minha vida difícil, *por não escrever sob ditado*. As primeiras palavras do professor se formavam docilmente sob minha pena. Revejo meu caderno de criança: logo me limitava a rabiscar (tinha de fingir que estava escrevendo). Quando chegava o dia, não tinha como fazer um dever cujo texto não copiara: sob os castigos redobrados, vivi longamente o martírio da indiferença.

O que é a operação bem feita senão dada numa experiência privilegiada? finalmente, é um momento de tolice.

E o próprio senhor, *embora comande*, está subordinado a suas próprias ordens: o sono e os risos, no ápice, zombam, soltam-se, esquecem. Tanta angústia na indiferença? Mas em quem acreditar? Estas palavras anunciariam os arrebatamentos do êxtase?
... palavras! que sem trégua me esgotam: irei, contudo, ao limite da possibilidade miserável das palavras.
Quero encontrar aquelas que reintroduzam – num ponto – o soberano silêncio que a linguagem articulada interrompe.

SEGUNDA PARTE
Posição decisiva

Princípios

1) Se assim quero, *rir* é pensar, mas é um momento soberano.

2) Dizer que, rindo, abro o fundo dos possíveis é uma afirmação gratuita. O fundo dos mundos aberto não tem em si *sentido*. Mas é justamente por isso que posso reportar a ele outros objetos de pensamento.

3) No conhecimento comum (que a filosofia supera, mas ao qual está ligada), todo objeto de pensamento se reporta a um sólido. Esse ponto de partida é tal que nenhum outro é concebível: o conhecimento procede do sólido, postulado como o conhecido, ao qual assimilamos, para conhecê-lo, aquilo que ainda não é conhecido.

4) Toda operação que reporta o pensamento à postulação de um sólido o subordina. Não apenas por sua finalidade particular como também pelo método seguido: o objeto sólido é um objeto que podemos fazer e empregar. *É conhecido aquilo que podemos fazer e empregar* (ou aquilo que assimilamos, para conhecê-lo, àquilo que podemos fazer e empregar).

O bom senso reporta o mundo à esfera da atividade.

5) Voltando a uma atitude (afirmada há muito tempo), direi agora:
– que não recebi (aceitei) um mundo subordinado que queria que eu mesmo também o fosse;
– que vi aquilo que uma gargalhada revelava como sendo a essência das coisas, a que eu chegava livremente;
– que eu não estabelecia nenhuma diferença entre rir de uma coisa e ter sua verdade; que imaginava *não ver* um objeto de que não ria;*
– que não eram apenas os temas cômicos, mas, de maneira geral, a existência "daquilo que é" e eu mesmo em particular que me faziam rir;
– que meu riso me comprometia, colocava-me inteiramente em jogo e não tinha nenhum limite;
– que eu já tinha uma vaga consciência da inversão que estava operando; pensava que, uma vez o riso explicado, saberia o que significam o homem e o universo: que, pelo contrário, o riso continuando inexplicado, o conhecimento evitava o essencial;
– mas tudo isso de modo arbitrário.

Acrescento hoje:
– não *vejo* o objeto de que não ri, mas apenas uma relação com a esfera da atividade (relação desse objeto com um sólido – com aquilo que se pode fazer e empregar);
– assim como o conhecimento comum reporta os objetos aos sólidos, ou seja, ao momento da atividade subordinada, posso reportá-los ao momento soberano, em que rio.

7) Reportar os objetos de pensamento aos momentos soberanos supõe uma operação soberana, diferente do riso e, de modo geral, de qualquer efusão cômica. É a operação em que o pensamento detém o movimento que o subordina e, rindo – ou se abandonando a alguma

---

* Poucas proposições me agradam mais do que esta de Zaratustra (3ª parte, "Velhas e novas tábuas", 23): "E que como falsa seja tida por nós toda verdade que não foi recebida com uma gargalhada".

outra efusão soberana –, identifica-se com a ruptura dos laços que o subordinavam.

8) A operação soberana é arbitrária e, embora seus efeitos a legitimem do ponto de vista das operações subordinadas, é indiferente ao julgamento deste ponto de vista.

9) O "penso" de Descartes se liga, apesar de tudo, à consciência que temos de não sermos subordinados, mas:
– essa consciência não pode estar no ponto de partida do conhecimento objetivo;
– o pensamento, sob sua forma desenvolvida – e subordinada –, que era o único apreendido por Descartes além do "penso", não tem seu fundamento em si mesmo, e sim no manejo dos sólidos;
– a relação dos objetos com o pensamento liberado de cadeias é um ponto de chegada; antes do qual se desenvolve a multidão das operações sem que o pensamento jamais tenha algum "objeto" que não seja subordinado (a ideia de liberdade designa em princípio um poder de escolha entre duas ou várias subordinações).

10) Na operação soberana, não apenas o pensamento é soberano (como acontece quando rimos), mas também seu objeto é soberano – e reconhecido como tal – independentemente de sua inserção na ordem útil: aquilo que é não está subordinado a nada e, revelando-se tal, faz rir, etc...

11) Mesmo que a operação soberana só tivesse sido possível uma vez, a ciência que reporta os objetos de pensamento aos momentos soberanos,* permaneceu possível (não apresenta dificuldades insolúveis).

---

* Se tivéssemos um saber digno desse nome, que não se limitasse a observações fragmentárias, poderíamos reportar cada objeto a qualquer outro, indiferentemente. Mas a operação só tem valor se um dos termos da relação ocupar na série das aparências uma ou outra das duas posições, *solidez* ou *soberania*. A primeira, na medida em que retira ao máximo um objeto da dependência dos outros, assegura sua subsistência autônoma. A segunda, na medida em que recusa a possibilidade de outros objetos em relação aos quais o momento soberano teria um sentido.

Ela encontra, no entanto, obstáculos:

– não apenas a operação soberana não subordina nada, como também é indiferente aos efeitos que podem resultar dela; se quero tentar, *a posteriori*, a redução do pensamento subordinado ao soberano, posso fazê-lo, mas aquilo que autenticamente é soberano não se preocupa com isso, a cada momento dispõe de mim de outra maneira (é o que diz a primeira parte deste livro);

– a subordinação voluntária das operações de pensamento subordinadas ao momento soberano, embora não introduza nenhuma pressuposição particular (como uma teologia ou uma filosofia) – mas apenas a postulação de um momento do ser arbitrariamente escolhido (a que se poderão reportar, ou não reportar, objetos de pensamento) –,

---

A solidez, porém, obtém sua autonomia de um afastamento, de um princípio de conservação. E essa conservação do sólido tem seu sentido em fins definidos: é a condição da atividade. Na soberania, a autonomia procede, ao contrário, de uma recusa de conservar, de uma prodigalidade sem medida. O objeto num momento soberano não é substância na *medida em que se perde*. A soberania não difere em nada de uma dissipação sem limite das "riquezas", das substâncias: haveria, se contivéssemos essa dissipação, reserva com vistas a outros momentos, o que limitaria – *anularia* – a soberania de um momento imediato. A ciência que reporta os objetos de pensamento aos momentos soberanos não é, de fato, senão uma *economia geral*, que considera o sentido desses objetos uns em relação aos outros e, no final, em relação à perda de sentido. A questão dessa *economia geral* se situa no plano da *economia política*, mas a ciência designada por esse nome é tão somente uma *economia restrita* (aos valores mercantis). Trata-se do problema essencial para a ciência que lida com o uso das riquezas. A *economia geral* põe em evidência, em primeiro lugar, que excedentes de energia são produzidos que, por definição, não podem ser utilizados. A energia excedente só pode ser perdida sem a menor finalidade, consequentemente, sem nenhum sentido. É essa perda inútil, insensata, que a soberania *é*. (Por isso o *soberano*, como o *sólido*, é uma experiência inevitável e constante.) A ciência que o considera, longe de pertencer ao domínio dos sonhos, é a única *economia* racional completa, transformando o paradoxo das "garrafas" de Keynes num princípio fundamental. Não pretendo acrescentar a esta curta exposição mais do que uma alusão ao "trabalho" que ela *introduz* (*A parte maldita*, t. I, 1949; t. II e III a serem publicados em breve). [Esta nota de Bataille é de grande interesse, na medida em que estabelece a conexão entre suas duas grandes empreitadas: a *Suma ateológica* e *A parte maldita*. É preciso esclarecer que, nos planos de Bataille, o livro que ficou conhecido como *A parte maldita* deveria ser apenas o tomo I, *La Consumation* (*O consumo* ou *A consumição*), de uma obra maior que incluiria mais dois tomos: *História do erotismo* e *A soberania*. Embora não publicados em vida, os dois foram quase inteiramente redigidos e constam da edição francesa das *Obras completas* de Georges Bataille. (N.T.)]

não permite mais que se proceda ao acaso, como o faz a ciência, avançando só onde ela pode e placidamente deixando, por falta de meios, problemas decisivos por resolver. Eu devia *desde o início* operar de maneira global, *desde o início* chegar a proposições escolhidas por outra razão que não a possibilidade de estabelecê-las: uma aproximação, até mesmo um erro, era de imediato preferível a nada (podia voltar a ela depois, não podia, de modo algum, deixar um vazio): a descrição que tive de fazer só podia versar sobre o conjunto do quadro. Esse método derivava da autenticidade de minha atitude, essa autenticidade se impõe por si mesma, e se posso, para falar dela, descrever um aspecto seu que se dá exteriormente, não poderia *prová-lo* por meio de considerações que só um espírito subordinado poderia introduzir.

12) Das consequências de semelhante uso do pensamento decorre, por outro lado, uma possibilidade de mal-entendido: o conhecimento que reporta objetos ao momento soberano pode, no final, ser confundido com esse próprio momento.

Esse conhecimento que poderíamos dizer liberado (mas que prefiro chamar neutro) *é o uso de uma função solta (liberada) da servidão que é seu princípio: a função reportava o desconhecido ao conhecido (ao sólido), ao passo que, a partir do momento em que se solta, ela reporta o conhecido ao desconhecido.*

13) Àquilo que disse parece se opor o fato de que sem o esboço, ao menos, de um conhecimento neutro, uma operação soberana não poderia ser representada. Posso, se me agrada, ter uma atitude, uma conduta soberana, mas se *penso – quando o homem não pode se distinguir de seu pensamento –* tomo a meu encargo, em princípio, o caráter subordinado das operações comuns do pensamento. O pensamento soberano (sem o qual, no final, os momentos soberanos simples se inseririam na ordem das coisas) exige uma coincidência consciente de um momento soberano e de uma operação de pensamento. Mas se algum movimento, algum esboço de conhecimento neutro, começa uma operação soberana, os desenvolvimentos possíveis desse modo de conhecimento novo são distintos dele.

A operação soberana *incita* a esses desenvolvimentos: eles são os resíduos de um rastro deixado na memória e da subsistência das funções, mas, na medida em que ocorre, ela é indiferente e *zomba* desses resíduos.*

A operação soberana

14) Essencialmente, o conhecimento neutro, no interior do domínio comum, inverte o movimento do pensamento. Em certo sentido, é também um novo domínio, mas este é um aspecto secundário (esse novo domínio poderia também, pouco importa, não deixar perceber, em meio a outros, nada que possa diferenciá-lo). O movimento que funda a operação soberana está também fundado nela: mas, sobretudo (ainda que o esforço, a cada hora, pareça-me vão, *como as obras ao calvinista*), essa operação é o fim, *é a via de uma experiência*.

15) Em primeiro lugar, essa disciplina é um *método de meditação*. Seu *ensinamento* está mais próximo daquele dos *yogis* do que daquele dos professores. A menos inexata imagem de uma operação soberana é o êxtase dos santos.

16) Gostaria, para melhor descrevê-la, de situá-la num conjunto de condutas soberanas aparentes. São elas, além do êxtase:

---

* O paralelismo entre as descrições de Heidegger e essa posição é incontestável. Ele se estabelece:
 – apesar da reserva que Heidegger me inspira;
 – apesar da diferença das vias seguidas.
 Mais ainda, contudo, do que o texto do tomo I de *Sein und Zeit* (ao menos segundo as aparências), a impotência em que ele se encontrou de escrever o tomo II me aproxima de Heidegger.
 Quero indicar, por outro lado, diferenças notáveis:
 – Eu parti do riso e não, como faz Heidegger em *Was ist Metaphysik?*, da angústia: resultam talvez daí consequências no plano, justamente, da soberania (a angústia é um momento soberano, mas que foge de si mesmo, negativo);
 – a obra publicada de Heidegger, até onde sei, está mais para uma fábrica do que para um copo de bebida alcoólica (não passa mesmo de um tratado de fabricação); é um trabalho professoral, cujo método subordinado permanece colado aos resultados: o que conta, ao contrário, a meus olhos é o momento do descolamento, aquilo que ensino (se é verdade que...) é uma embriaguez, não uma filosofia: não sou um filósofo e sim um santo, talvez um louco.

– a embriaguez;
– a efusão erótica;
– o riso;
– a efusão do sacrifício;*
– a efusão poética.**

17) Esse esforço de descrição tende a precisar o movimento ao qual reportar, a seguir, os diferentes objetos de pensamento, mas, em si mesmo, ele é obrigado já a estabelecer relações com o momento soberano de alguns objetos de pensamento comuns.

18) As condutas que acabo de enunciar são efusões na medida em que exigem poucos movimentos musculares importantes e consomem energia sem outro efeito que não uma espécie de iluminação interior (que, às vezes, a angústia precede – e mesmo, em certos casos, tudo se resume à angústia).

19) Anteriormente, eu designava a operação soberana com os nomes de *experiência interior* ou *extremo do possível*. Designo-a agora também com o nome de: *meditação*. Mudar de palavra significa o aborrecimento de empregar qualquer palavra que seja (*operação soberana* é, de todos os nomes, o mais fastidioso: *operação cômica* em certo sentido seria menos enganador); prefiro *meditação*, mas parece coisa de crente.

20) No riso, no sacrifício ou na poesia, até mesmo, em parte, no erotismo, a efusão é obtida por meio de uma modificação, voluntária ou não, da ordem dos objetos: a poesia dispõe de mudanças no plano das imagens, o sacrifício, em geral, destrói os seres, o riso resulta de mudanças diversas.

---

* Entendo aqui por *sacrifício* não apenas o rito, mas toda representação ou narrativa em que a destruição (ou a ameaça de destruição) de um herói ou, de modo mais geral, de um ser desempenha um papel essencial; e, por extensão, as representações ou as narrativas em que o herói (ou o ser) é posto em jogo de modo erótico (assim, designo por *efusão do sacrifício* também aquela que se esforçam por obter (sem grande sucesso) os procedimentos do filme e do romance).

** Esta lista é incompleta: a conduta heroica, a cólera, entre outras, e, enfim, a absurdez são também momentos soberanos.

Na embriaguez, ao contrário – e voluntariamente –, o próprio sujeito é modificado: o mesmo se dá na meditação.

21) A embriaguez e a meditação têm ainda isto em comum: ambas são efusões vagas que se ligam, ou podem ao menos se ligar, a outras efusões determinadas. À modificação do sujeito corresponde como continuação apropriada tal modificação do objeto – erótico, cômico – na embriaguez. Isso é sem limites na meditação. A origem da efusão não deixa de ser, em ambos os casos, a atividade do sujeito: na embriaguez, um tóxico a desencadeia; na meditação, *o sujeito contesta a si próprio*, acossa-se (caprichosamente, frequentemente mesmo com alegria).

22) Na meditação, o sujeito, excedido, procura a si mesmo.
Recusa a si mesmo o direito de permanecer encerrado na esfera da atividade.
Recusa, no entanto, estes meios exteriores que são os tóxicos, parceiros eróticos ou alterações de objeto (cômicas, sacrificiais, poéticas).
O sujeito resoluto procura a si mesmo, combina consigo mesmo um encontro numa sombra propícia.
E, mais inteiramente do que por meio de um tóxico, coloca a si mesmo em jogo, não objetos.

23) A meditação é uma comédia em que o próprio meditador é cômico. Mas também uma tragédia na qual ele é trágico. Porém, o cômico de uma comédia ou o trágico de uma tragédia são limitados. Ao passo que quem medita é presa de um cômico, de um trágico ilimitados.

24) A efusão mais próxima de uma meditação é a poesia.
A poesia é, em primeiro lugar, um modo de expressão natural da tragédia, do erotismo, do cômico (e mesmo, antes de tudo, do heroísmo): ela expressa na ordem das palavras os grandes dispêndios de energia, ela é o poder que as palavras têm de evocar a efusão, a despesa imoderada de suas próprias forças: ela acrescenta assim à efusão determinada (cômica, trágica...) não apenas as ondulações e o ritmo dos versos, mas a faculdade inerente à desordem das imagens de aniquilar o conjunto de signos que a esfera da atividade é.

Se suprimimos o *tema*, se admitimos ao mesmo tempo o escasso interesse do *ritmo*, uma hecatombe das palavras sem deuses nem razão de ser é para o homem um meio maior de afirmar, através de uma efusão *despojada de sentido*, uma soberania que, aparentemente, *nada morde*.

O momento em que a poesia renuncia ao *tema* e ao sentido é, do ponto de vista da meditação, a ruptura que a opõe aos balbucios humilhados da ascese. Mas, tornando-se um jogo sem regra e, na impossibilidade, por falta de tema, de determinar efeitos violentos, o exercício da poesia moderna se subordina, por sua vez, à *possibilidade*.

25) Se a poesia não fosse acompanhada de uma afirmação de soberania (fornecendo o comentário de sua ausência de sentido), ela estaria como o riso e o sacrifício, ou como o erotismo e a embriaguez, *inserida* na esfera da atividade. *Inserida* não significa completamente *subordinada*: o riso, a embriaguez, o sacrifício ou a poesia, o próprio erotismo, subsistem numa reserva, autônomos, *inseridos* na esfera, *como crianças dentro de casa*. São, dentro de seus limites, soberanos menores, que não podem contestar o *império* da atividade.

26) Está claro, neste ponto, que a questão que se coloca é a do poder, e a poesia não pôde evitá-la. No final, ela não é mais que uma *evocação*; ela muda tão somente a ordem das palavras: não pode *mudar o mundo*. O sentimento da poesia está ligado à nostalgia de mudar, mais que a ordem das palavras, *a ordem estabelecida*. Mas a ideia de uma revolução *a partir* da poesia leva à ideia da poesia *a serviço* de uma revolução. Pretendo apenas pôr em evidência o drama dissimulado sob as palavras: *limitada, a poesia não podia afirmar a plena soberania, a negação de todos os limites: ela estava, desde sempre, condenada à inserção; saindo de seus limites, ela tinha de se ligar (tentar se ligar) a tal contestação de fato da ordem das coisas.*

27) Agora, o que significa a contestação – política, de fato – da ordem estabelecida? Ela reivindica o poder e poderia, teoricamente, fazê-lo em nome daquilo que excede a necessidade servil (teria sido o princípio de uma revolução poética). A contestação política e a poética agem diferentemente, é fato, mas não se contradizem. As posições *maiores* das soberanias políticas (entenda-se, daquelas do passado,

fundadas no heroísmo e no sacrifício*) estavam tanto quanto as *menores* inseridas na esfera da atividade. A ideia clássica de soberania está ligada à ideia de mando.** A soberania dos deuses, de Deus, dos monarcas, submeteu a si toda atividade: mas via-se assim mais alterada do que aquela de uma gargalhada ou de uma criança. Pois, *comprometendo* a ordem das coisas, tornava-se sua razão de ser e perdia sua independência. Em tais condições, a soberania que se quer soberana abandona na certa o *poder* àqueles que querem obtê-lo autenticamente da inelutável necessidade.

28) A soberania é revolta, não exercício do poder. A autêntica soberania recusa...

29) A plena soberania difere da menor nisto: ela exige a adesão sem reserva do sujeito, que deve, se isso é possível, ser um homem livre, tendo, na esfera da atividade, recursos reais.

30) A operação soberana apresenta desde o início uma dificuldade tão grande que foi preciso buscá-la num deslizamento.

O escravo-sujeito do cristianismo atribuía (reportava) a soberania ao deus-objeto, cujo propósito exigia, de fato, que se apoderassem dele como de um objeto de *posse*. O deus dos místicos, no limite, é livre (relativamente), o místico não o é (e mesmo, pelo contrário, é voluntariamente submisso à servidão moral).

31) Um budista é mais altivo. O cristão se submete, na dor, ao império da atividade, acredita ler ali a vontade divina, que *quer* sua subordinação. O budista nega esse império; no entanto, também se conduz como escravo: toma a si mesmo por decaído e deve situar no outro mundo a soberania que quer para si mesmo. Entra assim na contradição de um *trabalho* com vistas a um momento soberano.

32) Mas o homem não tem nada que trabalhar, senão para assegurar e reparar suas forças. Ora, o trabalho da ascese está ligado à

---

* O sacrifício, que, sob forma de arte, tem, nas sociedades modernas, a posição menor, teve outrora uma posição maior.
** Porém, não aquilo que podemos nomear *soberania arcaica*, que parece ter implicado uma espécie de impotência.

condenação de todo momento soberano que não seja aquele a que ele visa! Por maiores que sejam seu poder de sedução e os sucessos que, *apesar* de seus princípios, a tradição mística conheceu, tornada pesada por pressuposições subordinadas, ela é também platitude, equívoco, pé apertado dentro de um sapato.

33) Não podemos, de modo algum, fabricar um momento soberano a partir de um estado servil: a soberania não pode ser adquirida. Posso, na operação soberana, tomar consciência dela, mas a operação *supõe* um momento soberano, não pode fabricá-lo.

34) Essa soberania não pode sequer ser definida como um bem. Desejo-a, mas seguiria desejando-a se não tivesse a certeza de que também poderia rir dela? Sobre esse ápice (é antes a ponta de uma agulha), só posso viver sob uma condição: que a todo momento eu diga: "soberano? mas por quê?". Defino um conhecimento neutro, que descreve momentos soberanos: minha soberania o acolhe como o pássaro canta e não está nem aí para o meu trabalho.

35) Escrevo para anular um jogo de operações subordinadas (é, no fim das contas, supérfluo).

36) A operação soberana, *que extrai sua autoridade apenas de si mesma – expia ao mesmo tempo essa autoridade.** Se não a expiasse, ela teria algum ponto de aplicação, buscaria o império, a duração. Mas a autenticidade recusa-os a ela: não é mais que impotência, ausência de duração, destruição raivosa (ou alegre) de si mesma, insatisfação.

37) Quero, mesmo assim, defini-la, no limite, com um pouco mais de precisão. Não que se deva ou se possa dizer..., mas *ela diz*, reunindo por uma vez a totalidade do "meditador"...

Aquilo que ela diz é o objeto do capítulo seguinte...

---

* Retomo de propósito nesta conclusão termos de uma passagem de *A experiência interior* (p. 38), emprestados de Maurice Blanchot.

TERCEIRA PARTE
A nudez

No final, tudo me coloca em jogo, fico suspenso, desnudado, numa solidão definitiva: diante da impenetrável simplicidade *daquilo que é*; e, o fundo dos mundos aberto, o que vejo e sei não tem mais sentido, mais limites, e não me deterei enquanto não tiver avançado o mais longe que posso.

Posso agora rir, beber, abandonar-me ao prazer dos sentidos, entregar-me ao delírio das palavras; posso suar num suplício e posso morrer: se não tivesse dissolvido inteiramente o mundo em mim, permaneceria submisso à necessidade, não poderia me colocar em jogo, assim como a alegria, o suplício ou a morte não o podem.

Coloco-me em jogo se a volúpia ou a dor me projetam além de uma esfera onde só tenho um sentido: a soma das respostas que forneço às exigências da utilidade; lanço-me no jogo quando, no extremo do possível, tendo tão fortemente para aquilo que me derrubará que a ideia da morte me agrada – e rio por gozá-la.

Mas a menor atividade ou o menor projeto põem fim ao jogo – e sou, sem jogo, reconduzido à prisão dos objetos úteis e carregados de sentido.

★

.. ..
.. .. isto, todavia, é o *instante* .. ..
.. ..

.... este, atual, nem minha ausência nem eu, nem a morte nem a luz – e minha ausência e eu, a morte e a luz – um riso leve se eleva em mim como o mar, preenche a ausência imensamente. Tudo o que é – É DEMAIS.

★

... isso não importa mais, escrevo este livro e, *clara* e *distintamente*,* quis que ele fosse o que ele é.

★

Na plenitude do arrebatamento, quando nada contava além do próprio instante, eu escapava das regras comuns. Mas para logo encontrá-las inalteradas; e, da mesma forma que, no impulso, o êxtase – ou a liberdade do instante – se esquiva da utilidade possível, assim também o ser útil, que define a humanidade, parece-me ligado à necessidade dos bens materiais, e acho ruim lhe dar fins superiores. Meu método está nos antípodas das ideias elevadas, da salvação, de todo misticismo.

---

* Evidentemente, só pude definir *na noite* aquilo a que chamo *operação soberana*. Descrevi o jogo de elementos complexos, de movimentos ainda equívocos, e os *momentos soberanos* são exteriores a meus esforços. Esses momentos são de uma banalidade relativa: um pouco de ardor e de abandono bastam (um pouco de covardia, por outro lado, desvia e, no instante seguinte, caducamos). Rir até as lágrimas, gozar sensualmente até gritar, nada, evidentemente, é mais comum (o mais estranho é o servilismo com que, *a posteriori*, falamos de coisas sérias, *como se não fosse nada*). O próprio êxtase está próximo de nós: basta imaginar o encantamento provocante da poesia, a intensidade de uma gargalhada, um vertiginoso sentimento de *ausência*, mas esses elementos simplificados, reduzidos ao ponto geométrico, na indistinção. Representarei ainda a aparição, de noite, na janela de uma casa isolada, do rosto amado, mas pavoroso, de uma morta: de repente, sob esse impacto, a noite transformada em dia, o tremor de frio num sorriso louco, *como se não fosse nada* – pois o arrebatamento agudo pouco difere de um estado qualquer (são os momentos penosos, aborrecidos, exigindo a riqueza de meios, que nos ludibriam).

Postscriptum 1953

¹⁶Não me sinto à vontade com este livro,* em que gostaria de ter esgotado a possibilidade de ser. Não é que me desagrade totalmente. Mas odeio sua lentidão e sua obscuridade. Gostaria de dizer a mesma coisa em poucas palavras. Gostaria de liberar seu movimento, salvá-lo daquilo que o atola. O que, de resto, não seria fácil nem satisfatório.¹⁷

Na maneira de pensar que introduzo, o que conta nunca é a afirmação. Acredito, decerto, naquilo que digo, mas sei que levo em mim o movimento que exige que a afirmação, mais longe, acabe por desvanecer. Se fosse preciso me dar um lugar na história do pensamento, seria, acredito, por ter discernido os efeitos, em nossa vida humana, do "desvanecimento do real discursivo", e por ter tirado da descrição desses efeitos uma luz evanescente**: essa luz deslumbra talvez, mas anuncia a opacidade da *noite*; não anuncia mais do que a noite.

---

* *Método de meditação* se situava aos meus olhos no prolongamento de *A experiência interior*.

** Não posso esclarecer aqui uma proposição que, necessariamente, por sua natureza, só pode ser expressa de uma maneira capenga.

Muitas vezes me parece, hoje, que estava errado em jogar um jogo crepuscular com uma espécie de leviandade, avançando candidamente hipóteses, sem estar em condições de dar continuidade aos trabalhos que elas implicavam. Não obstante, meu orgulho de outrora me agrada mais do que me incomoda. Agora, esforço-me por ser grave – conduzo uma pesquisa mais lenta – e, no entanto, não posso duvidar de que só a desenvoltura de um jogo corresponde a essa situação indevida em que a necessidade deixa o espírito.

Esse jogo do "real discursivo" e de seu desvanecimento existe *de fato*. Ele exige a honestidade, a lealdade e a generosidade do jogador (não há generosidade sem lealdade). Mas quando excedo o "real discursivo", não há mais do que um jogo, e a honestidade de que falo não é a da lei. A lei funda o real, cria seu valor absoluto, mas não existiria se não fosse a chantagem de um misticismo que ela tira da morte e da dor. A morte e a dor, que são o princípio da servidão (não há escravos sem o temor da morte e da dor), são também os fundamentos místicos da lei.

Só o *pensamento violento* coincide com o desvanecimento do pensamento. Mas ele exige uma obstinação minuciosa e só cede à violência – seu contrário – no final, e na medida em que, tornado ele próprio, contra si mesmo, a violência, liberta-se da moleza em que durava. Mas o aniquilamento do pensamento – não deixando subsistir, denunciada, espectral, mais do que a coerência servil do pensamento e seus múltiplos desfalecimentos, alegres ou trágicos – não pode desviar para outrem a violência que o funda. A violência ligada ao movimento do pensamento não deixa escapatória.

*

Vou me deter num ponto que, ao que parece, pouco tem a ver com o movimento de *A experiência interior*. Gostaria de situar meu pensamento em suas perspectivas estritas, longe do mundo de facilidade onde podem apreciá-lo a baixo custo.

Na origem da baixeza, percebo o valor enfático atribuído à espécie humana. Sem dúvida alguma, a diferença entre o animal e o homem tem fundamento, já que o homem se opõe à natureza. Mas o homem tem dificuldade em superar a vantagem que levou. O homem diz de si mesmo: "sou divino, imortal, livre..." (ou diz com gravidade: "a pessoa"). Mas não é tudo. Cada um admite ingenuamente, sem controle, princípios que se dão por inatacáveis: – consideramos inumano matar, mais inumano ainda comer o homem... Acrescentamos normalmente que não é menos odioso explorá-lo. Não oponho nada a esses princípios; e mesmo odeio aqueles que não os observam direito (aliás, regra geral, eles os reverenciam tanto quanto os infringem). Mas isso é misticismo – e hipocrisia. A exploração do homem pelo homem, por mais odiosa que seja, está dada *na humanidade*. Mesmo a antropofagia, quando de uso, coexiste com o interdito de que é a violação ritual.

Ainda uma vez, não gosto nem da exploração nem do assassinato (e quanto aos canibais, não preciso dizer...); e admito, sem pestanejar, que exploremos, abatamos e comamos os animais.* Mas não posso duvidar de que essas reações sejam arbitrárias. São cômodas, a humanidade sem elas seria ainda mais baixa do que já é. É, entretanto, covarde ver aí mais do que uma atitude eficaz e tradicional. O pensamento que não limita esse arbitrário àquilo que ele é é místico.[18]

O que faz do humanismo místico uma platitude é a incompreensão da especificidade humana que ele implica. É próprio do homem opor-se ao bicho num movimento de náusea. Mas a náusea que nos funda assim não cessa: ela é mesmo o princípio de um jogo que anima nossa vida de um extremo ao outro. Nunca somos mais humanos do que quando nos recusamos um ao outro no horror. A propensão à náusea tem mais força quando se trata de povos inteiros:

---

* A zoofilia deve ser lembrada nesta ocasião? Mais seriamente, os homens ingênuos atribuem aos animais maneiras de ser e de reagir análogas às dos homens. As crenças dos hindus e dos budistas atribuem almas aos animais... Trata-se, se não me engano, de inconsequências de ilogismos do pensamento infantil ou do sonho. Essas maneiras de ver supõem para começar a afirmação segundo a qual é mau e atroz tratar aquilo que somos como uma coisa. Em tal ou tal medida, a seguir, um animal recebe ficticiamente as prerrogativas do ser humano, é assimilado de fora àquilo que determinou o ser humano ao se separar do animal.

ela atua a partir de então às cegas! Mas quando se trata de indivíduos ou de classes, ela tem objetos precisos. A oposição de um homem àquele cuja atitude julga imunda é a mesma que opõe inicialmente o homem ao bicho. Ela não tem a mesma nitidez: é desde então atacável e, o mais das vezes, fundada no erro. Quando é contestada, um novo modo de oposição, e de achincalhamento, começa: a oposição tem então por objeto o próprio princípio da oposição entre si dos homens de diferentes tipos! Se faço um último esforço, indo ao extremo da possibilidade humana, rejeito na noite aqueles que, por uma covardia que não se confessa, pararam no meio do caminho.[19]

Nisso, afasto-me do misticismo de maneira mais real do que a massa de meus contemporâneos. Sinto-me, pelo contrário, o próprio despertar, estando no plano da exigência do pensamento no estado da fera acuada. No final, o rigor é o ponto em que estou de acordo com os juízos confessos dos homens. A tensão e o ressecamento do espírito, o rigor, o desejo de forçar a moleza em seu último refúgio..., sinto como uma graça uma espécie de fúria que me opõe à facilidade. Mas muitas vezes a indolência é o aspecto nu, o aspecto obsceno do rigor.

Essas fraquezas e esses equívocos involuntários de meu livro, essas alegrias e essas angústias que nada fundam nunca têm sentido além de si mesmos, sendo apenas o apanágio do jogo. O tom frequentemente amarrado de minhas frases, pesadas demais, expõe uma abertura ilimitada que o jogo, se não é mais o inferior, tolerado, da seriedade, proporciona ao espírito inoperante (ao espírito soberano, que nunca é risível nem trágico, mas um e outro a uma só vez, infinitamente). Só a seriedade tem *um sentido*: o jogo, que não o tem mais, só é sério na medida em que "a ausência de sentido é também um sentido", mas sempre desgarrado na noite de um não-sentido indiferente. A seriedade, a morte e a dor fundam sua verdade obtusa. Mas a seriedade da morte e da dor é o servilismo do pensamento.

Notas da edição francesa
das obras completas de
Georges Bataille

Publicado em 1943 pelas Éditions Gallimard e reeditado em 1954 (nosso texto) como primeiro tomo da Suma ateológica, *aumentado de um texto de 1947,* Método de meditação, *e de um posfácio,* Postscriptum 1953. *(Bataille tinha projetado remanejos bem mais significativos para essa reedição).*

Numa nota adicional *de 1953, não publicada, Bataille data a composição de* A experiência interior:

Este livro foi começado em Paris durante o inverno de 1941 ("O suplício") e terminado durante o verão de 1942 em Bussy-le-Château. Mas os textos em fonte regular da terceira parte ("Antecedentes do Suplício") são anteriores: só o primeiro e o último não tinham sido publicados anteriormente: o segundo apareceu sob o título *Sacrifícios*, acompanhando águas-fortes de André Masson; o terceiro, anterior a 1930, e o quarto apareceram respectivamente, já com os mesmos títulos, em *Minotaure* e *Recherches philosophiques*. Todos esses textos foram modificados em 1942. Por fim, gostaria de deixar claro que o mais antigo deles, escrito provavelmente em 1926, expressa sentimentos que eu já não experimentava mais havia muito tempo quando foi publicado. (Devia obviar assim a um mal-entendido de fato [riscado: e aos que ainda poderiam se produzir].)

Essa nota pode ser aproximada deste fragmento de um projeto de prefácio a Madame Edwarda:

Escrevi este livrinho em setembro-outubro de 1941, logo antes de "O suplício", que forma a segunda parte de *A experiência interior*. Os dois textos, a meu ver, são estreitamente solidários, e não se pode compreender um sem o outro [...]

Não há nos papéis de Bataille um manuscrito completo de A experiência interior, *mas:*
CAD [*Caderno 4, agosto 1942*] = *manuscrito da página 29.*
A [*Caderno 3*] =
– *esboço para o* Preâmbulo;
– *manuscrito das páginas 33-40 e 48-50.*
B [*Envelope 66*]
– *primeiro estado das páginas 33-35*
– *rascunhos das páginas 36-61;*
– *rascunhos das páginas 192-201;*
– *notas e fragmentos esparsos.*
C [*Caixa 9, L.*] = "*A comunicação", p. 130-135. O manuscrito desse texto se encontra disperso num conjunto de notas para uma primeira versão de* A parte maldita.

Fornecemos agora a prière d'insérer *da edição de 1943*:

PARA ALÉM DA POESIA

Somos talvez a ferida, a doença da natureza.

Nesse caso, seria para nós necessário – e, além do mais, possível, "fácil" – fazer da ferida uma festa, uma força da doença. A poesia em que se perdesse mais sangue seria a mais forte. A aurora mais triste? anunciadora da alegria do dia.

A poesia seria o signo que anuncia dilaceramentos interiores maiores. A musculatura humana só estaria inteiramente em jogo, só atingiria seu mais alto grau de força e o movimento perfeito da "decisão" – o que, seja como for, o ser exige – no transe extático.

Não se pode liberar de seus antecedentes religiosos a possibilidade – que, apesar das aparências, permanece aberta ao descrente – da experiência mística? liberá-la da ascese do dogma e da atmosfera das religiões? liberá-la, numa palavra, do misticismo – a ponto de ligá-la à nudez da ignorância?

Para além de todo saber está o não-saber, e quem se absorvesse no pensamento de que, para além de seu saber, não sabe nada, ainda que tivesse a inexorável lucidez de Hegel, não seria mais Hegel, e sim um dente doído na boca de Hegel. Só uma boa dor de dente é o que estaria faltando ao grande filósofo?

[1] *Aqui se interrompe, em A, este esboço de prefácio:*
O prefácio propriamente dito deveria versar sobre este ponto preciso. Conheci [*riscado*: 20 anos atrás] um tempo de efervescência e de profetismo, muitas luzinhas surgiram que tratavam de deslumbrar. Os espíritos em revolução estavam uns bêbados, outros rangendo os dentes, sonhando com cataclismos, e outros falavam, embriagavam-se de falar. Como em todas as coisas humanas (só que decerto um pouco mais), a comédia, a afetação, as palavras para além dos sentimentos e os sentimentos, os sentimentos meio falsos (literários) davam ao conjunto um halo de embuste. Eu pensava: não acredito nessas palavras todas que ouço, não vejo muito bem como... mas partilhava uma crença profunda. Independentemente do que ouvia, pensava que existia em nós uma força íntima que exigia eu não sei o que (não ninguém sabe o que), mas que exigia loucamente, desejando como uma apaixonada em lágrimas na sombra. E pouco importa o que, que quer dizer o ser desejado, mas as lágrimas que escorrem são como a morte, e acredito – ainda que, decerto, seja o único a acreditar – que a morte dos doentes seja a expectativa sedenta das alegrias daqueles que sobrevivem. E quando digo alegrias, digo muito pouco. Tantos soluços, agonias, dores exigem uma resposta que cegue, algo de suave, de insensato, de transfigurador.

Parecia-me evidente que não se podia corresponder a uma expectativa como essa com poemas, quadros, exposições. E penso que isso era evidente para todos. Mas uma expectativa nunca é bem definida: existiam outras ao lado ligadas à literatura, às belas-artes, ao comércio, ao renome pessoal. Na confusão, permanecendo sem resposta profunda à expectativa profunda que tinham tido – ou acreditado ter –, muitos (a maioria) a esqueceram. E pouco a pouco não houve mais nem luzinhas, nem efervescência, nem profetismo. Ao menos deixei de discernir sua aparência na atitude ou nas palavras dos outros. Entretanto, a expectativa em mim não tinha se tornado menos amarga, menos gritante. Eu me senti somente ficar sozinho, cada vez mais.

Quando falei de confusão, não quis dizer que não havia confusão também em meu espírito. E quando falei de quadro de poemas não pensei que esses objetos fossem dignos de desprezo nem que nada tenha havido de outro que isso tenha esgotado inteiramente. Também não vou dizer que nunca pensei em respostas tão pobres quanto essas. Minha expectativa sobreviveu à dos outros – mas aproveito a ocasião para dizer que é provável que minha obstinação traia uma presunção insensata de minha parte e frequentemente injustificada. Ela sobreviveu, em todo caso, assim como minha busca incessante por uma resposta.

    E como sempre me precipitei e quando na verdade devia ter me calado já que nada estava ainda [*desnudado?*] em mim e eu não fazia mais que entrever, falei repetidas vezes como se tivesse a resposta. Afirmei que essa resposta era o sagrado e é verdade que acredito ainda hoje tê-lo atingido, mas não penso mais hoje que tenha se tratado de uma resposta completa e além disso acredito que não poderia torná-lo acessível. Hoje digo que é a experiência interior e direi o que entendo por isso em meu livro. Mas como nesse entretempo aqueles que expectavam comigo desapareceram, a resposta que dou é dada ao deserto – num profundo silêncio. E bem mais, ainda que não me incline nem um pouco a ver a providência por trás dos atos e de suas coincidências, não posso lamentar em medida alguma, tendo em vista o que ela era, que tenha desaparecido tão totalmente. Ela continua a existir apenas na parte oculta do coração ela não tem mais existência pública. Isso se endereça não a um público ávido por sensações novas e ostensivas mas àqueles que não podem senão descer ao fundo das possibilidades do homem.

    Isso corresponde a tal ponto, em todo caso, a meu sentimento que me pergunto se não devia ter evitado esse preâmbulo. É sob certos aspectos deslocado ligar isso de que vou falar agora a um passado de agitação literária. Mas exatidão no sentido da mediocridade como no outro. E ainda que os velhos anseios pareçam de modo geral ter apodrecido aqueles que os tiveram e não conseguem superá-los, pode ter um sentido ligar a eles mais que a qualquer outra coisa essa "experiência".

    Talvez. Parece-me de fato que assim lanço uma claridade imediata num livro em que, como se verá, dá para se perguntar se o autor não é vítima de uma incorrigível tristeza moral e não está singularmente longe do mundo vivo. Entretanto, essa claridade, depois do gato morto, me parece insuficiente. "Mais que a qualquer outra coisa" é dito rápido demais. Talvez, tendo em vista os anseios anteriores de alguns. Mas não pelo melhor. Pois em mim mesmo, sem dúvida alguma, aquilo de que falo está ligado ao que posso imaginar de mais distante das deliquescências, ao mesmo tempo do pessimismo, do perverso e desgraçado desprezo pela saúde e pela força humana frequentemente ligados ao exercício da poesia. Devo dizer isso com estrépito, pois o movimento do meu livro leva à confusão. Ninguém mais do que eu é alegre, amigo do homem –

de suas virtudes, e das mais juvenis – hostil a seus desfalecimentos, a seus entraves jurídicos, a suas compaixões. Como gostaria de dizer deste livro a mesma coisa que Nietzsche da *Gaia ciência*: "quase nenhuma frase em que a profundidade e a jovialidade não se deem ternamente as mãos". E não me engano ao colocar nos antípodas dos cafés literários esse céu mediterrâneo de Zaratustra, para o qual toda minha vida tendeu. Desgraça a quem maldiz! Estou contente, soltando esse grito, por introduzi-lo no início de um livro amargo. E como se poderia ver aí uma inexplicável contradição, fico contente também por resolvê-la imediatamente tomando como testemunha Nietzsche, que escreve em *Ecce homo*: "Outro ideal...".

(No fim do prefácio, necessidade vital para o homem de não mais fugir para fora de si mesmo – ex. quadros para conseguir deter a atenção por um instante.

Que agora não tenho mais a possibilidade como outrora de resolver, ou acreditar resolver, através de um movimento atrevido, um desafio ao mundo, as dificuldades que ele me apresenta, mas somente por uma atenção de cada instante.)

[2] *Em Cad, este trecho é precedido por:*
23/08/1942

Numa depressão (no fundo do bacio, alcançada a borra):
O sentido do homem é o não-sentido. Que um ser tenha (para subsistir, até mesmo para surgir) de se dobrar a sentidos particulares (sucessivos, discordantes, que dizem: o homem é feito para isto, para aquilo, sempre o equivalente do "marceneiro para a plaina" apenas com a aparência geral), um dia pedem-se as contas, contesta-se, não resta nada. O último demônio, a chance (nada tem sentido último – nenhum tesouro protegido dos ladrões), mas que a chance se esquive! Ela não me faltava, ao final ela me falta. Tive o que amava, *respondido a meu coração*. O que amava me é retirado. Tudo acabou. Só me resta dizer como Jó: "O senhor deu, o senhor tira...".
Interrompido. (É domingo de manhã, o sol doura a folhagem das grandes árvores à minha frente, um canto começa muito encorpado, vozes de homens e mulheres conjugadas, é o *Kyrie eleison*. Oh miserável eco, nem tão suave assim, de um outro *sobre-humano* que ouvi à beira do lago Maior!... e que permanece em mim o signo menos de minha chance do que da dos homens. E agora? uma prédica! de que só chega a mim, ininteligíveis, os acentos compassados.)
"O senhor tira..."
Mas quando a chance é o senhor, o que ela é uma vez retirada? O não-sentido. Digo-me: o não-sentido seria minha plaina? Antes que a chance me abandonasse, de antemão muitas vezes encontrei o não-sentido como

um pedacinho de osso quebrando-se atrozmente enquanto se saboreia um prato. Hoje, nem prato nem sabor. Nada além de não-sentido, verdade deserta, que faz o deserto, entrevista rasgando através da folhagem das árvores no pálido azul do céu (que é a ausência do homem e de qualquer sentido). O que mais me desmonta é que atinjo uma verdade hoje somente grande demais para mim pela chance, pelo excesso de força que ela dá. Hoje, quando algo de atrofiado estragou minha vida, só me resta dizer: não é uma verdade para atrofiados, os malformados não a suportam. Mas finalmente isto num sobressalto muito suave: essa verdade exige minha força, e se é assim lixo-me para a má-chance, tenho de me erguer ao mais alto de mim mesmo, e agora, que a chance me falta, encontrar *mesmo assim* a força (e, talvez, no fundo, o único tipo de força à altura de uma verdade tão deserta, aquela que se encontra *mesmo assim*). Ontem, à meia-noite, no auge do desencorajamento, escutava no térreo do hotel jogadores de carta conversando, gritando suas manilhas de ouro ou de paus – e nesse absurdo jardim de Passy o grasnar contínuo dos patos atingidos pela insônia, nunca em mim as tenazes da idiotia agarraram mais cruelmente o mundo, eu estava lá, deitado na cama, luzes apagadas, venezianas fechadas, sozinho e doente. De sentir a vastidão do céu e a ausência de resposta, a evidência de que, se ninguém tinha achado nada, não seria eu, depois de tanto tempo, que encontraria uma, de que estávamos trancados para sempre na idiotia dos patos, dos jogadores de carta, como numa prisão sem chave imaginável (e talvez a chance lá dentro como uma fuga, um meio de evitar as paredes sujas em que esbarramos na sombra: ontem, em minha fraqueza, esbarrava nelas como um gigante). Outra coisa, disse para mim mesmo em certo momento: ou nunca haverá resposta ou ela já foi dada (no passado). E me esforcei, evoquei a resposta do passado. Nada me metia medo: nem mesmo minha covardia. Como de outras feitas, pedi a Deus que me esclarecesse: ele deu não sei que resposta atrofiada... não havia mais naquele momento em minha cabeça com o que superar os limites de um pato. E hoje de manhã eclodo, absorvido numa verdade que mete medo, contudo simples. Estas linhas, escritas lentamente, ainda como uma tela, mas... chega, quero ficar a sós com o não-sentido.

Supondo-se que tenha havido no mundo um sentido – como sempre se fez, mas um dizendo: "isto é claro...", o outro "isto, que ninguém viu antes de mim...", e infindavelmente –, o sentido estaria dado, o homem teria apenas de descobri-lo. Aceito, e aceito até imaginar tê-lo atingido, sem uma dúvida. Não poderia então me impedir de dizer: esse mundo tão cheio de sentido, eu o verei até o âmago, *até o ponto onde ele perde...* esse sentido que indubitavelmente tem para mim.

Pôr à prova (colocar em causa – a si mesmo e ao mundo – perceber no conhecimento um engodo, um obstáculo) é uma resolução simples entre todas. É preciso nela rir das tolices sem as quais não teríamos chegado a formá-la. Quis voltar à simplicidade [*ilegível; riscado:* humana]. Se segui vias bizarras, nem por isso desculpo aqueles que se divertem infindavelmente com bizarrices. O espírito humano está como que decomposto, mas demorar-se na decomposição, comprazer-se nela, é-me cada vez mais hostil. Gostaria de ter escrito um livro tal que não se pudessem tirar dele consequências fáceis. Não queria que dessem a meu livro consequências desonestas: preferiria que o depreciassem ou, ainda melhor, que não lhe dessem bola.

Propus: a amizade do homem consigo mesmo, o apagamento do eu na evidência do orgulho, um "deserto" onde a solidão atinge o "inumerável", e no exercício da vida o máximo de rigor possível.

A chave da integridade do homem:
  NÃO MAIS SE QUERER TUDO
é o ódio pela salvação

[3] *Em B, encontram-se estas folhas paginadas de 1 a 8 entre os rascunhos da "Introdução":*
Devia ter dito, no decurso disso, o que é a "experiência interior", e responder às questões que se colocam a seu respeito. Era mais difícil do que se imagina.
Fracasso, para começar, sobre a definição. Tenho de me contentar com o empirismo. Entendo por "experiência interior" o que normalmente é designado pelo nome de "experiência mística", o fato de viver estados de êxtase, de arrebatamento, ou ao menos de emoção meditada. Mas tenho em vista menos as experiências "confessionais" – a que as pessoas se referem em geral – do que a experiência em si mesma, livre de vínculos, ainda que vagos, com qualquer confissão que seja. É o que justifica o abandono da palavra "místico", a que não poderia ter me atido sem prestar a confusão.

Não proporei nenhuma definição mais cerrada. Em última instância, mostrarei a experiência interior ligada à necessidade, para o espírito, de tudo colocar em questão – sem trégua nem repouso concebíveis. Essa necessidade veio à luz a despeito das pressuposições religiosas, mas age ainda mais profundamente se as afastamos. Inútil insistir no sentido, no alcance dessa evicção. Que pressuposições filosóficas tenham orientado experiências como as que foram conduzidas de qualquer modo não era necessariamente algo favorável ao desenvolvimento da própria experiência; em todo caso, suas consequências intelectuais se viam assim imediatamente limitadas. Mas tenho de ir mais longe. Mesmo suposições consequentes são perigosas e vãs. E, como a "experiência interior" existe no *coração* do possível, não há definição que eu possa dar que não se ligue à necessidade de que falei de tudo colocar em questão sem medida.

Nada mais distante das possibilidades que me pertencem – ou das intenções deste livro – que um misticismo qualquer, que conferisse seu acordo à imaginação poética. Em todas as épocas, espíritos inclinados à experiência interior se prestaram às facilidades que encontraram: "Espíritos como esses", dizia Hegel, "quando se abandonam à fermentação desregrada de suas almas, imaginam que velando sua consciência de si e fazendo capitular seu entendimento tornam-se os eleitos a que Deus dá a sabedoria durante o sono; na verdade, o que eles concebem e colocam no mundo durante esse sono não passa de sonhos...". Sobre seres intelectualmente menos ciosos, a "experiência" não age da mesma maneira: ela é a fonte de visões. O espírito supera seus limites com tanta força que todo um mundo, exterior em aparência, entra de fato em sua dependência. O que é contemplado na experiência é percebido com uma intensidade surpreendente e em condições de perturbação geral. A evidência que tange ao próprio fato – a intensidade – desliza facilmente de uma noção inapreensível para a objetivação sob uma forma previsível. O visionário, decerto, trapaceia menos lamentavelmente que um filósofo, mas trata-se sempre de uma comédia.

Um "místico" vê o que quer – isso depende das potências relativas. E do mesmo modo descobre – o que já sabia. Decerto, há vontades, crenças desigualmente favoráveis, mas em tal [homem?] a experiência não introduz nada que não tenha estado antes no entendimento – *senão a contestação do entendimento como origem das crenças.*

Represento, como se vê, a experiência interior sob uma aparência extremamente repelente. Mas não é desejável que ela atraia. É preciso, ao contrário, dá-la como quase inacessível. Ela é mesmo, para dizer a verdade, no homem, o inacessível coração.

Para começar, é preciso parar de acreditar que se possa abordá-la através de uma ciência que prescinda da própria experiência. Sem negar o interesse de obras eruditas, como não ver a que ponto elas viram as costas para a experiência ao estudarem a vida de personagens mortos?

A experiência que não está viva e sequer é mais concebível como um possível é derrisão. A experiência é um modo de conhecimento que não podemos nos propiciar por meio de pessoas interpostas, sobretudo quando essas pessoas são de outros tempos.

Vou aliás me dedicar a fazer compreender em que medida esses trabalhos de doutos ignorantes da experiência são por isso alheios ao tema de que tratam. É o meio que tenho de dar a compreender em que precisamente consiste a experiência (o que uma definição não permite). A ciência, o conhecimento científico podem, é verdade, tomar a experiência como objeto, mas acontece no decorrer de eruditos estudos que as condições da observação transformem a natureza do fenômeno observado. É o caso por excelência da "experiência interior". Antes de tudo, mostrei a experiência acarretando naquele que a tem erros de julgamento. Do mesmo modo, caso se considere a ciência com uma verdadeira fé – caso se utilize essa espécie de julgamento que a crença nos conhecimentos discursivos funda –, vale dizer: se a própria experiência não colocou em questão fé e julgamento – o objeto a que o conhecimento pretende só em aparência pode coincidir com o das buscas místicas.

A destruição do objeto pelo observador é desigualmente sensível de acordo com cada caso. Ela é estranha no caso de Pierre Janet. Esse estudioso não se atém de modo algum ao conhecimento livresco, a que os estudos místicos se limitam de costume. Ele teve a chance de cuidar de uma "extática" num hospital psiquiátrico. Designa-a em seus trabalhos pelo nome familiar de Madeleine. Dessa criatura ele dispôs sem reserva por mais de seis anos. Deixou-a seminua para fotografá-la em êxtase (na pose da crucificação). Não havia na atitude dele nenhum desejo de profanar, mas um anseio de ciência meticulosa (Janet observava tudo, respiração, coração, excreções). Uma benevolência paternal, irônica e, para dizer tudo, infinitamente desdenhosa presidia a seus trabalhos. Sua afetuosa gentileza lhe valeu a confiança cega da paciente.

4 *Em B, estas notas esparsas:*
A experiência interior é um movimento em que o homem se coloca inteiramente em causa.

Heidegger se endereça a uma comunidade de homens que se recusam a essa colocação em causa. Ele a opera, mas como ela se dirige à comunidade da ciência, torna-se em matéria de colocação em causa um vil gnomo, malformado, engomado demais para ser um monstro, embaraçado, se é que não envergonhado por sê-lo.

àqueles que não se libertaram dos hábitos mortais (inteligência) da escola devo olhar como ausentes (ex. o Sr. Janet)

aberração da não existência de uma comunidade

[*no verso da folha*]:

diferença entre a simpatia imediata e o deserto onde a simpatia morre – rumo ao extremo.

Dentro da comunidade: alertar aquele que formou sua inteligência na universidade. Ele não pode compreender: falta-lhe um elemento essencial.

diferença entre estado doméstico e estado selvagem – montanha e planície.

★

Mostrar que não se trata de adição
conhecimento + isto ou aquilo
e que também não era um valor novo.

nenhuma renovação do método no que concerne à filosofia: aplica-se a inteligência existente a partir do momento em que a exp. começa

reserva: o método dos Holocaustos

que a comunicação não pode ser a autoridade, mas somente a experiência

O ponto de vista para julgar a partir daqui deve ser o da falta que resultou da supressão das autoridades.

[*no verso, riscado*]:

E quanto à religião a situação é invertida. Ao passo que anteriormente por não se poder estabelecer [*relações com um?*] Deus

É por meio de um não recurso a Deus que uma via menos limitada é aberta. Mas isso deve ser tornado sensível num outro plano, o do método.

★

coincidência entre um discurso novo e a impotência do discurso

Ora, qual é a chave da dramatização? é a autoridade, de maneira que se pode dizer, caso se consiga apreender o drama, que se toca na autoridade – e, reciprocamente, que na falta completa de autoridade, se nada tem especialmente valor, não há drama possível

do mesmo modo, se existe uma autoridade, um valor, há necessariamente drama

pois isso equivale a dizer: só se pode levá-la totalmente a sério mais longe: mas a autoridade é sempre algo de comum, de comumente percebido, ou não existe. Deve-se buscar sua autenticidade. Só se pode buscá-la em comum.

★

podia-se acreditar

diminuição do possível, por exemplo, possibilidade de uma experiência interior

mas a partir do momento em que a frasezinha é pronunciada, a autoridade é a própria experiência interior, o homem dispõe novamente de seu possível, e até, dessa vez, de todo o possível

em seguida após autoridade,

princípio do sacrifício, ou seja, de toda religião, é uma dramatização que tende a assumir um valor geral

isso culmina no sacrifício em que tudo é vítima

mas ele tem duas [*fontes?*] (Blanchot)

desenvolvimento da inteligência

5   B:

[...] podemos deixar seu vão ruído se perder.

O esforço vale a pena na medida em que esses estados talvez em si mesmos indiferentes nos içam literalmente para fora do discurso (nos desatolam). Dizê-los indiferentes, aliás, é inexato. A crítica estética desses estados pode ir tão longe quanto se quiser, não é isso que importa. Mas eles são aquilo que nenhuma frase pode capturar, pedaços de existência livre e a escapada do espírito no incognoscível. Isso, mesmo a escapada, eles o são.

Mas se o espírito de contestação não estivesse em nós, poderíamos nos abandonar aos langores desses estados, gozar deles como fazemos daqueles provocados por objetos apreensíveis e, finalmente, apreendê-los, apropriar-nos deles. Daí a necessidade de trocas constantes, de ataques de raiva sucedendo-se aos elãs, de uma agitação ora ardente, febril, ora glacial, de uma colocação em questão retomada infindavelmente num novo sentido. É através das peripécias frequentemente cômicas e sempre ofegantes que o espírito lentamente se arranca da areia. Esses "movimentos" silenciosos ainda não são nada, temos de liberar sua luz e, projetando-a para fora de nós, adorá-la e depois extingui-la.

Limito-me, para começar, a princípios cujos desenvolvimentos estão mais longe, frequentemente em grande desordem (e o essencial na quarta parte, no capítulo V). Gostaria apenas de representar ainda isto: que

nenhuma inovação

é o *yoga*, ou seja, essencialmente a arte de controlar os movimentos int., mas representado sob uma forma – apresentando-o à minha maneira – que apague seu caráter pedante, de receita grosseira, fazendo sobressair ao contrário

Além do mais, no *yoga*, ao menos tal como é transmitido aos ocidentais, o controle dos movimentos int. aparece como uma higiene ou uma estética. Enquanto eu o insiro num movimento que se prossegue. Imagino que na Índia haja uma tendência a adormecer sobre o meio, a bancar o virtuose, mas que, o espírito sendo o mesmo em toda parte, a prática do *yoga* se desenvolva a partir de um sentimento de insatisfação, de uma nostalgia de ir além. Mas o que se expressa para nós é antes, é preciso dizer, o aspecto de grosseria, de platitude, por exemplo Vivekananda mesmo se ele superou não deixa de ser, por seus paupérrimos meios intelectuais... E o que me deram dele como tendo na prática mais sentido não o tinha.

Isso não é razão para se afastar dele com humor demais
o que digo é insuficiente
em todo caso necessidade apesar do exemplo do cristianismo
pois o cristianismo é a [*forçação?*] ou as facilidades individuais
Se dizemos receita é bom lembrar a poesia...

Em todo método inclusive o controle dos momentos [*movimentos?*] é preciso ceder a maior parte à inspiração, mas não se deve ignorar as receitas.

O essencial da receita hindu é de certo modo escutar a respiração
e também é preciso meter palavras na cabeça, ao mesmo tempo para servir um alimento à necessidade de palavras e para introduzir sentimentos
silêncio

Buscar toda a afetividade que se pode ligar a essa palavra que mal chega a ser uma palavra, que da palavra é já a abolição do ruído. Esse silêncio, é preciso buscá-lo na dileção doente do coração como uma dessas inapreensíveis amantes nascidas das regiões mais vaporosas do sonho. Nada mais que a sombra do calor do verão, a transparência, no quarto, de um raio de lua. Quando um perfume de flor está carregado dos secretos eflúvios de um passado de férias infantis, demoramo-nos sozinhos a respirar a flor.

[6] B:

[...] põe em jogo. O silêncio e o riso também... mas um modo de relação humana que quebre com a covarde neutralidade de regra, a insignificância entendida desde o início como um princípio. Assim, morrendo, eu imaginaria comunicar mais que escrevendo este livro (há nos pavorosos momentos da morte uma liberdade desconhecida de nós

– até os relaxamentos mais baixos, tremo ao falar disso). Um livro? sem a menor possibilidade de gritar quando um leitor me toca com uma pata engordurada, faz-me entrar em sua suja empreitada. Quanto me entristeço hoje com minha falta de rigor – ao menos em aparência – que periga extraviar profundamente. Só o que me libera é a ideia de que um livro é realmente abandonado, não pertence mais a seu autor.

[*Fornecemos aqui na sequência estas notas esparsas em B*]:

Fim de *Expressão intelectual da experiência*

no final: não é mais que um esboço, e, sei agora, nunca escreverei mais nada. Mas sei também que está aí a única expressão intelectual da experiência que permanece possível, pois, se é verdade que apesar de todos os obstáculos podemos expressar a experiência, há um deles que torna o jogo da expressão extenuante. Não há nada que possamos dizer a que um novo ponto de vista não se acrescente *a posteriori*: é inesgotável. É somente quando lidamos com objetos inteiramente simples (como na matemática) que podemos esperar esgotar o possível: e decerto isso é um erro. Esse obstáculo, é verdade, não é peculiar à experiência, mas ela o aumenta pelo fato de em vez de querer eludi-lo se lançar nele.

Escrever meu livro
Forço-me
mais nada, a doença me proíbe, e além do mais só me interesso...
e uma vez o livro terminado, após o que eu

a vida continuando, mas uma tristeza a mais, o livro terminado, abandonado, eu além no vazio. Obrigado a me remeter ao que ele trará de interesse para mim, em minha miséria buscarei uma simpatia, uma mão que se estendesse? Ou [*pegaria?*], pelo contrário, essa mão para mordê-la cruelmente, a fim de morrer sozinho (a fim de encontrar um ar mais puro e levar a contestação, para mim e para aquele que morderei até lá).

Melhor deixar aberto, e é o que quero, não é resignado que falo disso, esse rejuvenescimento infinito do saber por mudança dos pontos de vista. Prefiro assim me dizer: voltarei a isso num outro livro, de maneira a que eu próprio veja melhor, e dê a ver, que um movimento deslizante começa que nem eu nem ninguém [*acabará?*]. Deixando ver no final que jogos de luz entre duas noites proclamam já essa supremacia da noite a que a experiência está ligada. Pois assim como a renovação necessária da vida anuncia que pertencemos à morte, a do saber afirma que ele é o lígio do desconhecido. E, a experiência tomando minha vida para fadá-la ao desconhecido, é preciso que sua expressão, que dela se afasta em aparência por ser discurso, profundamente permaneça, não obstante, fiel a ela, não sendo mais do que esboço, admitindo nela, até com certa volúpia, esse elemento de morte que é o escoar de um rio indo para o mar.

7   *Texto publicado inicialmente em 1936, no número 8 da revista Minotaure, acompanhado de um poema de André Masson, "Do alto de Montserrat", e de reproduções de dois de seus quadros de 1935,* Amanhecer em Montserrat *e* Paisagem dos prodígios; *o texto de Bataille era precedido por esta nota:*

O que André Masson experimentou em Montserrat, especialmente durante a noite da *Paisagem dos prodígios*, o que ele expressou nos quadros que estas páginas reproduzem se associa estreitamente ao que eu mesmo experimentei e expressei no texto seguinte.

É necessário atribuir a maior importância possível ao fato de que a realidade de que se trata só pode ser atingida no êxtase religioso.

[*Essa nota nos impele a retomar aqui a narrativa que André Masson fez de sua noite sobre o Montserrat (publicada por Jean-Paul Clébert em "Georges Bataille et André Masson",* Les Lettres Nouvelles, *maio 1971)*]:

"*Prodigioso lugar. A 1.400 metros de altitude, passamos, minha mulher e eu, uma noite de inverno, extraviados no cume. É uma das recordações mais espantosas da minha vida. Estávamos alojados no monastério. Estávamos vestidos para o verão. Demoramo-nos diante do pôr do sol que eu estava desenhando. O sol se punha do lado do Aragão, porque essa montanha está, como o Sinai, numa espécie de serra. Vi o mar de nuvens chegar, rebentando como uma maré. Então a noite caiu. Tínhamos perdido o caminho para descer. Escorregávamos o tempo todo, eu não conseguia ficar parado, estava irritado, porque havia estrelas cadentes o tempo todo. Quando vimos, estávamos numa plataforma não maior do que isso e... o abismo.*

"*Então tive uma crise nervosa (sequela dessa doença nervosa consecutiva a meu ferimento de guerra), e minha mulher me disse: não podemos ficar aqui, temos de escalar de novo. Havia uma dupla vertigem, o abismo e o céu com as estrelas cadentes, o próprio céu me aparecia como um abismo, o que eu nunca tinha sentido, a vertigem do alto ao mesmo tempo que a vertigem do baixo. E me encontrei numa espécie de* maelström, *quase uma tempestade, e como que histérico. Pensei que estava ficando doido.*

"*Então conseguimos escalar de novo agarrando-nos aos buxos e outros arbustos, e, no alto, esperamos o amanhecer. E aí o espetáculo foi o contrário. O monte inteiramente recoberto de nuvens. Só emergia o lugar onde estávamos. E o sol nasceu. Era sublime. Estávamos sobre nossa eminência como Moisés à espera da chegada do Senhor.*

"*Quando chegamos lá embaixo, um dos frades se admirou ao nos ver chegar por aquele lado, e quando minha mulher lhe explicou que tínhamos passado a noite no cume, exclamou: Caramba! Era a primeira vez que ouvia ser pronunciada essa palavra que Hugo tinha posto na moda. A hospedaria ainda não estava aberta, mas escutavam-se a música, os coros de crianças, exatamente como em* Parsifal, *os sacerdotes que celebravam a missa. Embora estivéssemos transidos de frio, aquilo era extraordinário. Foi um dos momentos mais fortes da minha vida. Cósmico e religioso ligados de repente por uma aventura: viajantes se extraviam na montanha, assistem à morte do astro, ao seu renascimento, descem num lugar religioso onde parecem estar celebrando esse acontecimento e não a morte de Cristo..."*

8 *Em C, o texto continua:*

O que chama a atenção no riso comum e que parece às vezes merecer o desprezo é a ilusão fácil e superficial da angústia. Ris ao ver uma mulher cair na calçada; não ririas se ela tivesse se jogado da janela e caído morta aos teus pés. Não ririas porque sentirias angústia, o que, é verdade, poderias guardar para ti; mas essa angústia que experimentas diante de uma destruição súbita e aterrorizante, poderias experimentá-la, talvez não tão forte, mas angústia, se não fosses indiferente à mulher que caísse na calçada. Na verdade, sentes angústia, não ris, desde que sentes os laços de solidariedade que te unem à vítima: isso pode ter a ver com a violência da destruição, isso pode ter a ver com os laços de uma afeição particular.

Devias portanto atacar a fraqueza. Quando ris, percebes-te cúmplice de uma destruição do que és, confundes-te então com esse vento de vida destrutiva que conduz tudo sem piedade até seu fim (e cuja alegria desenfreada derruba as divisórias que te separavam dos outros). Mas basta que te vejas ameaçado por esse mesmo vento – tu ou os teus –, tua cumplicidade e tua alegria se transformam imediatamente em medo.

2. Da angústia à glória

A angústia muitas vezes aperta seus nós em volta de nós sem que nada resulte disso: ela pode se dissolver no mesmo instante. Mas, no momento em que seu objeto se revela pesado, ela pode, se a experimentamos por outrem, abandonar-nos isoladamente à sua tristeza; e se ela resultasse de um perigo que nos ameaçasse poderia acontecer de que só a morte lhe trouxesse uma conclusão.

Mas a angústia está longe de se limitar ao impasse que ela é por vezes; e a maior parte do tempo se encontra na via de movimentos decisivos. Como a risada, a angústia rompe as barreiras do isolamento. Quando o objeto que a provoca é o mesmo para todos, aproxima estreitamente os homens. E é, como vais ver, nessa aproximação em que o fôlego é suspenso que a existência humana chega ao momento decisivo de seu abandono e de seu dilaceramento na obscuridade do universo.

★

Nesse ponto, solicito de tua atenção uma prova mais profunda. O que segue não é de uma compreensão mais difícil que o resto, mas sua compreensão exige que vás agora até o extremo da reflexão. Alcançar a extremidade deserta das coisas supõe uma condição realizada: o silêncio do discurso, quando o discurso (o andar ordinário e claudicante do pensamento) serviu somente de introdutor. Chegas agora comigo aonde a vida para, aonde ela se esgota, aonde ela se perde. Aonde ela se perde num longínquo tão carregado que tudo ali é oprimente. Não há mistério mais profundo, mais impenetrável, e, no entanto, só temos sentido, tu e eu, na medida em que sua profundidade, de repente, fica acessível para nós, aberta.

★

É a estranha e lamentável sorte daqueles que vivem hoje só poder abordar o limiar aonde chegas agora comigo guiados pelas balizas e pelos rastros que só uma reflexão *arqueológica* permite, com dificuldade, descobrir. De sorte que devemos chegar cobertos das vestes poeirentas do arqueólogo; como poderíamos, de fato, chegar lá onde cada coisa que se revela se faz *sagrada*, se não tivéssemos procurado os caminhos seguidos pelos *sacrifícios* de todos os tempos? como, sobretudo, teria sido possível tornar claro o sentido desta última atitude se não tivéssemos disposto, nesses caminhos, dos dados estendidos que uma lucidez indiferente pacientemente estabeleceu? Mas quão vã é essa ciência que tem o *sagrado* por objeto e que se limita a conhecê-lo tão grosseiramente quanto o fisiólogo que só conhecesse da vida a mesa de dissecação. Se, no limiar, não pudéssemos arrancar o uniforme do arqueólogo e ficar nus, teria valido mais não começar andança alguma.

É por isso que preciso te pedir agora, já que percorres frases em que o silêncio do pensamento se inscreveu com ainda maior necessidade que seu encadeamento, para renunciar se de muito longe não sentes a angústia em que estou tentando *comunicar* contigo. Se essa leitura não devesse ter para ti a gravidade, a tristeza mortal do sacrifício, eu preferiria não ter escrito nada.

★

O SACRIFÍCIO É A COMUNICAÇÃO DA ANGÚSTIA. Assim, o único verdadeiro sacrifício é o sacrifício humano. Pois a vítima que a faca coloca em poder da morte está ali *para mim*. Nela, pude me perceber abatido pela fúria da destruição, ou, ao menos, quando tinha medo de olhar de bem perto, senti-me solidário da existência que caía diante de mim no Nada. Se eu mesmo estivesse morto, se eu mesmo tivesse sido destruído, minha angústia não teria ido mais longe que a faca. Eu não teria podido me reconhecer aberto aos ventos mortais do fora, já que todo conhecimento teria se dissolvido em mim assim que meu coração tivesse parado de bater. Para que em mim essa existência dada aos homens cessasse de estar esterilmente fechada e *comunicasse*, era necessário que um outro morresse diante de mim. E não só diante de mim, mas diante de outros em tudo semelhantes a mim e, como eu, aderentes pela angústia ao aniquilamento que tem lugar, e no entanto, como eu, protegidos de um golpe selvagemente desviado sobre a vítima. Pois esse medo, essa angústia que toma o homem aqui ou ali em seu abandono não deve partir como veio. Não deve ser dissolvida demasiado rapidamente pela libertação da morte, e ainda menos se dissipar ao acaso, e ainda menos se tornar interminável e doentia; ela deve ser comunicada de um homem a outro, deve acumular-se e ficar carregada como um temporal, inscrevendo seu ponto de noite na ordem luminosa das coisas.

*

A angústia ata os seres a cada vez que sentem pesar sobre si a ameaça da morte. É porque um dia estarão moribundos que eles não estão separados do jorro excedente do mundo. E, no entanto, não têm a força de desejar plenamente uma fusão que não é possível conhecer, já que ela aniquila. Detêm-se então numa nostalgia movimentada da morte, aproximando-se dela o suficiente para conhecer seu terror, mas se mantendo longe o suficiente para escapar dela. Do isolamento fechado que é a mais triste das mortes à fusão da morte física – em que aquele que está em jogo, como se nunca tivesse sido, é cruelmente suprimido – não há repouso nem apaziguamento: e a angústia não é mais que a ausência de qualquer repouso e a impossibilidade do apaziguamento; há luta e dilaceramento (não há saída), entre o desejo de se dar inteiramente ao bacanal que se desencadeia e destrói e o anseio de durar, de participar do bacanal sem ser morto.

*

Não há saída, e a *comunicação da angústia* – que ocorre no sacrifício – não é a solução, mas a introdução e a manutenção do dilaceramento no próprio centro, no coração da cidade humana. É somente nas angústias que esse ser que és mantém suficiente consistência e, contudo, deixa escancarada a ferida pela qual entra, precipitando-se de todos os pontos do universo, a destruição mortal. Sem tuas angústias não serias esse fiel espelho dos movimentos excedentes, da fuga vertiginosa da noite e do dia, que te tornaste. É por isso que não deves recusar essa amplificação selvagem do mal de que sofres, do esplendor que o acompanha, e de tua realidade última – que é o sacrifício. O que sentes de ti mesmo, tuas angústias isoladas te fazem saber tudo o que entra no jogo. Mas a angústia que não *comunicas* a teu semelhante é de certa forma menosprezada e maltratada. Ela só tem no mais ínfimo grau o poder de refletir a glória que vem da profundeza dos céus. Esse poder depende do lugar que lhe atribuis. Tens ainda de descobrir na angústia o que possuis de mais precioso, o que deves, portanto, comunicar a teus semelhantes e, assim, magnificar sem medida. Sem o sacrifício, a angústia não seria mais do que ela é – quero dizer, o que ela parece ser para o doente –, ela não seria o *coração* onde o movimento dos mundos se ata e se dilacera.

*

Precisas portanto te abandonar a teu destino, ou, mais exatamente, aceitar que ele te conduza à glória. Essa angústia que te fere, é preciso que ela te dilacere ainda mais a fim de que a comuniques a teus semelhantes. Deves ir para a praça pública e gritá-la como ela é, gritá-la a teu semelhante. Este deve aprender de ti essa sede de sangue que não é o feito de ninguém isoladamente: a angústia que se comunica, na sombra, de um ao outro exige que o sangue corra; o desejo comum de sair do círculo esterilizante da solidão, de negar o egoísmo sem luz, exige que uma vítima seja escolhida para morrer. O desejo escolhe, se pode, aquele que a sedução divina designava: ele te designará se fores *rei*. Mas não importa se a sorte te convoca, ou a algum outro. É mesmo necessário que sobrevivas para que seja refletida em ti, nos raios de tua angústia, essa luz absolutamente glacial que a morte emite. E do mesmo modo, quando morreres, transmitirás a outros a dura mensagem de luz.

*

Pois é verdade – e essa verdade exige que sofras e bebas dela – que a angústia comunicada se transforma em glória. A morte ou o isolamento interrompiam tudo. Mas num grupo angustiado, não há mais isolamento nem morte. O isolamento se dissolve na comunicação da angústia. E a morte só pode atingir o ser isolado, não pode aniquilar o grupo. A partir de então, assim como a tempestade acumulada se transforma em raios e trovões, a angústia ganhando um a um se perde numa fulguração de glória. Basta que apenas um encontre o destino violento de que ela é prenhe.

[*Na sequência, esta nota manuscrita*]:
Esse texto não está terminado: devia ficar claro do que segue que a necessidade do sacrifício não deve ser compreendida num sentido literal [*riscado*: trata-se da cumplicidade mística com a morte de seu semelhante,

e não de renovar realmente a prática selvagem. A crueldade e a angústia se esposam dessa maneira], mas como a expressão da natureza das coisas que os homens mais antigos encontraram em seus ritos. Trata-se de cumplicidade com a morte e somente *daquilo que é* revelando-se ao espírito, não de atos a realizar.

[9] *Dionys Mascolo nos forneceu as provas da primeira edição de* A experiência interior: *Bataille previa aqui um longo desenvolvimento, em parte inédito, em parte tomado de empréstimo a "A amizade" (excertos das primeiras páginas de "O culpado" publicados sob o pseudônimo de Dianus, em 1940). Eis as passagens tomadas de empréstimo a "A amizade":*

[...] a experiência extática de que partia.

Introduzi o que precede acima de tudo como uma descrição – indireta – de "estados de êxtase" a que tinha chegado.

Dianus, em "A amizade" (*Mesures*, 15 de abril de 1940), torna sensível a ligação do que precede com a experiência interior. Isso fica claro em certo número de passagens:

"O caminho do êxtase passa por uma região necessariamente deserta: essa região é, contudo, a das aparições – sedutoras ou angustiantes. Para além, não há mais *nada*, senão um movimento perdido, ininteligível: como se um cego fixasse o sol com os olhos abertos e se tornasse assim ele próprio luz cegante. Basta imaginar uma mudança tão intensa, uma combustão tão instantânea que qualquer representação de substância se torne não-sentido: lugar, exterioridade, imagem, tantas palavras dilaceradas pelo que se passa; as únicas palavras que não se traem inteiramente – *fusão, luz* – têm algo de inapreensível. É mais difícil falar de *amor*, essa palavra estando queimada e sem vigor, em razão mesmo dos *sujeitos* e dos *objetos* que a enredam comumente em sua impotência de amar."

"O êxtase é *comunicação* entre termos (esses termos podem permanecer tão indefinidos quanto possível), e a comunicação assume um valor que os termos ainda não tinham: de certo modo, ela aniquila estes do mesmo modo que a fulguração luminosa de uma estrela aniquila (lentamente) a própria estrela, assim como os objetos suficientemente próximos para serem profundamente modificados pela constante metamorfose da estrela em calor e em luz.

"É o inacabamento, a ferida, a miséria e não o acabamento que são a condição da 'comunicação'. Ora, a comunicação não é acabamento."

"À medida que o inacessível se abriu para mim, abandonei a primeira dúvida: o medo de uma beatitude deliciosa e insossa. À medida que contemplo com facilidade o que se tornou para mim objeto de êxtase, posso dizer desse objeto que ele dilacera: como o fio da navalha, ele é cortante; ele é, mais estritamente, um ponto gritante, cegante, deslumbrante a ponto de guinchar, mas não é apenas um ponto, pois invade. A nudez provocante, a nudez ácida é uma flecha estridente lançada em direção a esse ponto.

"O que é 'comunicado', desse ponto a um ser, de um ser a esse ponto, é a necessidade fulgurante de se perder. Através da 'comunicação', os seres cessam de estar trancados em si mesmos.

"A 'necessidade fulgurante de se perder' é a parte da realidade mais interior e mais afastada, parte viva movimentada, mas isso não tem nada a ver com uma substância suposta."

"O método do êxtase equivale ao do sacrifício: o ponto de êxtase fica nu se quebro em mim a particularidade que me tranca em mim mesmo (assim como o animal particular dá lugar ao sagrado no momento em que é destruído).

"Assim: recalco uma imagem de suplício e, pelo recalque, fecho-me; o recalque é uma das portas que ajudam a fechar minha particularidade. Se volto a colocar a imagem diante de mim, ela abre a porta, ou, antes, arranca-a.

"Mas não se segue necessariamente daí que eu atinja o exterior. Imagens dilacerantes (no sentido preciso da palavra) se formam continuamente na superfície da esfera onde estou enclausurado. Alcanço apenas as lacerações. Não faço mais que entrever uma possibilidade de saída: as feridas voltam a se fechar. A *concentração* é necessária: uma laceração profunda, um raio duradouro deve quebrar a esfera; o ponto de êxtase não é atingido em sua nudez sem uma insistência dolorosa.

"Supondo-se a decisão de escapar dos limites do indivíduo e dos objetos que lhe são úteis, é natural buscar a saída multiplicando as imagens 'transtornadoras', entregando-se a seu jogo. Essas imagens fazem aparecer uma luzinha numa irrealidade penosa e fugidia, provocam nostalgia: mas não permitem chegar ao ponto onde o raio se abate.

"Em primeiro lugar, é necessário opor aos movimentos habituais um estado de calma que equivalha ao sono. É preciso se recusar a qualquer imagem, tornar-se uma absorção em si mesmo tão completa que toda imagem fortuita deslize em vão na superfície. No entanto, essa absorção precisa ainda de uma imagem para se produzir: uma única imagem imprecisa de paz, de silêncio, de noite.

"Esse primeiro movimento tem algo de falacioso e de irritante. O movimento natural da vida para o fora está em oposição a ele. O torpor voluptuoso ou mesmo pesado e penoso em que o espírito entra é ainda mais discutível por depender de artifícios humilhantes. É inevitável observar uma posição do corpo descontraída, estável e, contudo, sem relaxamento. As necessidades são pessoais, mas por que não se fiar, para começar, em alguns recursos eficazes: como respirar profundamente, deixar-se ganhar pelo encantamento do tórax ampliado por uma respiração muito lenta. Além disso, para provocar o vazio em si, é preciso evitar o desenrolar das ideias por meio de associações sem fim: é por isso que é melhor atribuir ao fluxo das imagens o equivalente de um leito de rio por meio de frases ou de palavras obsedantes. Esses procedimentos devem parecer inadmissíveis a espíritos impacientes. No entanto, os mesmos espíritos toleram com frequência coisa muito pior: vivem sob as ordens das mecânicas a que esses procedimentos querem pôr fim.

"Se é verdade que a intervenção é *odiosa* (mas é necessário, às vezes, amar o que é odioso), o mais grave não é o dissabor a sofrer, mas o risco de sedução extrema ou de lassidão. O primeiro sono apazigua e enfeitiça. Mas logo o apaziguamento enoja. É enfadonho, não é tolerável viver muito tempo enfeitiçado.

"Por alguns dias, é necessário sepultar a vida numa escuridão vazia. Resulta daí uma maravilhosa descontração: o espírito se sente de uma potência ilimitada, o universo inteiro à disposição da vontade humana, mas a perturbação logo se introduz."

"Isto poderia ser fortemente expresso e claramente retido: que a existência não está ali onde homens se consideram isoladamente: ela começa com as conversas, as risadas partilhadas, a amizade, o erotismo, vale dizer que ela só tem lugar *passando de um ao outro*. Odeio a imagem do ser ligada à separação e rio do solitário que pretende refletir o mundo. Ele não pode refleti-lo verdadeiramente, porque, tornando-se ele próprio o *centro* da reflexão, cessa de ser à imagem de mundos que se perdem em todos os sentidos. Ao contrário, se vejo que os mundos não se assemelham a nenhum ser separado e que se fecha, mas *àquilo que passa de um ser a outro* quando *nós* rimos às gargalhadas ou quando *nós* nos amamos, nesse momento a imensidão desses mundos se abre para mim, e me confundo com a fuga deles.

"Pouco me importa então eu mesmo e pouco me importa uma presença que não seja eu – mesmo que ela fosse Deus. Não acredito em Deus, por não acreditar em mim mesmo, e estou certo de que é preciso acreditar absurdamente no miserável eu que somos para acreditar no que lhe seria semelhante, em Deus (que não é mais que seu fiador). Aquele cuja vida é consagrada a si mesma, a viver, a se perder, mais do que à mística, ao menos poderia abrir os olhos para um mundo onde o que ele é só pode adquirir sentido ferindo-se, rasgando-se, *sacrificando*-se, onde a divindade, do mesmo modo, não é senão dilaceramento (execução), sacrifício."

"O mais importante: cada homem é estranho ao universo, pertence a objetos, a ferramentas, a refeições, a jornais – que o encerram numa particularidade ignorante de todo o resto. O único elemento que introduz a existência no universo é a morte: quando um homem a representa para si mesmo, cessa de pertencer a quartos, a seus próximos: entra no jogo livre dos mundos.

"Se quisermos conceber com clareza o que está em questão, é possível considerar a oposição entre os sistemas ondulatório e corpuscular na física. O primeiro explica os fenômenos por meio de ondas como a luz, as vibrações do ar ou as ondas do mar, o segundo compõe o mundo com corpúsculos como os nêutrons, os prótons, os elétrons, cujos conjuntos mais simples são átomos ou moléculas. Do amor às ondas luminosas e dos seres pessoais aos corpúsculos a relação talvez seja arbitrária ou forçada. Mas o problema último da física ajuda a ver como se opõem duas imagens de nossa vida, uma erótica ou religiosa, outra profana e terra a terra (uma aberta e a outra fechada). O amor é uma negação tão grande do ser isolado que achamos natural e até, em certo sentido, ideal que um inseto morra da conflagração que ele desejou (a fêmea não é então menos fulminada que o macho, o nascimento de um novo ser ou de novos seres talvez não seja menos contrário à lei de isolamento individual, que preside à vida, do que a morte). A contrapartida desses excessos é dada na necessidade de posse de um pelo outro, que não adultera apenas as efusões eróticas; que ordena ainda as relações de pertencimento recíproco entre o fiel e a presença que ele descobre obscuramente (Deus se torna a coisa do fiel como o fiel é a coisa de Deus). Por que negar que haja aí o efeito de uma necessidade inevitável? Mas reconhecer isso não é dar grandes nomes às figuras do jogo. O 'ponto' gritante e dilacerante de que falei irradia a vida a tal ponto (embora seja – ou justamente por ser – a mesma coisa que a morte) que, uma vez nu, o objeto de um sonho ou de um desejo que se confunde com ele se vê animado, incendiado mesmo, e intensamente presente. As pessoas divinas, a partir dessa pretensa 'aparição', não estão menos disponíveis que um ser amado, que uma mulher que oferece sua nudez ao enlace. O deus crivado de chagas ou a esposa pronta para o prazer não passam então de uma transcrição desse 'grito' sem fundo que o êxtase atinge. A transcrição é fácil (ela é mesmo inevitável): visto que somos obrigados a fixar um objeto diante de nós. Mas aquele que alcança o objeto dessa maneira não ignora que destruiu tudo aquilo que merece o nome de objeto real. E, assim como nada o separa mais de sua própria morte (que ele ama ao atingir essa espécie de prazer fulgurante que exige sua vinda), ele deve ainda ligar o signo do dilaceramento e do aniquilamento às figuras que correspondem à sua necessidade de amar."

[*A continuação é inédita*]:

[*Essa primavera termina em desastre – depressão enorme, desmoronamento. Não é que eu não tenha conservado como cada criatura o poder de estar ausente do tempo presente (de permanecer "anacrônico", como o pássaro cujos cantos nem a hecatombe interrompe). Mas, logo, tivemos de "dormir em pé" para melhor fazer face: via-se tão pouco que tomei minha sombra por outrem... Quem poderia resistir ao meu "último pedido"?...*]*

PARA QUEM QUISER ME ESCUTAR

1

Basta abrir os olhos na rua: o que se exibe livre e vulgar, que se acredita tudo e não passa de horror deve se chocar em alguns lugares com a força verdadeira: em tais lugares, um sentimento violento se apodera até do mais grosseiro.

Uma vontade que obriga ao silêncio só pode derivar da angústia. A angústia não é o medo de um mal definível.

Se alguma vontade ávida existe em ti, que calca aos pés a vulgaridade e se recusa a abandonar a glória pelo repouso, ela é vã e friável — desejo de pitoresco — enquanto não for inclinação à angústia.

Comparada aos homens mais bem formados, a multidão é indigente, e, o que é ainda mais triste, a seus olhos os valores íntimos são letra morta. Não há mais meio de remediar isso. Daquilo que não tem mais atrativo para a multidão é tão vão falar quanto sonhar com o retorno das festas. Tira-se daí uma consequência: que um valor novo só tem sentido se responder ao anseio terra a terra da maioria. É preciso me entender bem quando grito que essas ideias não são apenas tacanhas; elas traem a indigência dos "mais bem formados". É verdade que, com o tempo, a fadiga triunfa. Esquecemos o fundamento: que os mais felizes deem sua chance à grande maioria *se perdendo*.

É *santo* aquele que perde sua vida – não importa para que fim. Mas não como o soldado, cujo valor é proporcional a sua ausência de medo. O *santo* habita a angústia: é tanto mais santo quanto mais suou de angústia.

A angústia do neurótico é a mesma que a do santo. O neurótico e o santo estão engajados na mesma luta. Seu sangue escorre de ferimentos semelhantes. Mas o primeiro desperdiça e o outro dá.

O que a chance exige dos homens: *a amizade*.

Mas, e a angústia? fada vergonhosa a que se recusa até um cuspe!

---

* *Os itálicos e os colchetes são, aqui, do próprio Bataille.*

2

Se exiges do pensamento que ele traia a vida e dissimule os choques, não te devo mais que o tédio, se ao menos...

O que espero? para começar, tua passividade, que o barulho que és cesse. Peço-te para me seguir passo a passo na noite, melhor ainda, no desespero. Não te avisarei nem dos buracos – cairás neles – nem das paredes – esbarrarás nelas. De antemão, da tua falta de jeito, "meu coração se parte de tanto rir".

A Escritura diz dos tolos que seu número é infinito. Acrescento que a própria tolice do mais sábio é infinita. A noite se faz sobre uma multidão em que cada verdade não passa de grosseiro insulto para os outros. Feliz daquele que se quis o filho dessa multidão e dessa noite! nele a tolice humana entrou no reino da angústia.

A crueldade sorrateira, a impudente grosseria, a impostura, o bom senso (sobretudo raso), o interesse dissimulado, uma credulidade de velha boazinha, em toda ocasião rir, é a primeira palavra de minha nova "sabedoria".

Numa noite de vômito, passar dessa prostituição a uma tristeza de morte; reduzir uma vã algazarra ao silêncio ansioso é uma "sabedoria" ao mesmo tempo *maior* e *menor*.

Só a *soberania* atinge uma "sabedoria" total. Ela obriga ao silêncio e, contudo, não é senão riso (e, se para de rir, torna-se *risível*).

A "sabedoria" é ser todos.

A mais grosseira fraqueza: maldizer uma coerção exercida sobre "todos" e comandar-se a si mesmo.

És feito à imagem de *todos*. Em ti mesmo constranges duramente obscuros desejos. A dureza (a ignorância grosseira) se impõe a ti na barafunda inconciliável das necessidades.

É vão fugir da dor e querer liberar os homens dela. Só se faz aumentá-la ao se fugir dela. O único meio de sofrer menos é ser surdo. A dor é um grito da má-chance, um grito de ódio contra a chance...

3

O que disse realmente me importa, não vejo o que tirar nem pôr. Provoca-me náusea: da negra tolice para onde fugirei?

A expressão vazia, olhos brancos de mármore, um desejo lancinante de que furem meus olhos! Ser cego, surdo à gritaria das palavras vãs – maldições, calúnias, erros, elogios –, cego! imbecis de rosto de louça, meus semelhantes, *que vejo*...

Se alguém não sofreu o bastante – até a náusea – e me vê: não passo de mentira. Avistam-me limpinho e barbeado: interiormente – coberto de vômito. Estou cansado e sou sonso. *Vi*. Não vi apenas essa lama em que atolo, esses olhos pesados que interrogo, mas também o que olhos mortos percebem.

O que vi, o que sei. Não há mais potência no mundo: um sono – interminável – me torna pesado. Pouco importa que me esforce. É em vão. Não arrancarei minha língua, rindo! Devo continuar, passar de um minuto ao outro – o minuto medido no quadrante – essa língua enchendo minha boca.

Meus semelhantes! meus amigos! como casas sem ar, de vidros poeirentos: olhos *fechados*, pálpebras abertas! Gostaria de explodir e que os vidros caíssem num só estrondo, abrindo-se ao vento violento.

O que um estrondo de vidros quebrados ensina: que tudo está morto a não ser ele: que ele é luz...

Aquele para quem escrevo (que tuteio), por compaixão pelo que acaba de ler, deverá chorar, depois rirá, pois se *reconheceu*. Ninguém é sol ou raio: mas nele se prolonga o sol ou o raio... Ofereço-lhe um enigma: seu maior perigo? seria chorar – ou rir? ou sobreviver a suas lágrimas? ou sobreviver a suas risadas?

Se pudesse conhecer – perceber e descobrir – "aquele para quem escrevo", imagino que morreria. Ele me desprezaria digno de mim. Mas eu não morreria de seu desprezo: a sobrevivência precisa de gravidade.

4

Aquele que escreve com seu sangue não quer ser *lido?*... Não devem me ler: não quero que me cubram de elusões. Proponho um desafio, não um livro. À insônia não ofereço nada.

Na angústia, um acidente brutal, uma poça de sangue, um corpo jogado na estrada, privado de vida... Supondo-se que o desenlace *tenha um sentido*, a morte corta a palavra. No tempo, na morte, existe uma promessa de silêncio, um silêncio definitivo... Eludo a inexorável promessa se "dramatizo" a morte; o drama difere do tempo na medida em que é palavra enquanto o tempo é mudo.

Mas o que significa a vertigem que me toma se sinto o desmoronamento do tempo em mim, sombrio, imundo, tal que um dia ele me fará calar? Nada, é uma evidência e grita: meu grito se endereça a meu semelhante! Não-sentido? o não-sentido apodrece aquele que permanece surdo a esse grande grito. Se o silêncio é a verdade dos universos, só por comédia minha boca viva poderia macaquear o silêncio de um morto.

O que poucos ouvidos suportam, a verdade que revolta. Sem essa verdade nua a inteligência torna insípido; ela não passa, no seio das coisas, de uma escapatória, de um *parti pris* de falsificar: *nem só de pão vive o homem, mas também de veneno*.

Essa verdade é ela própria veneno. Apavora, tirando a esperança (de salvar o homem, de afastar a miséria). É preciso escondê-la daqueles que a evitam, é uma verdade altiva, enfeitiçante e, como uma haste erguida, risonha.

Uma pilhéria de passagem: dez bundas de homens ou de mulheres, ao acaso... Tu te apropriarias das verdades mais podres? elas exigem amar... Teu semelhante para o qual te lixas é a mesma coisa que tu: o que vês, que escutas, que és...

[10] *A tradução dessas passagens, feita pelo próprio Bataille, ao que parece, encontra-se na última página do caderno 1 (setembro-dezembro de 1939) para O culpado.*

[11] Le Temps retrouvé *foi publicado em 1927.*

[12] *Em "La Pratique de la joie devant la mort"* (Acéphale, n. 5, jun. 1939).

[13] *Fornecemos aqui, para terminar, estas notas esparsas em B:*
  falta de potência numa via em que se está engajado é repugnante contra o [*forçar?*]
  suprimir uma parte do forçar [*das forças?*] à dram. pelas receitas
  mas forçar não é um pecado, uma vez engajado é preciso
  forçar existe por toda parte: em amor [*em?*] poesia
  é um veneno
  o riso é a única saída
  sentido profundo, divino, do riso nesse sentido
  forçar é o retorno do projeto em seu [*contrário?*]

★

Gostaríamos às vezes de gritar: Coragem! com a ideia de que de tempos em tempos encontraríamos uma mão, que a apertaríamos tanto e seríamos tão apertados por ela que não lamentaríamos de modo algum viver num tempo tão duro, que nós mesmos nos tornaríamos alegremente duros e que sob a nuvem de fuligem sentiríamos na natureza humana algo de risonho.

No derradeiro dia   Quando o primeiro
ele não dirá, mas poderia dizer: não sou eu que bato, é a terra inteira.

Não é curioso? Os ingleses dizem dos alemães, são mentirosos e falsos profetas. Um alemão começa a pintar o mundo ao avesso. Ludwig, decerto o maior, ofereceu da vida humana uma representação de fazer boi dormir. Nada senão de impossível, de irreal. Mas nem bem acabou essa louca pintura e já lá estão os ingleses obstinados em provar sua verdade. E em construir um mundo que se assemelhe ao que L. tinha pintado, fiel nos mínimos detalhes a suas imagens de pesadelo. Como se a metamorfose na colônia de trabalhos forçados fosse ordens a eles destinadas, decompuseram o ar, nas paragens de seus grandes calçados a natureza humana é inteiramente reduzida a esse estado de opressão ininteligível. Assim, sem os ingleses, não teríamos tido esse alemão profeta dos tempos modernos, e quão mais dilacerante em certo sentido do que os dos tempos antigos.

As perturbações deste tempo são de outra amplitude que as de épocas em que o horror só entrava num vale de cada vez e não estendia lençóis de fuligem sobre os continentes e os mares.

*

Sim, vivo, prossigo um sonho leve.

mas minha clarividência interior?
com os olhos pesados aparentemente de sono, discreta e sorridente, imperceptível, ela nunca deixará de velar.

*

E no dia em que eles se banhassem todos em seu sangue, o sol, como sempre indiferente (o sol, as moscas, a água representam a indiferença), ninguém pensaria mais nisso

*

Como eu estaria de acordo em morrer sem estar certo de que aqueles que vivem gozarão tanto, mais do que eu; a morte não é como acreditei o esqueleto gélido, mas a bacante nua – jovem, ébria e bela. A morte é mesmo esse sol de treva.

*

Cada um extrai das coisas toda a parte de desconhecido que tem estômago para suportar sem desfalecer, pois as coisas se revelam grandes, desejáveis, atraentes na medida em que vemos nelas esse desconhecido que são, não o conhecido que parecem. Mas só suportamos o desconhecido com a condição de que nelas um bocado de conhecido, e o mais apreensível para nós, tranquilize-nos. A menos que

[digressão sobre Marcel Proust]

Lado paradoxal como de dizer do conhecido que na verdade ele é o desconhecido.

Trata-se apenas da parte de desconhecido que há na comunicação.

E em Proust há também comunicação de um personagem morto a um vivo, o que garante a perenidade, já que, uma vez que se pode comunicar um do passado com outro do presente, pode-se também fazê-lo deste àquele.

Outra coisa, a parte do desconhecido na poesia.

O encanto do estilo de Proust se deve a uma espécie de esgotamento prolongado em que se faz aquilo que a marcha dissolvente do tempo (é a morte) deixa de aberto. Ao passo que um estilo breve é como uma incompreensão do tempo (a da pedrinha). Mas as frases de Proust são um riacho, escoam, anunciam, murmuram suavemente o escoar do tempo rumo à morte.

*

1) O Terror necessário. A poesia renovando sem trégua a destruição
2) Execução do autor por sua obra

[parágrafo final]

Colocação em causa de tudo. Ela pode assumir diversas formas. Ligada ao gênio poético: forma mais separada da multidão. Oposição entre o retorno à Idade de Ouro e o gênio poético: Hegel e o serviço militar. O gênio poético do lado do extremo. Mas o que o gênio poético se torna na solidão? (De uma maneira geral – para a introdução – a partir do momento que não se parte da pressuposição dogmática, parte-se da poesia). A solidão do gênio necessária ao sacrifício em que tudo é vítima. Caráter *desconhecido* (incompreendido) do sacrifício. É a aventura do espírito que foi ao fundo das coisas, desceu aos infernos.

Necessidade de se tornar tudo – possibilidade que o gênio tem de fazê-lo na solidão, mas proximidade da loucura. Nietzsche Crucificado Dionísio Ecce Homo: megalomania.

Não se pode de modo algum esperar um resultado análogo ao do sacrifício dos reis. De fato, a eficácia só se dá na região mal conhecida. No final, o gênio poético se apaga sem que a multidão se aperceba de nada. Apenas alguns.

Mas tudo se dissolve. Mais nada a opor ao mundo militar. Mais nada. Mais nada. Toda a febre do espírito que se destrói no silêncio do suplício, do êxtase. Virilidade e transparência totais.

[*no verso*]:
destruição dos seres de antemão, quando chegam ao salão da princesa de Guermantes, a destruição dos fantoches se conclui – e no ápice

a execução da Berma por seus próprios filhos – como se ele quisesse se oferecer o pretexto para puxar o lençol já mortuário de antemão sobre seu rosto.

[*à margem:* a propósito do Terror, se consideramos que o fim da expressão é suprimir em nós o pensamento (o discurso)

e então, pela morte, ele escapa da insignificância da poesia, da reserva de posse que lhe pertence]

e de acordo com a lei poética ninguém escapa a menos que seja um daqueles que entregam por vontade própria ao Tempo "seu coração para ser devorado". A paixão de Fedra que faz com que não haja frase que pronuncie que não seja poética e quantas delas a ponto de dilacerar. Mas o autor reservou só para si mesmo em sua obra o papel de Fedra: não soube encontrar outra resposta para sua paixão além da mentira (e isso talvez pelo fato de não ter amado as mulheres, que são as únicas com quem a "comunicação" no dom de si recíproco é possível).

*

sozinho. Já como as de um homem que chegou ao extremo das saturnais que desencadeou em seu coração

E não é esperança nele, é a pior dor que ele

(E para Nietzsche o fato de que sua razão soçobrou na megalomania foi o equivalente de uma confirmação de solidão tumular, o sacrifício da razão assumia a forma mais carregada de sentido, já que a loucura é o que separa dos outros e nos faz encontrar em nós mesmos o universo do que estava separado. Falta a resignação: involuntariamente é loucura, voluntariamente é apagamento de si mesmo.)

*

A importância profunda da poesia é que do sacrifício das palavras, das imagens, e pela própria miséria desse sacrifício (sob esse aspecto, acontece o mesmo com a poesia que com qualquer outro sacrifício), ela faz deslizar do impotente sacrifício dos objetos ao sacrifício do sujeito. O que Rimbaud sacrificou não foi apenas a poesia objeto, mas também o sujeito poeta

sobrevivência detestável mas muito mais perturbadora que a morte

Execução do autor por sua obra. –

enfatizar que a poesia é também holocausto composto com a ajuda de palavras

*

comunicação com o desconhecido

a incógnita que nós mesmos somos, o *ipse* infinitamente frágil, trêmulo, consciente de sua fragilidade, não o *eu* seguro de si, imaginando-se necessário e intentando conhecer.

o sacrifício que Rimbaud fez da poesia não foi poético, já que realmente ocorreu, já que não ganhou forma [*riscado:* unicamente?] na ordem das palavras, já que mudou a vida

Não posso ter dúvida no que tange ao princípio do sacrifício

o objeto do sacrifício é aquilo de que em geral o homem abusa, o que é explorado. O sacrifício compensa o abuso, a exploração. Do mesmo modo, os laços entre o sacrifício e a comunicação são claros.

O abuso, a exploração, é o que rompe a "comunicação", o sacrifício o que a restabelece; daí se segue que a escolha dos objetos sacrificados incide sobre aqueles cuja destruição é de natureza a garantir o retorno à comunicação que o abuso interrompia. Essa dupla fonte da escolha é de natureza a necessitar de ajustes. Isso é claro. Posso imaginar que é incompleto, mas não penso que possa ser abalado. Bem mais obscura é a interpretação particular, que incide sobre tal ou tal forma histórica...

*

Paradoxo da [*ilegível*]

Na solidão e na renúncia à poesia, o gênio poético abandona a feminilidade, torna-se másculo, e é na medida em que apaga tudo, que se resolve ao silêncio profundo, que ele é másculo.

Assume a ausência de satisfação, a ausência de repouso, a ausência de salvação.

Frente ao mundo militar, ele o torna possível no sentido de que sem ele a paixão pelo conhecimento o desviaria em estéreis oposições.

*

beleza, poder de sedução, necessários à poesia antes da destruição (par. 2). Daí a necessidade de potência (par. 3).

caráter másculo do apagamento?

Mas o único sacrifício que faça rir, pois nele se dissipa a má consciência (si mesmo vítima).

Se o poeta aceita a imediatez... ele pode imaginar um retorno (ilusório) aos outros. Mas pode ir mais longe, no extremo a caminho do qual se encontrava, ele [*ilegível*] de se isolar.

Digo se o poeta porque... filósofo

Dizer também que o sagrado é necessário ao mundo da ação, mas deve tanto mais se retirar desse mundo, reservar-se, porque ele é total.

*

Nesse sacrifício ininteligível, incompreensível, o que é atingido, ainda uma vez, é o sagrado, mas sob uma forma tão total que só se pode profundamente sepultá-la.

[14] Método de meditação *foi publicado inicialmente pelas Éditions Fontaines, em 1947, e retomado (nosso texto) na reedição de* A experiência interior *(Gallimard, 1954).*

Extratos do texto tinham aparecido no n. 48-49 da revista Fontaine, *em janeiro-fevereiro de 1946, sob o título "Diante de um céu vazio".*

Encontram-se nos papéis de Bataille:
A [Caderno 8, 1945, 37 folhas em parte paginadas] = primeiras notas, referentes também a A parte maldita *e, provavelmente, ao prefácio de* A bruxa, *de Michelet (Éditions des Quatre Vents, 1946).*
B [Caderno 9, 1945-1946, 75 folhas paginadas] = Advertência (folhas 1-5); Notas, primeira redação e notas para as páginas 249-250 desta edição (folhas 6-44); Manuscrito das páginas 235-250 desta edição (folhas 6-44).
D [caixa 9, F, 76 páginas] = provas corrigidas para a primeira edição.
Além disso:
C = "Diante de um céu vazio".
E = primeira edição.

Eis, para começar, as notas de A:
[folhas 27-37]:

Método [*riscado:* Manual] de meditação

"Éramos jovens. E os jovens parecem não dar importância a nada, a não ser a ninharias. Sabem revesti-las com uma profundidade trágica, e isso é o mundo. Pois, no final das contas, a realidade não tem nada de particularmente profundo. E quando você atinge a realidade, por volta dos 40, 50 ou 60, descobre que ela tem apenas sete palmos de profundidade e 18 de comprimento."

Faulkner*

Advertência
Se procuram um método hindu... mas também não é uma obra de filosofia.
13/04/1945

---

* Trata-se de uma citação do conto "Mistral", do livro *These Thirteen*, de 1931. (N.T.)

É no momento do sofrimento* que recorremos a nossos Deuses. Ou, antes, é nossa dor – o horror que temos dela – que os cria. Irei mais longe: não somos honestos na dor, e nossos Deuses – o que conta a nossos olhos – são a imagem ou a sombra projetada por nossas trapaças.

Sofro e gostaria de dizer para mim mesmo: "Isso, ao menos, *vale* ser amado". Tenho colhões para responder: "Só quero amar 'o que amo', '*o que vale*' ser amado é o engodo oposto aos vazios dos sofrimentos, um meio de não sofrer mais, de organizar um mundo onde sofrer não é a última palavra".

A cruel verdade é que a todo preço devemos evitar sofrer, e nossas reservas de valor (nossas igrejas e nossas [*bases?*] morais são farmácias.

Afirmo: o que define o sofrimento é que ele não tem em si o menor sentido. É por isso que ele faz sofrer. O que dá um sentido ao sofrimento é o começo de mentiras organizadas.

Sofrer é sofrer e nada mais. Se tiramos proveito de ter sofrido, somos golpistas, daqueles que vestem, que "trucam" o mundo.

O pior é um sofrimento divinizado.

Como, pelo contrário, não rir da desgraça?

A desgraça de uns é a condição da felicidade dos outros, o preço que a felicidade custa, e se ele é uma provação "útil" é na medida em que descobrimos nele o vazio debaixo de nossos pés, o vazio justamente sem recurso, se enriquece é ao nos reduzir ao silêncio mais contrariado.

14/04/1945

Há mil maneiras no último momento de ter "uma mosca no nariz" (a homenagem à vítima, um problema, uma ambição), só há uma de ir longe.

É um equívoco dizer: "não há mais retorno possível". O retorno é antes inevitável. Se eu permanecesse longe, inteiro, não teria nada a dizer.

É uma parte de mim que permaneceu próxima que conta minha partida, minha parada no ponto morto.

[*Ao menos duas folhas faltando*]
cômico (primeiro movimento)
4. A própria filosofia
(mas como Picasso se situaria?)

De início a criança não tem "o termo e o começo", depois tem um rudimentar, mas não tem autonomia, não é mais que um [*suplemento?*] dos adultos.

Porém, o adulto padece o encanto da criancice, cúmplice maravilhado das tolices infantis.

---

* *Nota de Bataille:* Uma hora de espera vã num metrô, volto para casa sozinho: a mesa estava posta no quarto para o jantar.

Uma parte significativa da vida humana é dada no amor pelas crianças (não por uma criança específica, mas de modo geral pela *ingenuidade* infantil).

O problema último dos filósofos é o da *autonomia* ou da *soberania* de um domínio admitido, mas subordinado ao conhecimento.

O cômico é subordinado ao sério. O trágico é o pueril que vai até as últimas consequências, que confessa sua terrível impotência.

O pueril, o trágico desvelam o *impossível* de que o tecido do conhecimento indefinidamente nos separa, limitando-nos à ficção de um mundo *possível*.

Virar as costas a quem, raciocinando, admite, mesmo *de fato*, a dominação do possível (a fabricação, as ruas debaixo dos céus, a soberania do político, as ficções necessárias ao comércio, à administração, às prisões, aos exércitos, um mundo onde os homens vestidos têm esse lugar indiscutido ao qual remetem toda noção, inclusive a de antropomorfismo).

(Contudo, nunca introduzir no possível exigências estranhas: o possível [*tem?*] leis, a ação só tem alcance no possível, mas sob a condição de admitir suas leis, ainda que visando modificá-las.)

Mesmo a filosofia de Heidegger (e com mais forte razão a que deriva dela) sem desejá-lo expressamente deixa inabalada a *soberania* do possível. A crítica de Heidegger é dada na ideia de *urgência*. Se a filosofia de Heidegger o tivesse projetado para além do "tecido do conhecimento", ele não teria tido tempo de escrevê-la.

*

"Quem de nós não se encantou de antemão, com delícias e complacência, pelas lágrimas que correrão depois de sua morte nos rostos dos seres que são a carne de sua carne." (P. 159) [*Referência do próprio Bataille*]

Considerando o que encontrei dos meus semelhantes, toda experiência humana me parece mergulhada, mas profundamente, como a mil pés sob as águas, num irremediável ridículo.

Falo dos melhores, daqueles que têm a força de atrair para si. Nos maiores [*riscado:* espíritos] aparece com mais nitidez o ridículo de não serem crianças – de não gritarem como fazem os bebês. Do mesmo modo, a criança que chora é ridícula, pois sua inanidade deriva da serenidade dos adultos.

(A criança, mas sem Deus, sem pai, *sozinha* no mundo.

Rindo?)

(O trem do metrô, é ele e não Hegel que decide sobre a *loucura*. Hegel não passa de uma forma acentuada dele.)

*

Só a transcendência é levada a querer ser o todo...
A vontade de imanência...

*

Entrada nas matérias
Três primeiras meditações
A filosofia como operação soberana
A operação soberana é a execução do rei
A operação soberana é o malefício

*

Princípios de retórica

1. Recordar exigências fundamentais. Alguns princípios para poder arbitrar. Razões para fazê-lo. Nenhuma preocupação com os outros.
2. O fato de escrever visto como meio de exploração do possível. Engajar a representar a exploração do possível como única razão de ser.
3. Ódio pela individualidade. Isto é, uma exigência maior.
4. Iconoclastia. Primado da experiência sobre a expressão. Ódio pela arte. Impossibilidade de [levar?] à [soberania?]
5. Caráter caprichoso, desprovido de necessidade. Supor uma catástrofe planetária.
6. [ilegível: Eu [Moi] ou jogo [jeu]?]
7. Operação soberana.

(Nenhuma polêmica vazia. Fora do domínio descrito, contudo, vislumbrar uma possibilidade, degradação tal que nenhum compromisso é possível.

Situar fora do interesse.)

*

[Folhas 16-17]:
O ódio pela poesia deve ser publicado como seguido de *Método de meditação*.

Num prefácio (pelo menos), explicar o título assim:

A poesia do tipo "corcel" corresponde à fórmula

a) imanência transformada em transcendência, em coisa

b) profano (coisa transcendente) se esforçando em vão pela transcendência da transcendência.

Mas,

a própria palavra "poesia", a referência à poesia comportam em si o movimento de que procede a palavra "corcel"

o ódio pela poesia é o ódio por uma designação

Poderia intitular de modo geral *Para além da poesia:*
I. *A E.I.*
II. *[Riscado: O culpado] S.N.*
III. *O ódio pela p.*
   (nessa segunda edição o t. II comportaria duas partes principais
      1) *Vontade de chance*
      2) ....)
A E.I. seria inteiramente revista, *S.N.* consideravelmente aumentado
Uma outra sequência compreenderia *O culpado* e *A nudez* (*A aleluia, História dos ratos* e, se eu escrevê-lo, o diálogo).
[Folhas 1-15]:
O cortejo
ou antes os dois (ou os três)
a massa dos humildes que padeceram formou, no fundo de seu consentimento tanto ao fausto dos grandes quanto às fogueiras das bruxas...
os grandes, o que esperam ainda de nós
mas as bruxas
Elas nos oferecem, na verdade, seus serviços.
Cada mulher que amamos decerto surgiu daquelas que queimam, e não das que são queimadas, mas a distância não é tão grande: podemos sempre reanimar esse fogo que foi extinto pelo fogo

*

Revolta. Primeiro contra a natureza. Nesse caso a revolta é direção. Depois contra a direção.
Esses dois aspectos em toda revolta. Mas:
no estado atual das coisas
é a direção que é posta em questão. Ela é vista como a natureza (o capitalismo), identificada ao mal.
Na revolta contra a direção e somente aí aparece a mais longínqua possibilidade do homem.
Se ele não tivesse primeiro se revoltado contra a natureza, não poderia, evidentemente, revoltar-se contra uma direção (seria um animal selvagem: em nada diferenciado da natureza e, como tal, não sofrendo nenhuma coação). É somente em seguimento à revolta contra a natureza que esta, no limite que opõe ao ser particular, assume a figura de direção.
Finalmente, é necessário substituir a ideia de natureza pela de uma totalidade de que o homem faz parte.
O homem é aqui em primeiro lugar o ser particular, o indivíduo, mas cúmplice dos outros.

*

No mundo sagrado, posso encontrar os rastros da operação.

A direção (direita) se desfaz [*desiste?*] da natureza (esquerda), mas a natureza em revolta contra a direção não é mais a simples natureza

```
        a natureza           ⎫
Sagrado direito               ⎬   Ação
        sagrado esquerdo      ⎬   uma única operação
Deus                          ⎬
        a natureza diabólica  ⎭
a razão na natureza
```

*

Apêndices a *A parte maldita*:
    A tourada
    Diversas sortes de beleza

*

A parte de revolta (o que recusamos ao que nos dirige) é *por essência*, na experiência que fazemos dela, algo de impessoal. Além disso, o próprio valor na medida em que é conflagração. Chamo-o de valor de dispêndio: ele está sempre fundado num desapego de interesses, numa superação dos cálculos. É a valorização do presente, a consumação dos bens, das forças, dos recursos de toda natureza, mas não *subordinada* a algum bem ulterior. É o contrário de um trabalho, em que cada despesa é feita visando a uma vantagem por vir.

É verdade que, de uma parte, um movimento de revolta começado tem suas exigências. Ele conduz a um empreendimento, em que a meta definida subordina a si numerosos esforços. Mas, em *primeiro lugar*, essa meta não é em nada um meio. *Em seguida*, é verdade, a meta é dada como útil a algum fim (e normalmente se torna). Passa-se da revolta à revolução.

*

[*Riscado:* De qualquer maneira que as consideremos, o mais das vezes, nossas origens nos desconcertam. Melhor não pensar mais nisso.

A infância, quando muito... mas e a vida uterina? e os momentos que a precedem?...

Pensamos o mínimo possível nos amores de nossos pais.]

Costumamos nos sentir no mundo tão seguros quanto se fôssemos – quando na verdade estamos perdidos, isolados num ponto do espaço e do tempo – a substância eterna do mundo.

Não podemos deixar, contudo, de recordar nossas origens, e ora os rigores da ciência, ora visões de devaneios nos remetem aos cortejos do passado. Mas costumamos nos contentar com dados escolares que dão conta do estado em que vivemos: em troca, atribuímos ao passado um sentido que foi o de chegar aonde estamos agora. Por vezes, é verdade, sonhamos sem consequência: algum objeto testemunha de outros tempos nos serve para construir ficções de sociedades menos *humanas* que as nossas.

Seja como for, colocamo-nos neste mundo como sua razão de ser e seu fim, mas isso é tacanho e insustentável: mobiliamos nossa indigência de miragens. A humanidade moderna tem museus.

Nada mais dificultoso que tirar a reflexão das perspectivas fechadas sobre si mesmas. Cada elemento proveniente de fora é imediatamente reintroduzido: uma monstruosa tragédia não passa para um crítico de um objeto de seu domínio. Não podemos pretender em nenhum caso sair de nosso sono: vivemos sempre enfeitiçados por nossas obras e, se tivéssemos a chance de morrer...

Quando muito, podemos conhecer ainda um sentimento obscuro, uma frágil inquietude, multiplicando os recursos a elementos bizarros, pouco assimiláveis, que só são digeridos após um tempo, cuja brumosa diversidade nos desgarra.

Talvez?

Pode-se definir tanto a transcendência pela linguagem quanto a linguagem pela transcendência. Essa palavra é um dever ser. E, do mesmo modo, o objeto fabricado, correspondendo a suas regras, é transcendente.

Em geral, a linguagem sagrada é linguagem destruída.

No sacrifício de um cordeiro, o cordeiro é destruído pela faca do sacrificador não apenas como ser vivo, mas também como palavra-idêntica-ao-objeto.

Porém, não há do sagrado ao transcendente um deslize fundamental? A transcendência do sagrado seria sua redução à coisa. Deus, o esforço que tende a reduzir à unidade de uma coisa o domínio sagrado: ele não é dado – fundamentalmente – como uma causa do mundo, reintroduzindo, na especulação sagrada, as perspectivas profanas do mundo das coisas, isto é, do encadeamento dos produtos? Deus não passa de um *self-product* produzindo o mundo. Transcendendo o mundo como o produtor seu produto. Mas transcendência supõe os dois sentidos da transcendência. O mundo divino não passa de um mundo de produtos transcendentes uns em relação aos outros.

O sagrado é decerto o oposto da transcendência: ele é contagioso. Devemos nos proteger dele. Ele surge assim que a transcendência é destruída.

Depois do gato morto, colocando-nos em inferioridade diante do sagrado como imergidos no mundo das coisas, definimos uma nova espécie de transcendência. Há aí "transcendência do imanente".

Kojève – Jaspers.

A ignorância não é o ateísmo. Ela consiste em denunciar a passagem da imanência (do sagrado) à transcendência de Deus. É o retorno a um mundo prévio à produção – linguagem. E não, como o ateísmo, o completamento do movimento inicial do mundo divino.

Assim como há "transcendência do imanente", há também "imanência do transcendente".

Esses movimentos se verificam no jogo dos valores morais:

a) a posição do sagrado é a posição de um valor em si, não condicional, retirado do circuito da produção;

b) como valor, o valor em si é reintroduzido no circuito da produção, vale dizer que se atribui a ele um efeito sobre a produção (ex.: um sacrifício agrário) –

de outra parte, o bem do tipo agrário é introduzido, dessa vez não como justificação exterior (inserção), mas como fim supremo num movimento de transcendência.

★

Michelet não é exceção. Fala disto ou daquilo, mas é a fim de chegar a alguma visão satisfatória. Essa consciência clara, cuja clareza depende do encadeamento das frases e das palavras, que vê a viga na majestade do carvalho ou o peso vivo num rebanho, cuja natureza procede de um ordenamento de imóveis e de serviços, a presunção, ou antes a precipitação humana quer que ela atinja ainda, armada com ferramentas grosseiras, o fundo silencioso das coisas. Decerto, se o próprio homem fosse estranho a esse fundo... mas é a emanação dele, e na medida em que é *inoperante* não deixa de lhe pertencer.

Léon Blum não vê a inanidade de um fim útil (a Humanidade, etc.)

O problema mais difícil para os homens: não há fim útil. Um fim útil para quê? Encontram-se apenas palavras altissonantes.

Não se pode opor ao absurdo de um fim útil um fim inútil. Um fim inútil diante do mundo do encadeamento não passa de uma palavra altissonante, de um vazio; na medida em que se refere ao mundo do útil, é apenas um plágio a que falta um elemento essencial: a utilidade (é o caso de Deus, da Humanidade, etc.). Isso se dá em relação a Deus: tenta-se demonstrar a existência de Deus, o que equivale a dizer: o que está no fundo das coisas é da mesma maneira que uma mesa é. Ser sendo o atributo de uma mesa. No fundo, o lado risível de Deus é que se deva demonstrar que ele tem a mesma existência que atribuímos inicialmente às mesas, aos animais (em geral os objetos são risíveis na medida em que são imóveis).

Deixamo-nos todos nos aprisionar numa maquinaria. Isso é miserável e defeituoso a mais não poder.

Não é uma questão de tecnicidade filosófica. É claro, convém dispor de todos os recursos, mas eles não permitem sair dessa (não podem em nenhum caso permiti-lo). Sair dessa só pode ser o feito de um modo de pensar (ou de ser) não filosófico, não científico, não limitado ao conhecimento (todo conhecimento confirma os juízos que distinguem os loucos dos outros).

No que concerne a um caso particular.

Nada é sério se não se integram a vergonha das crianças, as fobias, o riso...

Justamente é o que não se pode

★

Na "teopatia" desaparece a posição do transcendente que inverte sobre si sua transcendência como num jogo de espelhos. O caráter de mandamento atribuído ao *objeto* – Deus manda à maneira de uma coisa – é substituído pela aniquilação do objeto enquanto tal.

O movimento *forçado* inerente a toda e qualquer coisa que só em vão pode tentar ser o que ela pretende – *o movimento que leva a rir* – é de repente absorvido na própria destruição do riso (essa destruição não está mais centrada num objeto: ela supera qualquer objeto imaginável e não é mais que um movimento que se perde).

Na "teopatia" o mundo inteiro da transcendência fica para trás.

À teopatia – imanência devolvida à imanência – responde a imanência feita de uma supressão das transcendências que tomam emprestadas sua força e sua pretensão à imanência.

★

[*Folhas 17-26*]:

                                  despesa produtiva
                                  valor útil

a) posição do objeto transcendente (produto) idêntico à linguagem
b) contraposição da imanência, não objeto, sob a forma do sagrado.

> fim em si
> valor em si
> exterior à linguagem
> dispêndio improdutivo

c) inserção do sagrado no mundo da produção

c') em contrapartida de *c*, a transcendência é introduzida na imanência
– do ponto de vista da moral:

c = subordinação de fato do valor incondicional ao *bem*

c' = redução do valor incondicional à *ideia* de bem.

2ª fase

A) posição da transcendência de Deus por alteração da imanência (inversão da transcendência do objeto na imanência).

B) redução da transcendência do objeto por assimilação do eu ao objeto, princípio da imanência do mundo da transcendência.

C) pleno desenvolvimento da categoria do cômico, por conta de uma vontade de transcendência em falso.

A posição de *A* é um movimento operado por um ser imanente, mas reduzido à solidão separada.

Esse movimento descreve o percurso do inferior ao superior e define desse modo diversas possibilidades.

a vontade de dominar tem por elemento a vontade de ser *tudo* que supõe a dominação geral

é a transposição do poder de produzir

mas

o poder de produzir estava em relação com uma transcendência inferior dos objetos

ao passo que a vontade de dominar introduz a transcendência superior

mas sempre o essencial é que, fazendo o movimento da transcendência, o mundo da imanência é transformado em coisa e morre enquanto imanência.

A posição da transcendência pessoal é provavelmente prévia à posição de Deus.

Na prática, a passagem da imanência à transcendência é dada no fato de dirigir.

A imanência, o caráter sagrado, a generalidade exuberante da força são necessárias à direção.

A direção não passa inicialmente de uma possibilidade exterior de transcendência.

Entre um homem que golpeia e aquele que trabalha sob os golpes as relações têm um caráter de imanência, a brutalidade do primeiro e o servilismo do segundo são de mesma natureza (assim se dá com o forçado e o guarda prisional).

*

O problema assim colocado: é o de sair da linguagem, pela destruição de alguma ideia.
Construir assim
   a literatura nos ajuda
      sendo a destruição da linguagem
   Michelet em suma se extraviou.
O deslize que sempre se pode esperar
   Vista para as sentinas.

Além do mais, o problema é colocado pelo próprio tema do livro.

No passado como hoje, colocou-se a questão de saber como se poderia voltar da secura da linguagem (o mais longe possível de...) a um movimento – que supõe o acordo com a morte – da transcendência à imanência.
   o princípio do sacrifício
   ele se gasta, daí a necessidade do malefício
      no final o mictório.
A imanência está fora do tempo na medida em que o tempo é função da [eternidade] linguagem
   Em Platão... (rever as notas de K.) o conceito está
            fora do tempo
   Aristóteles...   no tempo
   Hegel...   é o tempo
Mas a imanência – cujo conceito é destruição do conceito – está fora do tempo: na medida em que ela é o tempo.

A imanência é o instante – retirado do projeto e fluindo no tempo
O essencial da transcendência é ser retirada do tempo como a linguagem, ou seja
   a imanência é o desmoronamento da moral transcendente (do declínio).
(?) O conceito de Hegel é uma coincidência da imanência e da transcendência, mas Hegel o estabelece para salvar a transcendência. Evidentemente, a transcendência, de qualquer jeito... mas num caso a crítica a justifica inteiramente, no outro (minha maneira de ver) a

transcendência é reduzida ao que ela é na saída de um êxito: cf. *Método de meditação*
    para o Método, o carro entrando em V.
    do mesmo modo, o critério da loucura

A transcendência dada no corpúsculo [todas suas possibilidades são desenvolvidas sobre a Terra].
Daí a postulação do objeto pela linguagem tendo como consequência o sagrado.
No imenso esforço para resolver o sagrado a postulação de Deus lhe concede todo lugar, mas o faz objetivando-o (transcendendo-o)

O hegelianismo conclui o trabalho e dá à linguagem desenvolvida a força de neutralizar a imanência; mas uma vez a imanência neutralizada no interior da linguagem, a linguagem permanece *possível* de um extremo a outro de seu domínio, a particularidade tendo se tornado geralmente o universal, o transcendente adequado à imanência, não é mais de tal ou tal dificuldade da linguagem (de tal ou tal percurso de seu domínio) que procede o *impossível*, mas de sua totalidade, é por conta da linguagem adequada ao mundo e enquanto adequada ao mundo que ela é impossível. E a impossibilidade da linguagem é como a impossibilidade do próprio mundo: naturalmente, o mundo é *possível*, "ele é", mas o fato de ser não é de modo algum aceito pelo ser, *não é de modo algum aceitável*, e mesmo, precisamente, é o fato de não aceitar que constitui o ser, como haveria sem isso o tempo (maneira de falar). Nessa concepção, a adequação entre a transcendência e a imanência é mantida. Não há de modo algum a transcendência condenável, mas somente a parada que está em sua natureza desejar. A imanência sem a transcendência...

[15] *B, folhas 1-5:*

Advertência

[*Riscado:* Costumo escrever ao acaso. Sou péssimo para redigir resultados. Vivo além das concepções que autorizam – ou exigem – um estado de repouso.]
Com o tempo, essa busca desgarrada e inesgotável, esse escorrer de ferida nunca fechada que meus livros eram até aqui me deram a resposta clara (que nada tinha de inesperada): "prosseguidas sem limitação, essas páginas chegaram, finalmente, àquilo de que fugiam".
O sentimento um pouco amargo mas muito mais alegre de estar fadado à tolice comum me engaja a fugir dela de outra maneira.

Tentarei definir de uma só vez meu esforço e meu método. (Meu método? Se preferirem, minha ausência de método e os princípios que a autorizam).

[*Riscado:* Esse curto escrito na verdade não implica maior ambição do que os que o precederam.] Deliberadamente, a ambição dessas poucas páginas é a maior que um espírito humano pode se atribuir. O mesmo se dava, decerto, com meus escritos anteriores, mas estes, desde o princípio, ligando-se a alguma razão de ser limitada (ou desligando-se dela), prosseguiram em todos os sentidos, evitando sempre dar um.

Ao passo que a ambição implícita anteriormente é agora pega pelo chifre.

Resta, porém, dos meus hábitos de pensar ou de escrever (das necessidades que pertencem a eles) uma invencível repugnância a situar eficazmente as coisas. Um movimento essencial necessariamente libera da obrigação de prestar contas. É por isso que essa advertência é necessária. Em que digo por fim em que pé as coisas estão.

Para começar, devo deixar claro que meu esforço não resulta de uma inclinação individual. Do mesmo modo, minha experiência *nada tem* de doentia. Descrevi minha experiência como a do espírito humano que busca sua extrema possibilidade. Não senti nessa via nem fraqueza geral nem preocupação particular. Ninguém se engaja nela resolutamente, mas é a falta de vigor (ou de rigor) dos outros, e não algum defeito individual, que faz com que seja eu a me engajar nela, e não um outro qualquer.

O fato de que uma operação de conhecimento é subordinada a outra não possui em si nada de tão impressionante. A crítica do conhecimento vulgar (refiro-me ao conhecimento ligado ao critério da loucura), que culmina nos resultados vazios da ciência, é conduzida, ao que parece, com mais autoridade se tomamos um a um seus êxitos mais gabados. Por que nos preocuparíamos com uma servidão ligada a uma operação do espírito? É preciso olhar isso de perto.

Por um lado, a ciência é de modo geral conhecimento que deve responder à exigência interna, recusando toda servidão exterior. Pressuposições, finalidades diversas, todas as inclinações do coração, sejam elas negativas, são vistas justamente como obstáculos. Assim, a vontade de autonomia, a recusa de subordinar o ser (que sou) a qualquer exigência do fora devem ser vistas como [*entorses?*] à indiferença. E, mais longe, percebo isto ainda: entre conhecimento puro e liberdade existe uma incompatibilidade profunda. O princípio da ciência exige por um lado minha indiferença ao anseio por autonomia; por outro lado, não posso permanecer autônomo aceitando dedicar minha vida ao conhecimento.

De fato, *eu* me subordino. Desenvolvo um só dos meus possíveis em detrimento dos outros. Às necessidades do conhecimento outras exigências em mim devem ceder. Não existe, dizem-me, obra filosófica sem consagração de toda a vida: a operação de conhecimento, como toda atividade complexa do homem, exige de quem a assume que ele se *especialize*. É preciso escolher: ou permanecer um homem inteiro e renunciar ao conhecimento, ou conhecer e voluntariamente se reduzir a uma função.

Interrompo aqui o enunciado dessas dificuldades

O que decididamente recuso demonstrando: o conhecimento é impossível na medida em que se subordina sempre a um outro (mudar essa fórmula).

[16] *Redigido em janeiro e fevereiro de 1953, em Orléans, onde Bataille era conservador da biblioteca, para servir de posfácio à reedição de* A experiência interior.

Esse postscriptum é de certa forma o último avatar de um prefácio a A experiência interior *provavelmente concebido de início como uma resposta à crítica de Gabriel Marcel (na* Revue de la Table Ronde, *n. 3, mar. 1945 – retomada em* Homo viator. Paris: Aubier, 1945), *e que se tornaria "Le Souverain", texto publicado em 1952 na revista* Botteghe Oscure, *n. IX.*

Em 8 de janeiro de 1952, Bataille escrevia a Jean Bruno:

"Estou finalmente redigindo, justamente nesses últimos dias, o prefácio de *A experiência interior*, cujo sentido será o de opor a possibilidade do *espírito de revolta* à do *espírito de submissão*."

No dia 23 de janeiro de 1952, ele anota:

Terminado anteontem e enviado à Madame de Bassiano [Marguerite Caetani, princesa de Bassiano, que publicava a revista *Botteghe Oscure*] o prefácio. Além desse texto, a edição compreenderá alguns *addenda*, Método de meditação (e *Teoria da religião?*).

Os *addenda* estarão ligados em parte ao texto existente, alguns já estão redigidos no exemplar interfoliado. Também extratos dos artigos seguintes poderão ser dispostos em seus devidos lugares: "Último instante", "Mães profanadas", "Existencialismo" (artigo principal e visão de conjunto), "Embriaguez" (de Félice), visões de conjunto sobre Proust e Racine, sobre Blanchot. Serei levado a escrever para a revista *Critique* sobre o *yoga*, Mallarmé, o riso.

Terei ainda de rever "Hiroshima", "Baudelaire", "Gide", "Leonardo", "Huizinga", notas publicadas em *Critique* e os artigos de *Troisième Convoi, Deucalion,* etc.

Rever em particular a ausência de comunidade e insistir na ideia de comunidade negativa: a comunidade dos que não têm comunidade.

Como se diz mesmo? "templo de várias ou de numerosas divindades"? é o nome que seria preciso dar aos *addenda*. Deveria aí haver edifício, ordenado ao máximo, mas não mais do que isso.

Encontram-se também [*Envelope 57*] *estas notas esparsas nos rascunhos do artigo "O soberano":*

Prefácio a *A experiência interior*

Interesse da crítica de Gabriel Marcel, que compreendeu o que Sartre não viu.

Estou do lado de Gabriel Marcel no sentido de que seu pensamento prolonga o de uma linhagem de espirituais.

defeitos da ausência de busca da salvação

ausência de disciplina, de solidariedade, mas é uma força no final

não humildade, mas se assemelha à dos cristãos, quero como os cristãos ser soberanamente

a humildade é sempre falsa

radicalismo

mas nunca condenarei o mundo e não acusarei aquilo que outros nomeiam Deus de ter feito do mundo uma ratoeira, como fazem na prática os cristãos.

[*Uma ou várias folhas faltando*]:

para nós. Vejo que o mundo está fundado numa divisão, numa separação: dessa divisão fazemo-nos ainda os fautores ao pensar; ao que tentei escapar por meio de um rigor que exige a noite do não-saber. Reconheço que é uma aposta insensata. Mas tem o mérito de nada excluir, condenar, como fazem aqueles que querem reduzir o mundo a uma forma determinada.

Desculpo-me por ter introduzido meus leitores numa agitação infeliz

[*À margem*: seria preciso uma fábula para fornecer a imagem da supressão]

parece-me que o pensamento fundamental de G. Marcel teria ganhado em não se fundar num desdém claramente traído por uma ironia fácil

a publicar ao mesmo tempo que *O erotismo* (Mercure [*riscado:* Sínteses?]) notas

as únicas passagens que me parecem ter ainda um sentido (?) ao passo que meu espírito atolou nesse entretempo

Direi o quanto lamento viver num mundo onde tão raramente tenho a quem falar? Uma conversa com um P. jesuíta. Por certo, prefiro outras no mais das vezes, mas tenho a nostalgia de encontrar homens que [*reuniriam?*] o princípio da equivalência. Minha tristeza por encontrar em toda parte a ausência de rigor. Descrição de Weil e de Kojève.

*

    Terminar assim: longe de virar as costas... (?)
    Oposição entre Sartre e Hegel, o primeiro dando uma forma conceitual à existência, o segundo reduzindo os conceitos e a existência em sua unidade (?)
    o que eu fiz
        descrever um estado de impossibilidade que descamba para o repouso
    Xamanismo
    Sartre e a Igreja
    Igreja nesse sentido = ausência de Igreja
        ausência de comunidade
            ver texto publicado no surrealismo

*

    Para o prefácio a *A experiência interior*: a ciência em si mesma não é nada, não ensina nada, mas destruiu o que a religião ensina.
    A ciência não responde ao que a religião ensina, porém tornou a fé impossível.
    a propósito do surrealismo
    Inviabilidade da imanência. O fato de não condenar o mundo acarreta uma não existência

*

    Não se trata de filosofia, já que não se trata de conhecer. Não é o inteligível que é o objeto, mas o sensível. Trata-se de experimentar o mundo em si mesmo ou, no mundo, a si mesmo. Trata-se

*

    A inferioridade infinita de Deus em relação ao homem reside na faculdade que o homem tem de se limitar ao estúpido, ao fuinha, ao habilidoso [*riscado:* que cheira a ovo], à cafetina, ao coronel... infindavelmente, dos bastidores de teatro aos escritórios das prisões, da sala de aula infantil ao quarto do escritor.

*

    Minha pretensão: responder sem conhecer a filosofia. É que ela me parece de modo geral esgotar sua possibilidade ali onde vem à luz uma ausência de saída como em Deus, na liberdade, etc. Foi por essa razão que me detive no pensamento de Hegel, que se situa nessas ausências de saída para se superar. Mas ele só atinge desse modo um extremo. E o que pessoalmente fiz não foi prolongar uma situação extrema, mas ter substituído de modo geral uma busca concebida como uma possibilidade já dada por uma busca desde o princípio concebida como impossível: é o sentido de atingir o extremo, pois impossível não quer dizer que os dados estivessem faltando desde o início, mas que faltavam num ponto além do mais indeterminável, já que não podemos atingir esse ponto sem perder o poder de determinar. De fato, é em todos os sentidos e *somente em todos os sentidos* que – não direi: de acordo *comigo*, pois nesse ponto posso impor o acordo – que podemos atingir o extremo. É possível, é claro, recusar a busca do extremo, mas ninguém pode me dizer nada se respondo que é querer de antemão colocar o essencial entre parênteses, o essencial, a saber, na verdade, a *situação* daquele, prefiro até dizer *daquilo* que busca. Nesse momento, é verdade que a busca está num dilema: ou coloco minha situação entre parênteses e formulo a questão com sangue-frio, ou me atenho ao fato de que, na questão, minha situação está em jogo, e de que – reciprocamente – minha situação só é dada verdadeiramente se formulei a questão. Ora, isso quer dizer também que, não podendo permanecer indiferente, acrescento um dado *sensível* a uma atitude que

em outras palavras: a filosofia é posta em jogo

o que acho deplorável não é o abuso que fiz da palavra "suplício", mas o pouco abuso que fiz do próprio suplício e a pouca graça de suplício do Sr. Marcel que lhe permitiu ver o abuso de uma palavra

encadear por glorificar

Pois, afinal, vi esse mesmo suplício em todos os pontos extremos atingidos pelo ser humano – no sacrifício – e que sempre era assim

acrescentei que isso não deixava de ser suplício

sentido de não-sentido, portanto não-sentido de sentido – mas é do não-sentido da [arte?] que se trata

*

É uma pretensão ao silêncio e à morte a tal ponto que elevar a voz, um mínimo que seja, como as palavras "silêncio", sobretudo "morte", paradoxalmente levam a fazer quereriam como num rito um erro [*sic*]. A soberania só existe de fato no momento em que aquele que fala vai desaparecer, calar-se, em que ele morre, de tal modo que as palavras que a anunciam nunca abrem senão a via de um morto, e ela só é reconhecida pela surpresa, o sentimento de embaraço, de alegria louca e de incongruência daqueles que tendo a adivinhado imediatamente só podem experimentá-la como uma ausência.

*

minha "pretensão"

supondo que o Sr. Marcel tenha razão, isso não necessariamente derrubaria os princípios que defendi. E nem posso me preocupar muito tempo em saber isso. Permaneceremos ignorantes do que somos na história, e ninguém poderia nada se não tivesse em si mesmo a força de pretender

Admito do mesmo modo que esses julgamentos bastante secos e essa sensibilidade limitada que pertencem ao Sr. Marcel não acarretam a fraqueza das proposições que ele formula. Para mim, parece que ele poderia ter dado mais autoridade a essas proposições se não tivesse se limitado a julgar presunçoso o fato de ter querido (ou devido)? ir "além dos limites" (p. 278 [de *Homo viator*]).

*

Esse debate não pode ser decidido

Só nos resta um juízo de valor a pronunciar entre a revolta e a submissão

O fato é que os espirituais cristãos ou outros indicam uma riqueza de possibilidades espirituais abertas; ao contrário, do lado da revolta. Exceção de Nietzsche, reconhecida pelo Sr. Marcel.

toda a questão deste prefácio está aí (e justamente do meu livro em primeiro lugar)

O Sr. Marcel tem razão de tentar [*decidir?*] por meio da autoridade. Ele me faz ver o cômico de minha situação, pelo fato de que [*ilegível*] conta para mim. É verdade que ele podia ter dado a ver, honestamente, que eu tinha aberto uma brecha, mas ele zomba de mim. O que isso quer dizer?

*

A última questão

Como Deus, se existisse, poderia me condenar? não o busco menos que... busco-o até mais: para além de um abrigo de uma segurança que não busco mais, na ausência de abrigo onde ele próprio é morte de Deus

Sei, coloquei-me na pior situação. *Sobre Nietzsche, O ABade C.*

*

desenvolver em parte no erotismo e apenas em parte no prefácio de *A experiência interior*: em que deverei insistir no *ABade C.* e em Sade.

*

mas o literato sabe que não pode ser soberano: teria para isso de se calar, não mais ser literato.

Voltamos agora ao Postscriptum 1953 *propriamente dito. O leitor encontrará a seguir um primeiro esboço do texto e algumas variantes do manuscrito.*
a) Primeiro esboço:
Há em *A experiência interior* – e em *Método de meditação* (que remedia muito mal à insuficiência do meu primeiro livro) – uma fraqueza irremediável. No sentido costumeiro, esses escritos não têm nada a ver com uma atitude desesperada (inclusive, na verdade, seu autor é feliz a maior parte do tempo). Mas essa *empreitada* não podia levar a nada de satisfatório. São, em suma, livros inertes.

O desejo de escapar do servilismo do pensamento está na origem desses edifícios bizarros cuja derrocada seria a única solidez. A tarefa assumida me condenava, parece-me, a decepcionar, a enganar. A enganar! mas como acreditar em mim? Talvez esteja mentindo agora mesmo...

Devo dizer, não obstante, que uma situação fechada não é necessariamente invivível. Ela não deixa nenhum equilíbrio possível, mas a patinação também não. Exige somente rigor. Requer essa espécie de despertar sem desfalecimento cuja chave é uma indiferença difícil: o menor erro não é permitido aí. Não é uma tarefa para espíritos frouxos e imprecisos: se estes a aceitam e se obstinam, condenam-se, para salvar a cara, a uma espécie de sofrimento afetado que não é muito honroso. Esse é, aliás, o destino cômico e lamentável do homem: quase sempre a admiração mole e o equívoco da minoria que se ocupa disso respondem à mais firme tensão.

Essa provação não é desencorajadora nem nada: posso encará-la simplesmente. Mas me sinto na obrigação de dizer a que ponto estou afastado de uma maneira de ver que parece muitas vezes próxima da minha. O que mais conta aos meus olhos é a intensidade do sentimento, mas nada é mais oposto a isso do que o acordo concedido sem controle aos sentimentos vagos. Faço questão do maior rigor em cada coisa: se sou frouxo, vou até o extremo da minha frouxidão; posso me afundar na hesitação, mas odeio a embrulhada em que descambam as boas intenções. Tenho dificuldade em me defender do desprezo que os sentimentos verbosos me inspiram. É difícil também para mim ser duro, mas recuso uma emoção exigida de mim com palavras altissonantes.

Talvez seja por ter recorrido às vezes à linguagem comovente que me sinto forçado a me liberar desses arrebatamentos da piedade e da sentimentalidade que costumam dissimular a avidez, o egoísmo e uma baixeza feroz. Os grandes movimentos que comandam a atividade humana por toda parte – ilusórios elãs que uma gravidade duradoura quebra – não vão cessar de ocorrer nesses limites. Mas quero tirar o pensamento – se preferem, a experiência – que defini da confusão.

Não posso evitar que a maior parte daqueles que louvaram meus livros proviesse do estado de espírito místico que considero oposto ao meu. Mas posso mostrar através de um exemplo em que e até onde difiro deles.

Deveria de início, para esse fim, esclarecer um ponto sobre o qual, até onde sei, os defensores das mais diversas escolas estão de acordo contra mim. Ninguém coloca todos os seres no mesmo plano. Pois é preciso atribuir ao homem uma dignidade que o eleve acima dos outros animais. Entendamo-nos: não importa saber se dizem: "o homem é isso de divino, de sobrenatural ou de livre", não é necessário, mas basta: "é abominável matar um homem, comê-lo, explorá-lo...". É esse o misticismo fundamental comum à espécie humana quase inteira. É normal matar, comer, explorar um animal, não um homem. É claro, nada mais comum que homens explorando seus semelhantes, e nos entrematamos frequentemente de maneira desmedida, mas isso não deixa de ser teoricamente condenável; do mesmo modo, a antropofagia coexiste em princípio com um interdito de que ela é a violação ritual.*

[*folhas não paginadas*]:
A partir desse caráter excepcional do homem entre os seres, a humanidade se constrói
    há algo de extraordinário que pertence a cada homem em comum
    tudo que separa os homens é objeto de julgamento, etc., e reciprocamente dissimulado

Eu, pelo contrário, quero dizer, embora isso pareça inicialmente estar bem distante dos meus livros antigos, especialmente de *A exp. int.*, que o caráter excepcional da humanidade consiste nessa vontade de separação. Nem a razão, nem a liberdade, nem a espiritualidade, nem nada desse

---

* *Nota de Bataille:* Essa forma de misticismo permaneceu a base comum do pensamento, embora, em aparência, difira do misticismo original em que frequentemente os animais são postos no mesmo pé que os homens. Imagino que se trate desde o início da mesma atitude: os homens desde o início se tomaram por sagrados, mas não eram lógicos, viam por vezes seus semelhantes em outros animais, em outros seres. Essa espécie de assimilação do animal ao ser humano não deixou de ser possível. Ela atua, secundária, localmente, na humanidade atual, mas deixa intacto um fundamento: que é mal, atroz, horrível atacar o ser que somos. Isso corresponde à eterna náusea que comanda a vida humana. Passamos nosso tempo na terra tentando escapar dessa náusea.

gênero, mas esse nojo pela animalidade que perdura através da espécie humana [*entrada*] no nojo pelo inimigo ou pela classe, etc.

Estimo que o homem seja um animal que se engana, que não sabe nada do que acredita saber, que está ligado à diferença do homem, que, ao contrário, ele deve, para começar, liberar-se do que acredita saber

trabalho de destruição
por que haveríamos de nos prostrar diante desse pedestal de pacotilha
o rigor e de modo algum a facilidade romântica
Em vez do misticismo é possível considerar
para escapar da náusea os homens devem evitar o contato com aqueles de seus semelhantes que vivem em condições que eles próprios não poderiam suportar sem náusea. Basta pensar por exemplo nos homens que vivem na [*lama?*]. Há um processo de classificação a partir de uma atitude primordial

É a náusea que funda o sentimento de ser homem: são homens aos olhos de seus semelhantes seres que experimentam os mesmos horrores e manifestam esses horrores observando interditos determinados. É na base um afastamento nauseado diante da aparição de um objeto determinado, ou da mudança manifesta de um objeto, que caracteriza um homem. O recém-nascido não conhece esse afastamento, mas é humano na medida em que é suscetível de compartilhá-lo um dia. A determinação dos objetos e das mudanças que dão náusea é o resultado da experiência: é portanto muito aleatória, variando de acordo com os povos, os ambientes e até com os indivíduos.

A náusea é evidentemente o limite do jogo, não é o jogo que é o próprio do homem, mas a náusea – sofrimento que tem a morte por aura –. A vida dos animais é jogo, mas o jogo animal não é profundamente alterado pela náusea.

O equívoco humano se deve ao fato de que é o jogo apesar da náusea que é o valor último, mas que é a própria náusea que constitui o caráter humano.

Na religião, são as formas positivas da náusea que contam: há inversão. Todavia, o quadro é complexo.

Na simples antropogênese

[17] *No manuscrito:*
[...] nem satisfatório.
Afora minha intenção atual de expressar meu pensamento mais simplesmente com toda coerência (a que corresponde uma obra geral sobre

os "efeitos do não-saber", elaborada lentamente, de acordo com um plano), uma única coisa me importa a respeito de meus primeiros livros.*
Com frequência, aqueles que gostam desses livros os associam ao espírito vago e à sentimentalidade: quero dizer aqui que eu decepcionaria completamente, tenho certeza, a maior parte dos que me louvaram. Eu os decepcionaria se soubessem, e desejo que saibam, a que ponto meu gosto pela precisão seca e meu horror pela facilidade os afastam de mim.

Sinto-me incapaz há muito tempo de me prestar ao menor deslize místico. Aconteceu-me outrora de ter uma atitude menos clara. Em particular *A experiência interior*, *Método de meditação* que a prolonga (sem falar de *O culpado* e de *Sobre Nietzsche*) a meus olhos hoje são criticáveis...

Estou cada vez mais ligado à secura da inteligência, e me parece bom acrescentar estas páginas a meu primeiro livro para situá-lo em relação a meu sentimento presente e para melhor me opor ao misticismo que, por engano, é possível encontrar nele, denunciar aquele que aliena ainda quase todo pensamento humano.
Vou me deter num ponto [..]

[18] *No manuscrito:*
[...] Mas essas reações são arbitrárias. São cômodas: sem elas, a humanidade não seria o que é. É servil, no entanto, ver nisso mais que a atitude religiosa. O pensamento que não limita esse arbitrário ao que ele é não é apenas místico, é também servil, porque submete a humanidade a uma condição. Explorando, etc., eu de fato não poderia manter a comunicação que me liga a outros homens, mas é na medida em que, em primeiro lugar, separo-me da massa humana que explora e mata aquilo que, de acordo com o humor, ela vê com maus olhos.
O que faz do humanismo místico uma irritante platitude [...]

[19] *No manuscrito:*
[...] pararam no meio do caminho.
Nesse grande movimento, a rejeição inicial da animalidade e a violência do humanismo aparecem em sua estreiteza com outro sentido que não o do misticismo ingênuo, inconsciente de suas origens arbitrárias

---

* *Nota de Bataille:* Designo assim não apenas *A experiência interior*, mas *O culpado* e *Sobre Nietzsche*. A obra geral em que trabalho agora retomará os temas que desenvolvi durante vários anos numa série coerente de conferências do Collège Philosophique [*riscado*: sob o título: *Morrer de rir, e rir de morrer*].

e de seu arrebatamento escorregadio. Experimento o destino humano, em certo sentido, como se ele me *alienasse* profundamente. Mas desde então *o que eu sou?*

Isso nunca saberei.
Eis minha última palavra, minha ausência de pressuposições, minha recusa de todo e qualquer misticismo.
Mas nem por isso deixo de existir para aquém dessa última palavra, na via de que ela é a saída – a única saída.

Nessas condições bizarras, nesse dédalo de reações, não há movimento que não tenha um sentido ignorado por aquele que se engajou nele. Nossa figura humana em suas implicações corporais ou morais é tão dependente de uma história emaranhada que devo em primeiro lugar exigir de mim mesmo um despertar que nunca venha a me faltar. A menor ingenuidade talvez seja no fundo apenas um sono, talvez ela seja covarde. Sei que esse esforço em seu princípio é também uma subordinação, mas não fazê-lo, abandonar-se à indolência, é aceitar a servidão. No final, a maquinaria secular que sou só pode fazer, das reações servis que se ordenam nela desde sempre, um *uso* soberano. Com frequência a indolência da poesia dissimula uma vida de vítima, escapando apenas por sofrimentos de agonia, às vezes pela morte, ao insidioso servilismo que a tolice engendra.

Renunciar à indolência, dirão, também é se humilhar. É verdade, mas a indolência mais empedernida saberia sair dessa sem ardil?

Aqui, a parte do *jogo*, que devolve a atividade ao incerto, é aparentemente decisiva, mas por mais que eu deva em minha repugnância discernir a maldição que quer o homem obstinado em denigrir – em tomar por soberania sua vaidade, por "imanência" divina a mentirosa superioridade da "transcendência" –, digo-o com uma firmeza que não estremece, não quero nada sem a consciência. Sei que a inconsciência é sempre a garantia da servidão, e que a escolha do inconsciente, já que a consciência é o efeito da servidão, exige para começar *mais consciência*. Em outros termos: essa escolha não pode ser feita pela metade, *inconscientemente!*

Isso talvez seja a negação dos livros cuja reedição, quase inalterada, eis aqui. Mas não se trata de renegá-los. Já nesses livros a experiência se combinava com a reflexão sobre ela. É verdade que cedi a parte mais importante à *experiência*..., que a reflexão, *sem a qual a experiência não existiria*, é neles balbuciante, incerta. Não posso contestar a fraqueza implicada na expressão aberta de um pensamento cujo objeto, a própria experiência, não permitiria amadurecer. Eu devia ter "adiado" falar? Mas a experiência que não era mantida na duração nem por uma comunidade nem por uma tradição exigiu que ao menos uma expressão literária me ligasse ainda a outros homens. Sem esperança, a contradição fundamental de uma efusão soberana e da existência do homem nos coloca numa situação falsa. Meu esforço atual, substituindo o balbucio pela voz firme, vai me deixar finalmente nessa chance de saída. Ele será sempre uma recusa de aceitar a sorte. Além do mais, não pude concluí-lo ainda; se chegar ao ponto que fixei, mesmo assim não terei concluído. Estou situado de tal maneira que o imutável inacabamento de meu esforço se assemelha ao inacabamento da humanidade inteira.

Em mim mesmo, assim como em sua imensidade, a humanidade retoma sem trégua a contestação de seus limites.

Orléans, janeiro-fevereiro de 1953.

Coleção FILÔ

A filosofia nasce de um gesto. Um gesto, em primeiro lugar, de afastamento em relação a uma certa figura do saber, a que os gregos denominavam *sophia*. Ela nasce, a cada vez, da recusa de um saber caracterizado por uma espécie de acesso privilegiado a uma verdade revelada, imediata, íntima, mas de todo modo destinada a alguns poucos. Contra este tipo de apropriação e de privatização do saber e da verdade, opõe-se a *philia*: amizade, mas também, por extensão, amor, paixão, desejo. Em uma palavra: Filô.

Pois o filósofo é, antes de tudo, um amante do saber e não propriamente um sábio. À sua espreita, o risco sempre iminente é justamente o de se esquecer daquele gesto. Quantas vezes essa *philia* se diluiu no tecnicismo de uma disciplina meramente acadêmica, e até certo ponto inofensiva? Por isso, aquele gesto precisa ser refeito a cada vez que o pensamento se lança numa nova aventura, a cada novo lance de dados. Na verdade, cada filosofia precisa constantemente renovar, à sua maneira, o gesto de distanciamento de si chamado *philia*. A coleção FILÔ aposta nesta filosofia inquieta, que interroga o presente e suas certezas; que sabe que as fronteiras da filosofia são muitas vezes permeáveis, quando não incertas.

A coleção FILÔ pretende recuperar esse desejo de filosofar no que ele tem de mais radical, através da publicação não apenas de clássicos da filosofia antiga, moderna e contemporânea, mas também de sua marginália; de textos do cânone filosófico ocidental, mas também daqueles textos fronteiriços, que interrogam e problematizam a ideia de uma história linear e unitária da razão. Além destes títulos, a coleção aposta também na publicação de autores e textos que se arriscam a pensar os desafios da atualidade. Isso porque é preciso manter a verve que anima o esforço de pensar filosoficamente o presente e seus desafios. Afinal, a filosofia sempre pensa o presente. Mesmo quando se trata de pensar um presente que, apenas para nós, já é passado.

Série FILÔ/Bataille

O pensamento não respeita fronteiras disciplinares. Georges Bataille é um dos autores que habitam essa espécie de lugar sem-lugar. Sua obra atravessa soberanamente as fronteiras entre filosofia, literatura, antropologia social, marxismo, história, crítica de arte, economia. Aqui, a extrema liberdade de pensamento responde à liberdade de movimento do próprio mundo.

Sua vasta obra nos oferece ferramentas capitais para a compreensão de nosso tempo. Para Bataille, o excesso, ou o dispêndio improdutivo, é primeiro em relação aos modos de produção e de circulação dos bens. O luxo, os jogos, os espetáculos, os cultos, a atividade sexual desviada de sua finalidade natural, as artes, a poesia são diferentes manifestações desse excesso, dessa soberania do inútil[1]. Não por acaso, Bataille fornece elementos fundamentais para a compreensão de uma categoria maior do pensamento do século XX, o conceito de gozo, realização daquele princípio da perda, ou dispêndio incondicional. Se é verdade que *A noção de dispêndio* (retomado em *A parte maldita*) é o primeiro texto em que Bataille ensaia o que podemos chamar de uma "arqueologia do gozo", é, com efeito, em *O erotismo* que esse projeto encontra seu auge. As principais linhas de força literárias, antropológicas e filosóficas traçadas em suas obras anteriores se cruzam nesse texto de referência. Não por acaso, Foucault afirma que Bataille é "um dos escritores mais importantes de seu século". E também do nosso.

---

[1] Cf. TEIXEIRA, Antônio. *A soberania do inútil*. São Paulo: Annablume, 2007.

Este livro foi composto com tipografia Bembo e impresso
em papel Off-White 80 g/m² na gráfica Rede.